读懂投资　先知未来

大咖智慧
THE GREAT WISDOM IN TRADING

成长陪跑
THE PERMANENT SUPPORTS FROM US

复合增长
COMPOUND GROWTH IN WEALTH

一站式视频学习训练平台

龙祺天 / 著

龙头战法 ①

情绪周期与龙头股实战

山西出版传媒集团　山西人民出版社

图书在版编目（CIP）数据

龙头战法 .1,情绪周期与龙头股实战 / 龙祺天著 .
太原 : 山西人民出版社 , 2024.12（2025.10 重印）
—ISBN 978-7-203-13655-2

Ⅰ.F830.91

中国国家版本馆 CIP 数据核字第 20245KR173 号

龙头战法 1：情绪周期与龙头股实战

著　　者：龙祺天
责任编辑：秦继华
复　　审：魏美荣
终　　审：梁晋华
装帧设计：卜翠红

出 版 者：山西出版传媒集团·山西人民出版社
地　　址：太原市建设南路 21 号
邮　　编：030012
发行营销：0351-4922220　4955996　4956039　4922127（传真）
天猫官网：https://sxrmcbs.tmall.com　电话：0351-4922159
E-mail：sxskcb@163.com　发行部
　　　　　sxskcb@126.com　总编室
网　　址：www.sxskcb.com

经 销 者：山西出版传媒集团·山西人民出版社
承 印 厂：廊坊市祥丰印刷有限公司

开　　本：710mm×1000mm　1/16
印　　张：18.5
字　　数：252 千字
版　　次：2024 年 12 月　第 1 版
印　　次：2025 年 10 月　第 3 次印刷
书　　号：ISBN 978-7-203-13655-2
定　　价：98.00 元

如有印装质量问题请与本社联系调换

应用战法，战无不胜

交易犹如打仗。

我在多个场合这样说过，事实正是如此。交易之战，多空双方就是敌我阵营，专业机构、游资和散户等各类资金就是战争的参与者，虽然没有硝烟，但是有成败。《孙子兵法》云："兵者，国之大事，死生之地，存亡之道，不可不察也。"自古以来，行军打仗都是国家或部族的头等大事，任何决策都意味着无数战士和民族的存亡。所以，决策中每一个影响战局的因素都需要经过充分的推演，容不得丝毫马虎。交易者研究投资策略和战法就好比主帅排兵布阵的兵法，交易战法就是股市中的兵法。

对交易战法的理解，本人主要从量化的角度试着去解读。

我从事投资十几年来，投资标的涉及股票、期货、期权等衍生品，在大型机构里为客户持续带来稳定回报的核心就是制定科学的交易策略。自从我创立量化私募基金公司以来，通过科学计算来驱动投资，追求运用科学手段在资本市场获得回报。量化投资是运用数学、统计的方法，在过往纷繁复杂的数据中总结出长期有效的规律。这样的规律贴近股市的真实，符合内在驱动逻辑，将此加工成量化模型／因子，就可以运用于投资实践，获取超额的收益。股市的内在驱动逻辑，涵盖不同维度，比如宏观经济影响、政策催化、基本面驱动、资金推动，或者是情绪引发，等等。量化投资有一类模型是多因子模型，正是反映多方面因素的影响。本质上来说，多因子模型和主观投资的逻辑内核很相似。

主观投资者在进行中长期选股决策时，不会仅仅考虑某一个因素就进行交易，比如某股估值很低，但估值低有估值低的理由；比如出了负面舆情，或者营收下降等。中长期选股需要考虑很多因素，比如宏观经济、行业景气程度、基本面、技术面等，结合多维度考虑，最终做出投资决策。而量化投资里面的多因子模型，里面的"因子"，其实就是上面说的通过统计方法挖掘出来的不同维度的规律，当多因子模型里已经积累了足够多的因子，往往代表着已经有足够多的、靠谱的、支持选出好股票的决策维度，从而提高模型的胜率。除此之外，构建出好的量化模型之后，不代表着一劳永逸。量化模型也需要不断地进化、升级迭代，因为股市的内在驱动逻辑随着时间推移，也是会悄悄改变的，并且随着模型开发者认知的不断提升，因子和模型也都有进一步优化的空间。

在多因子模型里，市场情绪是一类很重要的因子组合。通过各种量价指标和另类数据来刻画市场和个股的投资者情绪指标，这类指标是比较有效的，而且情绪因子与常见的基本面因子、量价因子的相关性都不高，能贡献独特的超额收益。这和情绪交易理论中涉及的情绪交易战法不谋而合，我们充分参考了龙祺天（搬金大圣）的投研方法论，也积极在量化模型中采用了他总结的情绪因子，这些因子取得的绩效得到市场的有效性验证。市场情绪作为影响交易战法的重要因子，越来越受到机构和游资的重视，通过将情绪因子进行量化建模达到股市决策与交易艺术的有效结合。这不仅要考虑量价、时空等各方面的影响因素，还要通过建模将虚无缥缈的市场情绪转化成超额收益的量化因子，不管在择时还是选股上，都能为投资者提供有效的决策信息。实践表明，我们融合了情绪因子的量化模型，绩效有显著提升。

如何开发均衡稳定的高收益交易战法呢？本人认为主要有两个要点：一是超额收益来源要尽可能丰富，该模型包含了各种收益来源的因子，比如基本面因子、量价因子、高频因子以及非常重要的情绪因子。收益来源的丰富，能让量化模型尽可能更全面地捕捉股市里各类收益的驱动机会，模型选出好股票的概率就会提升。二是通过多种建模方式来进行多因子的有效组合，例如通过线性多因子模型、机器学习模型和深度学习模型，线性和非线性的多种方法对超额收益因子进行有效组合，可以让量化模型整体绩效更优，风险更可控。

龙祺天（搬金大圣）老师对市场情绪的研究踩在市场的风口上，正符合当下投资者对情绪龙头战法实践应用的渴求。随着情绪交易战法的应用从游资、散户扩散到主力机构，其交易的有效性已经得到了市场的广泛认可，越来越多的量化机构都把情绪因子作为不可忽视的模型构件。这种发展对情绪交易理论的系统性总结也提出了市场内在要求。龙老师通过多年的实践和归纳，综合了前人对情绪交易战法的应用，以市场情绪周期为基础，形成了主力龙头股的短线交易战法、趋势交易战法、涨停板交易战法等为支柱的一整套方法论，为情绪交易理论的完善和发展做了基础性整理工作。相信随着本书的出版发行，会有更多的专业人士投身情绪龙头交易战法的理论与实践，让情绪交易的研究达到更高的层次。

掌握和应用好龙头战法，必能战无不胜。

巨量均衡私募证券基金管理（珠海）有限公司

总经理　程志田

2024 年 4 月 30 日

洞悉情绪周期，把握人性

炒股成功需要天时、地利、人和，这三者分别对应的是时机选择、个股把握、情绪和心理把握，归根到底还是对人性的把握。

时机选择是对周期轮动的掌控。我们只有正确地理解市场周期，在周期的每个重要环节选择合适的个股来交易，才能长期在市场上取胜。周期是自然法则下的物质与意识相互作用产生的循环现象，周期的存在让自然法则与人性相互制约。人类中的人性在理智与疯狂中相互循环，股票市场中的贪婪与恐惧相互交织，引起市场极度的收缩与扩张，周期演变是交易市场最核心的规律之一。

周期分为三类：第一类周期是基本面周期，包括经济周期、政策周期和行业周期等，市场环境会受到基本面周期的影响；第二类周期是市场周期，包括资金周期、牛熊周期等，股票价格会受到市场周期的影响；第三类周期是情绪周期，在贪婪和恐惧两个极端间来回摆动，钟摆现象是投资者交易心理在股市中的典型反映，交易决策会受到情绪周期的影响。

历史不会重演过去的细节，但其过程与结果会有惊人的相似。市场的涨跌方向会重复，但涨跌不会重复相似的幅度。周期的大趋势是可以预测的，但是具体的走势和幅度无法预测。市场周期围绕基本趋势线上下波动，走到极端后会向中心点回归，继续冲向另一个极端。由于市场常常是不理性的，所以会在贪婪与恐惧中引发扩张与收缩。当市场疯狂的时候，价格不会一直无边际上涨，同样也不会一直跌破底线。我们常常发现基本面再好的股票，在情绪周期的作用下也会因为市场恐慌而大幅下跌，再烂的股票也会因为人性的贪婪而被吹上天。股市的周期是由基本面＋市场面＋情绪面叠加而成的。市场上所有的参与者都不是理性人，心理情绪的波动会让价格偏离价值。任何股票和市场都有周期，人性的贪婪与恐惧引发的情绪周期，时刻影响股价的涨跌。

情绪通过消息炒作而刺激凝聚人气，推动市场情绪周期性轮动。如果我们简单地根据公司的业绩去投资，忽视周期影响，就会被市场短线的波动残酷地清洗出局。所以周期是投资的核心，短线投资尤其要注重对市场周期的理解，才能捕捉到价格周期波动产生的套利机会。当然情绪周期不是每时每刻都有效，要结合市场风格进行判断。通过重点观察以连板梯队为代表的短线周期和以成交量为代表的指数情绪周期来分析情绪周期的演变。阶段风格处于短线连板接力的环境下，短线情绪周期才有效。在趋势风格的市场阶段中，短线情绪周期意义不大，所以它更多适用于指数情绪周期。

近几年来，随着市场的不断进化，传统的交易理论由于市场的变化受到了冲击，原来有效的交易战法也逐渐减退了效力。针对现阶段的市场特点，本人逐渐在市场中摸索出一系列行之有效的龙头交易战法——以情绪周期为核心，以分歧转一致的短线交易战法、超预期交易战法、打板交易战法等交易技术为拓展，形成情绪流派的核心交易策略。随着情绪交易战法在市场中的不断实践，得到了广大投资者的认可，包括本人在内，在实战中获得了可观的收益。本人逐渐把市场中流传较为广泛的战法结集成册，加入自己十多年的交易心得，形成了《龙头战法》这套书。之所以花费大量时间写作这套书，是因为本人在使用龙头情绪交易战法的过程中，被这个方法论深深折服，既是受益者，也是情绪战法流派的拥趸。希望仍然在交易的浩瀚大海中拼搏的交易者们，能够通过本书了解市场上成熟的情绪交易战法，并用自身的交易经验不断地丰富该流派的理论，共同为我国资本市场的交易理论和实战添砖加瓦。

本书的核心思想是基于对市场情绪的揣摩，通过对情绪周期和题材热点联动关系的研究，来找寻短线龙头交易的逻辑。这套书的理论构建了四个体系，本书主要讲前两个。

一是龙头战法情绪体系。具备对市场情绪周期发展的大局观，能够形成成熟的市场感知系统和认知系统。

二是龙头战法交易体系。具备热点交易逻辑，通过判断量价的变化关系，把握个股涨停的内在资金关系，遵循顺势交易策略，建立稳定盈利的决策系统和实战系统。

三是龙头战法逻辑体系。通过寻找群体合力，把握资金流向，以底层逻辑和情绪导向，追逐涨停强度与持续性相结合的龙头股。

四是龙头战法板块体系。通过聚焦历史上出现的各个板块题材的异动，寻找板块的情绪周期及运行规律，结合数个战法案例为当前的交易者提供有力参考。

本套书共有2册，上册《龙头战法1》，下册《龙头战法2》，全书内容丰富，体系简明，实战操作性强，适读对象包括：

第一类，热衷于短线投资的散户和游资个体，具备基础的交易能力，可以通过本书完善交易工具；

第二类，从事金融操盘的一线交易者，可以丰富短线操作手段与战法，建立多元化的交易策略体系；

第三类，从事证券投资类的分析师和研究人员，可以从情绪交易的角度去了解市场上火热的短线资金、周期热点与题材的交易方式；

第四类，股市交易理论的研究者，博览中外交易理论，可以通过本书掌握情绪交易流派的主要战法，完善交易理论体系；

第五类，各类高校和职业院校金融专业的教师及学生，帮助其在传统金融学科体系外丰富学习素材；

第六类，有志于丰富情绪交易理论的拥护者、实践者，与本人一样倡导情绪交易战法，为中国交易理论的发展铺路。

龙头战法践行者　龙祺天

2024年6月10日

目 录

上篇　龙头战法情绪体系

枪头战法

龙头战法情绪体系

具备对市场情绪周期发展的大局观，
能够形成成熟的市场感知系统和认知系统

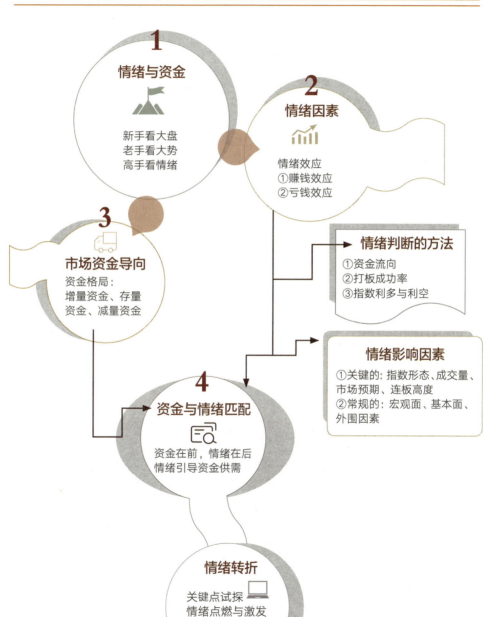

1 情绪与资金

新手看大盘
老手看大势
高手看情绪

2 情绪因素

情绪效应
①赚钱效应
②亏钱效应

3 市场资金导向

资金格局：
增量资金、存量
资金、减量资金

情绪判断的方法

①资金流向
②打板成功率
③指数利多与利空

情绪影响因素

①关键的：指数形态、成交量、
市场预期、连板高度
②常规的：宏观面、基本面、
外围因素

4 资金与情绪匹配

资金在前，情绪在后
情绪引导资金供需

情绪转折

关键点试探
情绪点燃与激发
走势反弹，形成
转折

在交易中，投资者首先应注重对市场情绪的把握，其次是研究技术。决定交易成功率需要具备大局观：对大盘整体氛围的理解，对市场情绪的理解，对个股与板块关系的把握，对热点题材的挖掘。

一、市场情绪因素

市场永远是对的，在各种因素影响下形成唯一的走势就是资金永远流向最小阻力的方向。股票价格由资金推动，资金受到情绪影响，交易的关键还是要对市场情绪理解透彻。

1. 情绪判断的方法

从市场的情绪看短线交易的方向，是最为准确的交易战法之一。行话说，新手看大盘，老手看大势，高手看情绪。短线交易是市场情绪博弈最激烈的战场，个股人气是市场情绪的集中体现，赚钱效应让交易者前赴后继。所以，短线情绪博弈主要关注的是赚钱效应和亏钱效应。热点股的表现是市场赚钱效应和亏钱效应的晴雨表，也是资金流向的指南针。我们可以通过热点股的资金流向、市场人气和资金盈亏等赚钱效应变化，根据集合竞价的量能、涨跌停板数量、炸板率、连板数量、市场高度板、涨跌数量等指标，来辅助判断市场情绪。其中涨跌数量指标通常用于判断大众情绪。比如 A 股市场总体上涨超 3500 家，次日市场大概率不会继续延续这种强势，会出现分歧调整的走势。根据市场的数据指标，将不同类型的行情进行分类，有机构行情、护盘行情和短线套利行情等，并在操作时加入对板块情绪的判断。

情绪在个股上最直接的反映就是资金流向，通过盘面的量能变化以及抛盘承接能力，可以感受情绪的变化。尤其是有主力资金的异动一定要关注，重点看盘口是否出现大单进场，小单卖出。我们复盘时可以把涨幅榜排名前 30 名的个股进行分析，找出打板资金的获利情况，组成"胜利者联盟"，通过观察涨停数量、炸板率、溢价率和连板率，判断风险偏好者即打板者的情绪。当天的涨跌停板代表了市场赚钱与亏钱的方向，分析涨停和跌停的原因，找到个股的买点。涨停个股数量超过 50 只及跌停小于 5 只，说明赚钱效应很好。市场炸板率较高是亏钱效应比较明显的时候，由于短线交易者热衷打板，较高的炸板率会导致打板成功率大幅下降，打板资金再进攻意愿会减弱。昨日涨停溢价率对短线情绪也具有较强的引导价值，溢价率高于 2% 则代表空方衰竭和多方进攻，打板资金能够获得较好的承接力，成功率较高说明短期的赚钱效应较强。溢价率低于 2% 说明市场情绪不佳，资金的承接力意愿不强，不适合短线操作。而出现负值意味着赚钱效应较差，短线资金拒绝追高和打板。

图 1-1　市场情绪的赚钱效应与亏钱效应

通过各路资金合力打板来验证市场情绪：如果市场打板成功率高，打板资金赚钱越轻松，打板者越活跃，市场的赚钱效应越好。这样打板资金就会越积极，形成良性循环，推动涨停数量上升。

打板成功率的提升，可以带动短线资金挖掘新题材龙头。获利者会继续将钱用于打板，赚钱效应就会扩散。但赚钱效应也不是无限制上升，当市场所有的打板资金都接近满仓，没有新的跟风资金流入支持，退潮随时就会来。除非大盘成交量快速上升，吸引大量的风险中立者也入场接力。一旦市场打板成功率低，就说明市场情绪低迷，因为打板资金会谨慎到不再投入市场，观望等待的气氛进一步蔓延。

总之，短线交易者可以通过打板资金的情况来判断市场情绪，指导交易行为。同理，市场亏钱效应大的时候，习惯半路买入的资金低吸也不能承接抛压，那么打板者将要付出更大的代价进行解套，导致打板者减少，"胜利者联盟"出现持续亏损。

观察情绪退潮的组合是"失败者联盟"，即跌幅榜的前30名的组合。需要观察两点：一是热点股跌停数量，二是平均的下跌幅度。跌停是市场资金毫不犹豫的离场决定，跌停板的表现可以作为辅助情绪判断。一旦热点股跌停过多，预示着热点轮动或者大盘不稳。当跌停板的个股超过10个，表明市场出现较大亏钱效应。平均的下跌幅度可以判断大盘资金的承托能力，空方力量在加大，多方又不敢接盘，这进一步预示着情绪退潮。当日个股冲高后再买入而回落亏损10%以上，会让市场参与的资金更加谨慎。极端的情况是天地板，这对短线投资者是巨大的打击，后续出手频率会在短时间内下降。亏钱效应持续恶化之时，强势龙头股开始补跌和放量分歧，是市场进一步恶化的信号。因为龙头股的持股者一般是多头的乐观派，该群体出现心理上恐慌而选择集体性抛售，市场情绪将加剧悲观。只有"失败者联盟"亏钱效应刹车减速，意味着市场情绪平稳回暖，才可以优先介入强势个股。

指数对利好与利空消息的反应也可以判断市场情绪。如果市场遇到利空消息不为所动，结果指数走得不弱反强，领涨的板块走出上涨行情，则说明市场情绪较强。反之市场遇到利好的消息却无法掀起波澜，指数和热点板块都在下跌，领涨板块和龙头股走弱甚至崩溃，那么我们断定市场情绪持续降温。因为市场出现利好的消息时主力会借机兑现筹码。所谓该跌不跌就是强，该涨不涨就是弱。

要点：判断市场情绪的方法，一看资金流向；二看打板成功率高低；三看指数是利好还是利空。

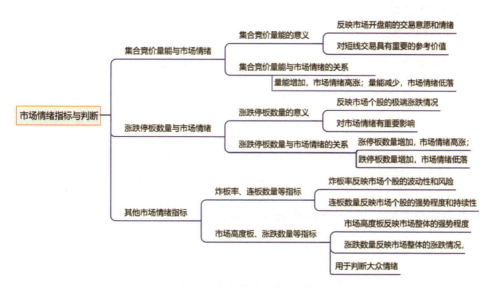

图 1-2　市场情绪指标与判断

2. 市场情绪的影响因素

影响市场情绪的因素包括指数形态、成交量、市场预期、连板高度等关键要素，还有一些宏观面、基本面、外围的因素。

大盘指数的形态对情绪具有明确的指导意义。大盘的指数形态结构发生了变化，放量大阳线往往会改变人气、预期，吸引增量资金。指数处于上涨趋势时并不代表短线情绪会好，但是会让短线情绪个股上攻强度更大。而指数处于震荡趋势时，指数的涨跌对短线情绪没有太大影响。单看指数形态只能参考趋势，而不能作为预判涨跌或者顶底的依据，后者需要结合成交量才更为有效。

成交量对市场情绪的影响较大，任何的上涨都离不开成交量，尤其是市场资金不足的时候。因为市场成交量是真金白银堆砌而成的，是确认情绪的重要指标和真实依据，我们可以通过观察大盘指数的成交量来理解和把握情绪周期。从资金面来看，市场持续走强需要放量，需要大容量的题材、趋势股和大盘股走强，成交量要维持在万亿元以上，至少是万亿元附近。当天指数走强会推动短线热点股次日预期提高，指数上涨伴随成交量的推动，说明上涨的情绪是真实的，可以寻找持续性的板块进行布局。如果成交量很低，情绪没有配合，那么上涨的前景就不明朗。指数大幅下跌会导致资金量持续萎缩，指数对大资金和非龙头股影响较大，从而影响整体情绪表现。在市场并未能满足量能条件的情况下，指数突破容易形成假突破。指数经历波动后仍处于震荡结构，而突破并持续走强需要放量，放量不够是难以形成上涨趋势的。以隔日套利的思路看待市场，成交量是寻找短线机会的重要指标。

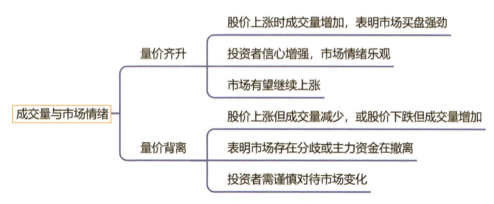

图 1-3 成交量与市场情绪

在大盘指数维持震荡时，需密切关注市场预期。只有超预期才能改变市场资金的偏好，推动资金大规模进场。影响市场情绪最直观的因素是连板高度，高度板是市场风向标，能够影响市场情绪。高位股的持续拉升才有可能带动整个市场大涨。龙头股作为市场的标杆，会影响整个市场，任何操作都要去观察高位龙头股的表现。如果高位龙头股在 10∶00 前强势涨停，会推动短线情绪高涨，场内的涨停梯队封住涨停的概率会更高。如果高位龙头股出现大幅低开或者高开大幅跳水，会拖累整个涨停梯队的打板情绪。而当高位龙头股出现亏钱效应时，相应的板块或者抱团炒作也会接近尾声，整体的情绪受到抑制。高位龙头股接力侧面说明板块承接资金的情绪表现。

市场的总体情绪主要由以上因素影响，也包括一些国内的宏观因素、资金因素等，还有外围股市对市场情绪的影响。外围因素的变化会影响到开盘以及题材的炒作，从而使得投资者对市场产生不同预期。通过观察外围因素对国内市场的情绪影响，可以让我们发现市场潜在的风险，但不能用作判断市场机会。富时 A50 期指连续和迷你道琼斯连续两个期货指标，对 A 股的开盘情况相关性较强，富时 A50 期指开盘时在零轴上下 1% 幅度波动，指数大概率会同向运动。特别是富时 A50 期指对大盘开盘走势的影响越来越大，可以用来判断大盘的情绪和风险。

还需要关注人民币对美元汇率的走势。美国的加息和降息动作对全球资产流动有较大影响，而人民币对美元汇率走势和大盘走势是关联的，如果汇率长期保持平稳，那么对大盘指数的影响会降低，而一旦处于波动周期中，我们就不能忽视汇率对市场情绪的影响。如果市场情绪较好，大盘指数处于上升周期，外围市场大跌导致指数低开恐慌，盘中一般会修复，此时是极好的介入机会，可以等待盘中拉升再卖出离场。就算盘中未能修复，当日指数大阴下跌后，只要核心股继续上涨，次日也多会有情绪修复，大盘回暖将有保证。所以外围消息面的负面影响，在上升期的情绪中容易被消化掉。

我们可以利用市场情绪向上发展的惯性，与外围市场反向操作。当市场情绪衰退，大盘处于下跌大周期时，如果外围市场暴涨，次日开盘指数高开反而可以借机离场，因为在下跌大趋势中任何的反弹都是离场的机会。而且在下跌周期中，一旦外围市场由上涨转下跌，极容易引发大盘跟跌。

二、情绪与资金共振

买卖的时机需注重盘面上情绪的变化，预判后盘则根据实际情况来调整跟随。由于高标龙头股是短线情绪的标杆，开盘时要对高标龙头股进行判断，符合预期则按原计划操作，超出预期继续做多，低于预期则要谨慎。如果热点题材表现力不好，又没有新的热点涌现，短线情绪会转向低潮，必须跟随盘面改变计划。

1. 市场资金格局

市场的资金格局分为增量资金市场、存量资金市场和减量资金市场。

当市场主流板块启动后，经过板块分化仍然持续吸引资金进场，市场就会进入增量资金市场。如果市场要激活增量资金、激发做多热情，需要有消息调动情绪发酵出一个主线题材，此时增量资金可以推动多个大板块同时爆发，支撑板块主升浪的行情。一旦有大量的增量资金入场，个股面对小的利好消息都容易大涨，可以充分打开仓位进攻。尤其是交易经验粗浅的新股民进场有利于资金炒作，因为新股民没有经历过市场的牛熊变化，敢于追涨龙头。

当市场没有明显的热点或者热点快速轮动使得资金进入存量博弈时，资金市场的常态是处于这种存量状态。存量资金分为两种，一是坚定的多方在坚守，一般是机构投资者和长线股民等价值投资者；二是资深的老散户在入场，他们是经验丰富的短线投资者和游资等。存量市场不足以支撑板块主升浪行情，而是以板块轮动为主。市场存量资金不足时，题材多是一日游行情，短线资金获利之后就着急兑现，造成个股当日一旦不能连板涨停，就会冲高回落。而且题材要持续走高，需要增量资金进场。市场的存量资金多是短线资金，在量能不足的情况下，次日兑现的欲望强烈，导致多数非龙头个股冲高回落，尤其是流通市值在 100 亿以上的弱势板块的个股更容易冲高回落，甚至高开低走。在存量资金市场中，增量资金来自其他的板块题材。此时市场存量资金不足以支撑金融等大盘股的连续上涨，这种板块是不适合接力的。同时一旦大盘股大规模上涨，虽然会带动指数飘红，但对中小盘会形成强大的抽血作用，市场流动性将大大枯竭，会导致大资金持有者不敢大量地投入。因为一旦无人接盘，大资金也将被长期套牢。

没有足够的增量资金进场的情况下是很难维持多热点主升的，在存量市场要放弃多数的个股机会，只能寻找确定性强的热点板块前排个股，只有辨识度高的个股才能在存量博弈行情中生存。存量博弈只会让资金进一步抱团，所以结构性行情可以更加注重热点小题材的炒作，常规题材的炒作难度更大。并不是个股有价值，市场就会有无限的资金去追捧，尤其在熊市与震荡市场中成交量下跌，资金是非常有限的，老股民和游资等存量资金的博弈使得交易难度更大。同时要放弃长线的想法，不要贪图主升浪，板块的轮动越久，市场的最后一跌反而更大。当市场进入漫漫熊市的时候，市场资金萎缩到极限，除了机构只剩下老散户，此时寻找对手盘是很困难的。市场中活跃的资金主要是隔日套利的短线高手，而有格局的资金还在观望。直到市场真的跌不动了，中期资金才会陆续进入持续性的板块。

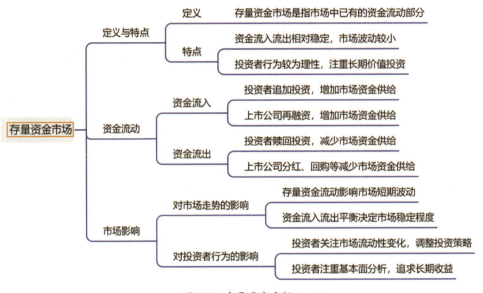

图 1-4　存量资金市场

　　如果市场环境好且有增量资金进入，支持一个板块持续性是可能的。然而，如果市场保持缩量阴跌的风格，就会逐渐进入减量资金市场。当市场减量时，大盘指数震荡，短线持续性和首板隔日溢价率会大打折扣，这是市场偏弱的表现。只要市场处于震荡期，弱势是随时可能进行转化的。**无论是缩量的弱势还是大盘震荡向下的弱势，只要在震荡区间没有向下脱离，就可以对核心个股进行逢低买入和逢高离场。**因为有限的资金不能同时支撑多个大题材上涨，市场以轮动为主，资金大概率是围绕着市场的热点题材，选择调整到位的核心个股进行埋伏，而不是所有个股。此时只能够做核心，市场缺乏参与机会，整个板块普涨的可能性不大。减量行情缺乏资金导致板块冲高回落，没有资金愿意进入接盘。就算低位的板块也缺乏预期、人气和资金的支持。所以减量市场中没有承接资金形成普跌态势，只能控制交易次数。

　　市场缺乏中长期资金支持的主要原因是市场整体缩量阴跌震荡，导致市场情绪低迷，缺乏对板块和大盘行情持续看好的预期。受限于市场缩量，交易活跃度明显下降，仍不支持以题材为载体的主线行情发酵。在这种环境下，活跃资金更多采取隔日套利策略，而真正有格局的资金处于观望状态。下跌末期出现地量是空头抛压衰竭的表现。地量之后可能会有两种走势，一是持续保持缩量磨底，弱势抱团继续延续；二是放量拐头向上，抱团就会瓦解，低位主线题材就能发酵。只有等到市场到达地量跌不动，经历反复下跌修复之后，有资金实力的投资者才会陆续进场，从而带动大盘指数和板块的发酵。

　　市场环境对资金格局至关重要。当大盘环境良好，增量资金不断涌入时，市场有望迎来持续的小周期赚钱效应。反之，若市场整体处于缩量阴跌或震荡状态，减量市场缺乏资金对板块持续看好的预期，出现热点板块冲高回落的现象，说明市场整体缺乏对板块行情的预期和资金支持。

　　要点：短线交易中，时机的把握与市场资金情况密不可分，只有根据市场的资金格局来控制仓位，才能保持足够的主动性。增量行情可以保持八成仓以上操作，存量行情保持在半仓滚动操作，减量行情仓位尽量不要超过二成仓。

2. 资金与情绪匹配

　　资金在前，情绪在后。资金是市场上涨的动力源泉，情绪是投资者对个股或者板块的多空态度。情绪反映的是所有博弈者的资金合力，与价值投资的思路截然不同。**资金的供需关系是市场涨跌和周期变化的根本逻辑，而业绩与基本面只起辅助作用。涨停或者跌停的形态基本不受基本面的影响，多数只受到资金的影响。短线交易的捷径在于跟随主力资金，把握市场情绪的核心即资金的供需关系，才能有效制定交易战法。**

　　资金的出入会让跟风者对个股上涨或者踩踏形成一致性看法。负面情绪容易扩散，正面情绪则需要资金合力才能凝聚。市场的涨跌往往是情绪化的产物，价格是市场情绪和资金相互匹配和共振的结果，受资金的驱动上涨。资金在情绪的作用下推高股价，同样，恐慌情绪的扩散让资金不断出逃，导致股价下跌。没有资金的流动性，股票市场就没有博弈的对手。情绪和主力资金发生匹配有可能形成大牛市，市场只有资金而没有情绪，只能是慢牛市；有了资金也需要情绪的辅助才能更好上涨，需要等待情绪发酵，最后形成共振的交易机会。而市场缺乏资金进场，只有情绪推动题材发酵，赚钱效应不会显著，存量的资金博弈并没有太多机会交易。存量资金都是狡猾而聪明的资金，虽然市场有做多的情绪，但是散户资金尚未跟上，资金难以匹配情绪的发展，造成上涨乏力。所以空有情绪没有资金是不够的，只能成为小牛市或慢牛市。必须有资金相匹配，情绪才能发挥作用，既没有资金也没有情绪发酵，交易难度将变成地狱级的，个股也就像沙滩上烤干的咸鱼。

多数时候,用相同的交易战法在相似的情绪环境下,并不能达到相同的交易效果。这是因为情绪和资金的不匹配。**只有情绪与资金匹配,才能够形成市场合力。市场合力代表市场各路资金达成共识,情绪与资金匹配形成的合力,共同推动市场主升浪爆发。**资金不断接力形成波段性趋势,在题材和个股方向上,资金凝聚形成市场合力,散户最容易在市场合力推动的情绪下介入,进一步凝聚人气。如果资金在缺乏市场情绪和合力支持的情况下逆势强行做多,次日出现无承接回落的可能性较大。这会导致市场愿意接力的资金会越来越少,主力也被深套其中,情绪和资金合力如果没有形成共振,就只是个别主力的狂欢,并没有参与价值。

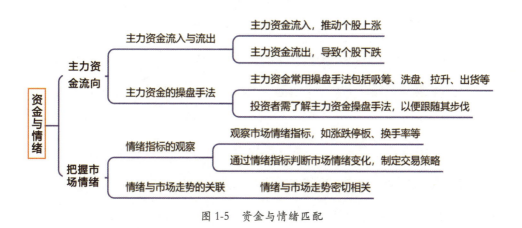

图 1-5 资金与情绪匹配

在市场情绪低迷时,由于市场的资金有限,市场会出现快速的板块轮动,人气和资金被分散,难以形成合力。可操作的机会主要集中在某些结构性的板块中,主力只能是对局部的题材进行攻击,而非普遍进攻。尤其在资金不充沛的情况下,如果市场没有群体合力,吸引不了新散户资金进场,赚钱效益更差。

只有在资金和情绪发酵共振走强时，才能同时在多个板块长线布局资金。市场情绪高涨和资金充裕的普涨行情，会把市场下跌气氛彻底扭转，形成做多信号。两者共振会孕育出市场的主流热点，越贴近市场情绪共振的板块，利润越高，进一步推动情绪板块成为主流。

要点：资金与情绪匹配度正相关，资金在前，大量资金注入与情绪形成共振，会推动股价上涨。理解市场情绪，是为了更好地理解资金供需关系，这是贯穿市场预判和交易战法的核心逻辑。

三、补充知识：情绪转折点

短线交易者主要利用市场的情绪转折点来指导交易操作。

由于情绪能够在关键的技术点位起到重要的指导作用，短线资金借助对市场关键点位的试探，来寻找短线情绪的转折点，测试市场做多的意愿。由于市场情绪的转折点本质是空方和多方潜在力量的博弈，判断短线情绪转折点需要观察市场情绪与资金匹配度。市场在持续下跌的过程中资金不断地流出，空仓越来越多，套牢资金能走即走。到了关键点位后，如果市场情绪高涨，到了支撑位的走势大概率会反弹，形成转折点。到转折点后由空转多，空仓资金又会慢慢回流。当指数到了重要的压力位，如果市场情绪低迷，走势大概率要回调。指数在情绪的助攻下突破关键压力位，在情绪高涨时很容易，而在情绪低迷时并非易事。所以，一旦成功突破压力位就有望开启主升浪，突破压力位是最好的介入位置，回调后守住支撑位是最保险的。

第二章　龙头题材与热点

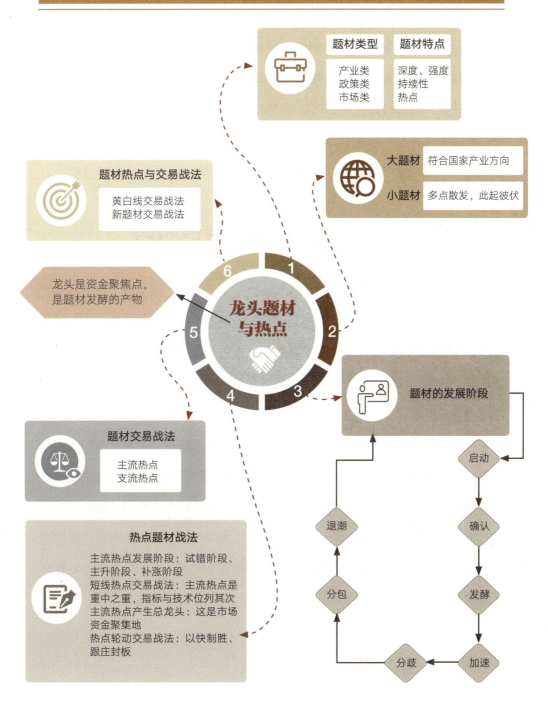

题材类型｜题材特点

题材类型
产业类
政策类
市场类

题材特点
深度、强度
持续性
热点

大题材　符合国家产业方向
小题材　多点散发，此起彼伏

题材热点与交易战法
黄白线交易战法
新题材交易战法

龙头是资金聚焦点，是题材发酵的产物

龙头题材与热点

6　1　2　3　4　5

题材交易战法
主流热点
支流热点

热点题材战法
主流热点发展阶段：试错阶段、主升阶段、补涨阶段
短线热点交易战法：主流热点是重中之重，指标与技术位列其次
主流热点产生总龙头：这是市场资金聚集地
热点轮动交易战法：以快制胜、跟庄封板

题材的发展阶段
启动
确认
发酵
加速
分歧
分包
退潮

先于市场发现可发酵的舆论事件，是一种高效的赚钱模式。对题材的预判能力影响着对题材炒作的坚决程度，我们需要判断故事能讲多大以及持续发酵程度。臆想过深容易被套牢，最终亏损，认识过浅则容易错过题材主升阶段。所以对题材深度和可发掘程度的正确判断，是对题材介入、持有和卖出的基础。

一、题材的类型与发展阶段

1. 题材的类型和特点

除了少数游资可以相互联系抱团操作，分散的持币者要形成群体合力并不容易。所以短线投资者都不约而同选择题材来进行抱团炒作。题材级别越大，想象空间越足，越能承载市场资金。但题材受到市场环境制约，并不是题材级别越大，炒作越容易成功。当市场环境超跌回暖，上到监管层、下到散户都渴望某种题材带动市场发展，题材就可以毫无束缚地展翅高飞。目前市场的题材炒作可以分为三类（图2-1），一是产业类，如人工智能和芯片，想象空间大，能推动社会变革和进步。二是政策类，如促进房地产行业的发展，政策对行业影响越大，题材的持续性越大。三是市场类，如煤炭能源，旅游题材，这类都是为了市场预期业绩炒作的，有主力参与，持续的时间不长，跟风市场类题材容易成为接盘侠。

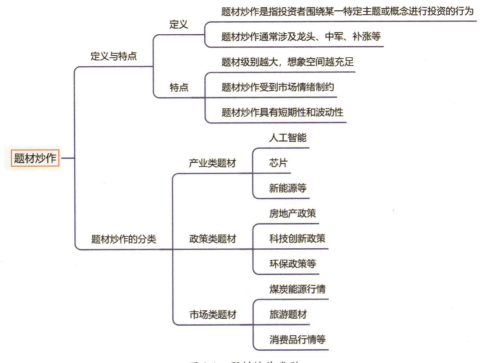

图 2-1 题材炒作类型

短线交易者对题材进行分类后，会确定是否符合优质题材要求再进行操作。优质题材有四个特点：

（1）**深度**。深度包含题材的新颖程度和想象力。题材的逻辑深度会推动资金入场，决定市场总龙头高度和溢价。题材以龙头作为标杆，优质的题材会有龙头股带领，龙头不倒，题材不倒。题材深度较大的板块个股不会在同一时间全部上涨，会分批发动个股上涨。当龙头被拉到七板以上，市场资金会去挖掘补涨，后排的一字板越多及封单越大，越能证明题材的深度。

（2）**强度**。市场上有多个题材在竞争主线，每个题材的板块龙头的强弱体现出题材强度的重要性。强度包含对市场的影响力和市场对题材的接受程度。

判断题材的强度，需要从多个维度来考虑。观察当天市场热点个股和市场近期的高度板个股，根据涨停数量、涨停梯队、连板高度、涨停溢价等来判断题材的强度。从涨停数量上看，次日涨停数量超过首日，题材不断发酵走强，体现出强度在增加。从涨停梯队上看，题材炒作联动性强，龙头打出高度，核心助攻紧随其后，中军承接大资金，后排跟风上涨，整个梯队有序紧密配合得越好，题材的强度越高。

从涨停溢价上看，题材分歧后，次日龙头继续高举高打，后排跟风个股能有溢价，说明资金认可度较高，题材的强度大。题材的想象力足够大，有上涨预期，当板块内出现多只股票涨停，资金才愿意去挖掘后排的个股。题材仅有龙头涨停，后排跟风上涨意愿不强，要降低对题材的预期。如果后排平开低走，前排溢价不及预期，则题材强度相对较弱。强度并不是优质题材最重要的因素，题材一日强不是真的强，最重要的是市场有后续资金能够跟上，保持持续性。

（3）**持续性**。题材是否成为市场热点，关键是题材的持续性。题材周期持续性一般分为：大级别周期持续两个月，中级别周期持续一个月，小级别周期持续半个月。题材的持续性决定短线参与的价值，资金追捧的题材才能走得长远。题材持续性和当前的市场环境关系紧密，同样的题材在不同的市场环境持续性千差万别。题材在市场上需要点火和发酵，才会出现持续性。点火后关注题材的发酵程度并评判持续等级，持续性决定了参与的程度。题材的逻辑叠加消息面的催化，才能走出更大的空间和高度。持续时间长的题材需要利好消息的频繁刺激，并能够不断挖掘延伸相关产业链。

题材的持续性可以通过连板龙头体现出来，靠高度来验证。只有出现持续的连板龙头拓展空间，才能看到持续性。持续性需要有龙头来带领，核心个股互相卡位争夺龙头，无法凝聚人气，在连板龙头地位没有确认前，并不确定题材能走多远。对于首日爆发的题材能否成为热点，二板晋级的个股数量是关键。题材爆发次日出现多个二连板的个股顶一字，在这种强度下题材会吸引市场上更多的资金来加入，这是持续性的发酵。如果没有板块的集中爆发，要通过三板来确定板块龙头的地位，并至少有一到两只跟风涨停进行助攻，才能确定题材的持续性。老龙头平稳过渡到同题材的二波新龙头时，老龙头依然强劲，说明题材持续性较好。板块内有中军支撑，板块内梯队完整，能够带动市场情绪，题材就容易持续性发酵，板块内交易才安全。龙头打高度，中军承接大资金，后排助攻跟风上涨，低位跟风涨停能形成梯队，说明题材联动性很好，具备更强的持续性。

跌停是亏钱效应极端的表现，对于判断题材的持续性非常重要。一旦板块内出现跌停，意味着题材开始极端分化，就算是高标接力也会面临市场的不信任。而对于题材的轮动行情，出现跌停的板块一定要远离。尤其是跌停拖累到板块的绝对核心开始主动走弱，预示题材将不具有参与价值。题材缺乏持续性时，就不能把时间和资金放在其中，要及时抽身，避免错过后面出现大题材的机会。

（4）热度。市场关注题材的根本原因在于热度，题材影响资金的情绪才能产生涨幅空间。有多个热门概念叠加的题材会插上腾飞的翅膀，更容易被资金选中成为炒作的对象。题材爆发当天板块内涨停数超过十家，次日出现一字连板时，题材热度得到延续。只要题材爆发后的次日能够出现多只二连板的个股，会吸引更多的资金来加入，板块可能从分歧走向一致。决定题材热度的关键在于核心个股走出三板，没有三板来确定龙头，题材就没有前途，很难吸引资金抱团。短线资金往往在三板才开始接力，题材的热度能够在龙头三板的时候经历分歧考验，才是优质的。

优质的题材往往难以潜伏，我们需要每天复盘题材来培养敏锐性，挖掘题材未来预期以及持续性。关注财经日历中的重要事件，并结合当下主线是否存在联动，理解当前市场的偏好，对突发事件有准确的判断，才能不断根据市场的发展修正交易战法，跟随市场情绪和主力资金的动向选择题材。所以在盘前预判题材的发展并没有捷径可走，只能靠自己不停地摸索，做到动态地去感知题材。这需要长时间对市场热点的把握，还要广泛地积累行业知识和市场运行规则，对新闻保持敏感和对信息具有甄别能力，具备丰富的联想扩展能力，才能有前瞻性地把握住题材。

短线交易主要是借助题材进行炒作，题材炒作需要判断市场对题材的接受程度，以杜绝主观臆断。切记题材是市场选择出来的，要把最终的选择权交给市场。只有市场选出来的题材才经得起考验，特别是大题材都是由市场验证出来的，在持续的赚钱效应的刺激下，会有资金围绕主线对支线题材进行挖掘。

要点：只有跟随市场选择题材，跟踪市场的合力，而不是靠主观预判题材的未来，才能在市场中长久生存。

2. 大题材与小题材

大题材多来自国家战略层面，国家政策可以催生热点大题材，改变行业的竞争格局的政策尤其具有操作性。只有题材的级别够大，具有充足的想象空间，对市场资金的吸引力强，才能确立其主线地位和具备炒作价值。而市场上大部分题材都是小题材，行情一般不超过三天，市场资金参与的热情并不高。

区分大题材和小题材可以从以下几点进行判断。

（1）**涨停数量**。大题材至少需要有一次爆发才能影响市场，把资金吸引过来延续生命。大题材爆发时会出现板块内个股批量涨停，涨停数量远超近期高潮期的数量。当市场对题材概念认可后，主力会不计成本地进场抢筹，促使板块内超过 10 只涨停股，成为当天绝对的热点。板块爆发的力度大，题材才能成为热门大题材。大题材爆发能使大盘形成较强的联动性，聚集人气带动指数、成交量的上升，指数和大题材的共振可以发酵出大涨行情。而小题材往往只能持续一到两天，板块内涨停个股一般不超过 5 只，连板个股不超过 2 只，在发酵初期就宣告结束。

（2）**一字板数量**。大题材板块内一字板数量占涨停数量不能超过一半，否则预期打满后落差很大，次日容易遭受兑现。如果板块突发利好消息导致大多数涨停都是一字板，会导致短线资金没有介入的机会，反而使投资者对题材出现观望而不敢介入。没有经过充分换手的题材没有持续性，容易成为一日游的小题材。大题材有多个换手龙头，要走完整个板块周期。小题材只有少数换手龙头，其广度和深度不够。

（3）**板块梯队**。成交金额大的大题材中能够承接更多的炒作资金，只要板块内有足够多个股，资金就可以在板块内轮动，形成板块梯队。大题材炒作联动性强，更具有辨识度和持续性，龙头打开高度后跟风助攻者云集，梯队结构完整。板块的梯队吸引越来越多的资金进来，市场辨识度加强，板块的持续性和高度更有保障。如果题材没有适合承载资金的个股，市场的认可度会降低，炒作热情容易冷却。大题材会有龙头作为标杆，体现在分歧抗跌和领涨上。如果题材难以找到适合承接资金的龙头，市场对题材的认可度会降低。

（4）**涨停溢价**。题材爆发次日龙头继续涨停，并带动后排跟风个股享受充分溢价，说明资金对题材认可度较高，容易走成大题材。小题材需要出现龙头连续一字板，否则难以对后排有所带动，不具备太多的溢价空间。

（5）**资金容量**。赚钱效应决定了资金参与度的下限，但是题材容量决定了资金参与度的上限，大题材具有想象力可以容纳大资金。资金容量在百亿级别的大题材对市场指数形成影响，才能带动大盘出现中阳线。同时涨停个股中大成交额个股越多，可炒作的资金量越大，资金可以一直驻足在板块内，成为大题材的可能性更高，资金介入大题材的程度更深，通常后续还会轮动爆发。小题材板块容量不超过 20 只股票，资金容量很难形成规模化的赚钱效应，接力的资金较少。

市场情绪连续冰点后，维持弱势震荡的风格，成交量缩容会导致资金集中在热点题材的前排核心股。而大题材需要大资金拉升，难度较大，小题材的优势在于容易使资金抱团取暖。由于市场流动性连续收缩会严重影响题材的发酵和赚钱效应的打造，只有与指数共振走强的大题材出现量价齐升的反弹行情，赚钱效应才能得到修复。**一旦大盘出现量价以及赚钱效应共振的修复行情，小题材会在超跌中首先反弹，甚至出现过度压抑后的爆发。**在大盘指数下跌时，大题材中核心个股秒板，并没有出现恐慌性抛压，可见板块的做多情绪强于指数，板块容易成为共振指数大涨的题材。但小题材多以故事为载体，市场无确定性可言，只有从小题材轮动进入大题材发酵才有可能实现实质性反弹。

相比较而言，小题材不如独立题材更具有操作的持续性。而独立题材的连板个股缺乏板块支撑，其前途又不如有板块梯队的大题材领涨个股。因为出现独立个股行情可能是主力试错，吸引散户追进，容易被套牢。大题材具有深度和宽度，龙头上涨数个交易日，就会出现卡位个股竞争，持续性让资金不断挖掘补涨进行接力，操作性价比比较高。如果大题材中没有跟风个股形成梯队支持，只有独龙单独上涨也很难发展起来。

指数的每一波上涨都会有主线板块的主升浪，至少会形成高位个股集体抱团（图 2-2）。主线结束之时都是行情阶段性见顶之日，即使指数不跌，短线交易的机会也会变得很少。当高位赚钱效应下降，大题材的亏钱效应由高位传导至低位，龙头不能继续主升，资金会切换低位，来模仿高位出现的赚钱效应。或者高位出现亏钱效应时，资金去做低位避险。大级别题材主线炒作完毕时，资金会不断挖掘题材细分支线来延续板块人气，高低切的前提条件是题材要有一定级别，具有想象力，赚钱效应集中。如果总龙头不断上涨，低位支线龙头会成为补涨龙头，大题材才能继续走强。反之，若低位补涨不能重新打造赚钱效应，板块也会逐渐走弱。

图 2-2　人工智能大题材炒作周期长达 8 个月

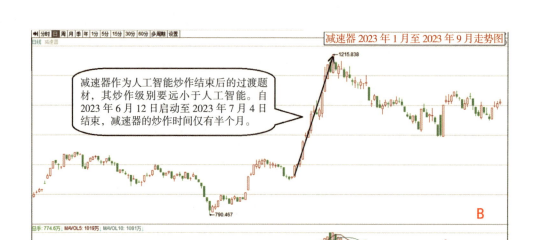

图 2-3　减速器小题材炒作周期只有半个月

图注：人工智能（图 2-2）作为大题材，不断有政策面消息刺激，与大盘形成共振向上的行情，在此基础上能够不断吸引增量资金进场，走出完整的题材炒作周期，持续时间长达 8 个月。而减速器（图 2-3）作为人工智能炒作结束后的过渡题材，其炒作空间并不大，不具备持续的利好刺激，难以吸引大资金进场博弈，只能维持半个月时间。

　　在大盘弱势格局下，偏防守风格的医药、旅游、地产和煤炭等消费周期板块获得资金青睐，夹缝生存的小题材蓄势发酵，形成大小题材轮动风格，缺乏持续性（图 2-3）。小题材虽然受到弱势市场的拖累，但得益于主线走弱后有表现机会，板块竞争越激烈，小题材越得利。但大盘调整时，小题材调整的幅度比大题材更大。如果大题材出现短期缩量回调，市场资金需要题材进行替代，板块间出现高低切换，我们也不用急于离场，只要机构资金介入较深，板块仍有进一步向上的预期。就算大题材的整体情绪退潮，也会选择维持活口，龙头连板断板经过短时间的震荡，重新切换回来对龙头进行修复，走出二波行情。

3. 题材发展的几个阶段

　　题材的发展通常有两种方式，一是事件推动或者消息刺激，会在板块中出现一致性的涨停高潮；二是短线主力通过不断分化发酵，持续性利好，吸引资金进场，加速推动核心个股涨停，从而形成一致炒作，让题材得到巩固发展。把握题材发展过程有利于我们加深对情绪的理解，可在题材发展中看清资金流动的逻辑，根据题材的发展演变过程来参与题材的炒作。题材的发展可分为启动、确认、发酵、加速、分歧、反包、退潮等多个阶段，涵盖了情绪的演变过程（如图 2-4）。并不是所有的题材都会完整走完上述阶段，各种不确定性因素会导致发展进程戛然而止。

图 2-4　生物医药板块 2022 年 9—12 月题材炒作阶段

　　图注：生物医药板块指数走势可以划分为明确的炒作阶段，特别是大题材板块确立主线地位后，每个阶段都会呈现出相应的结构特征。我们需要针对不同的阶段做出相应的交易战法，在发酵与确认期进行试错交易，在发酵与加速期介入龙头股，最后在分歧退潮期要优先考虑风险。

（1）**启动阶段**。题材渐渐明朗，资金需要不断尝试突破市场高度，会带起板块效应走出第一波行情。我们可以轻指数而重情绪，在题材长期横盘中寻找主力资金流入的蛛丝马迹，配合消息面埋伏领涨个股首板，轻仓分仓试探性介入。

（2）**确认阶段**。题材初期会出现涨停潮，持续性的走强板块激发市场赚钱效应，吸引资金进场，市场首板增多，连板效应增强，激活市场个股相互竞争龙头，可以从首板的个股中筛选二板。最先上三板的个股有望成为板块龙头，题材经过龙头连续涨停确认后，可大胆加仓介入。

（3）**发酵阶段**。题材发酵后会有板块龙头被市场注意到，从而吸引超短资金开始进入题材，板块个股出现普遍的拉升，涨停板明显增多。情绪开始膨胀后，板块联动带动连板股数量稳步提升，市场上不断涌现分支热点。题材从启动到发酵的时间是不确定的，取决于题材逻辑和消息的扩散，而且和市场上其他题材的竞争有关。题材热点得到发酵后，开始出现加速行情。

（4）**加速阶段**。市场经过发酵后，主线题材赚钱效应吸引跟风资金涌入，踏空资金会在次日接力去前排，龙头出现缩量一字板和前排出现缩量加速上涨的状态，题材进入加速阶段。这是板块赚钱的黄金期，此时赚钱效应好。要跟随市场节奏，聚焦于利润最大化。加速阶段资金的预期一致，连续一字封板的龙头确认明牌地位后打开市场高度，同时也在扩展市场的宽度，可以重仓热点龙头。题材加速推动多个三板以上核心个股顶一字，题材后续还需要经历一波大分歧，只有扛住分歧的个股才有机会成为市场总龙头。

（5）**分歧阶段**。题材热点在加速阶段涨停和连板数量增加，板块赚钱效应爆炸，次日市场会有缩容分歧，不可能支持赚钱效应一直往上走。市场情绪开始在短线资金市场出现分歧。题材分歧日尽量不去追涨只能低吸，非要追涨也只能选择核心龙头，买不到就选择空仓，或者尾盘低吸核心个股。

高潮日后市场迎来的第一次分歧对题材股的后期走势非常关键，当题材股高位震荡时可能会出现三种方向。一是分化。题材发酵到加速阶段后，早盘个股冲高回落预示当天板块出现分化，此时需要判断短线情绪是单一题材内部分化，还是短线环境的分化。题材高潮后内部分化，后排开始集体下跌，被动跟风的个股会逐渐被淘汰出局，但核心个股可以继续获得资金追捧，会扛住分歧主动走强。重点关注去弱留强，辨识度高的个股往往能脱颖而出。如果是整个短线生态发生分化，大部分依托情绪上涨的个股都会泥沙俱下，不具备接力价值。主线题材持续的赚钱效应会掩盖分歧带来的负面情绪，但是分化让少量的人气股面临出局，市场必然有核心高辨识度龙头在分化中加速晋级幸存下来。二是补涨，龙头在下跌后迅速修复在高位横盘，资金寻找前期涨幅较小的个股去做补涨，补涨个股的身位和龙头相差三到五个板，可以清仓等待补涨龙头确认地位时再加仓。三是切换，题材进入分歧阶段，仅靠情绪推动赚钱效应难以为继，资金会在板块退潮前选择从高位向低位转换，主流题材在龙头分歧后彻底被资金抛弃，切换到支线题材。或者开始向同题材低位个股切换，如果板块内个股能够扛住板块最高板的负反馈，题材中前期没有被一致看好的个股有可能会出现超预期的卡位晋级。此时龙头高标开始下跌，市场集体退潮，投机的意愿急转直下，第一波行情结束。

（6）**反包阶段**。题材内第一波大分歧后，围城中的人想出去，围城外的人想进来，风险与机遇并存。第一波分歧的核心股承接力度是判断题材是否能够继续冲高的关键因素。其中龙头继续涨停反包断板的阴线，题材就出现反包行情。反包阶段重点操作龙头反包板，可以寻找大量换手龙头空中加油的形态介入接力。龙头在高位横盘后再次开启主升，板块在龙头和补涨的帮助下获得

延续，重新打开高度主升二波。主流题材出现新的领头羊引领第二波行情，主力资金开始试探分支题材龙头，分支题材连板股剧增。但并不是所有的题材都能走进反包阶段，需要注意出现天量天价个股，可能是疯狂的顶端，关注炸板分歧风险。

（7）**退潮阶段**。经过题材的一波连续主升，龙头经历了翻倍的涨幅后出现滞涨，难以重现分歧后快速修复的现象，而是开始连续盘整，低位补涨开始最后的表现。题材中个股普遍出现竞价低开的现象，板块从放量大跌到缩量盘整。题材热点股瀑布式下跌，高位龙头出现双头顶部结构下跌，连板股数量急剧萎缩快速降为零。高位股接力资金匮乏，市场高度下降导致出现大规模亏钱效应，直到板块中军股大跌，宣告题材炒作基本结束。退潮阶段第一天下跌是最严重的，如果第二天继续下跌，那么尾盘可以低吸，第三天会有情绪修复的预期。退潮期的最佳选择是空仓，退而求其次可以选择补涨个股。

对于题材的各个发展阶段，重点在中段区间行情进行交易，跟随主力参与题材的确认、发酵、加速阶段最为稳妥。首尾部分可以留给他人，越是到了鱼尾行情风险越大，利润空间也越小。题材进入鱼尾行情，需要结合题材的生命周期去综合考虑。一旦出现不及预期的走势，出现短线反弹就要离场。由于行情的初段确定性并不高，可以从启动阶段关注，在确认阶段及时介入，到了高位放量分歧或者加速阶段毫不犹豫地离场。一般主线题材必须经过加速、分歧、反包三个阶段。题材从发酵到后续逐步分歧，再到资金回流，证明了主线题材的地位，后续最长两个月内也将反复发酵。如果题材强势爆发逐步分化后，所有个股全部沦陷，板块无资金回流，基本可以判断题材难以有持续性，并不是主线题材。

4. 题材与龙头效应

龙头是资金的聚焦点，是市场短线接力情绪的方向标，也是题材发酵的产物。

只有在题材深度足够和市场情绪高涨的条件下，题材后续的持续性才会引发板块集体涨停潮，板块性的上涨能带动龙头持续发展，可以从中挖掘纯正龙头。大题材会有龙头做标杆，只有主流题材才能诞生大龙头。**龙头不倒，则题材不倒；龙头强，则题材强；龙头弱，则题材出现分歧。任何龙头都需要板块的发酵进行助力，题材的级别决定龙头的级别。大级别主流题材是市场总龙头诞生的必要条件，决定龙头的生命周期。**资金介入深才能保障题材的持续性，龙头的炒作热情才能维持。尽量从板块发酵延续的角度选择龙头股，题材的持续性决定了炒作龙头的强度，而情绪决定了炒作龙头的力度。

一般主流题材都会经历加速、分歧、反包的过程，没有这个过程就不能成为主线。题材爆发吸引全市场资金的关注，才会有持续性，这是诞生龙头的必要条件。从题材中筛选龙头需要先观察题材分化后的活口。题材处于爆发加速阶段，强势的个股不一定是龙头，只有经历市场分歧成功留存的强势个股才具有龙头相。题材爆发首日的首板众多，无法判断梯队，但经过分化和资金回流后，题材加速吸引资金的关注，连板梯度形成多个二板，持续性才会诞生板块龙头。只要题材内二板个股够多，分歧后大概率会有活口走出三板，然后观察三板定龙头时梯队的表现。

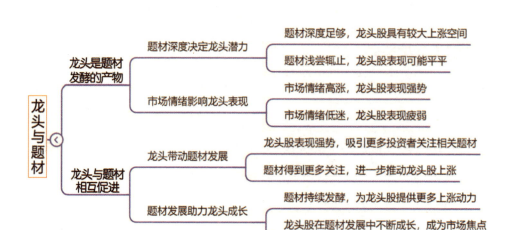

图 2-5　龙头与题材的关系

　　由于题材持续力和龙头的表现正相关，龙头辨识度可以吸引更多的资金来关注，助推题材高潮首板批量出现，会让市场对题材的定位有更清楚的认识。题材需要龙头持续打开空间，当龙头变成市场风向标，个股联动性好推动题材具备更强的持续性，才会有新资金进来补涨和跟风，并形成完整的梯队。梯队形上涨是题材发展的健康模式，这样才能走得长远。当板块的最高连板股在五板以上，基本可以确定为板块龙头。保险起见，还可以通过个股连板过程中出现分歧转一致和分歧的分时承接来考验龙头地位。龙头确定后，题材持续性得到保障，具备成为大题材的潜质。龙头股至少有三板并保持三天热度，且板块内每天至少有两个涨停个股，否则很难能发酵成为主流题材。大资金并不是所有的机会都会去把握，必须考虑后续接盘资金的问题，往往要等到板块龙头三板确认地位后才参与，因为板块能够走出三板，基本上可以确定有持续性，具有上涨的空间。

　　要点：龙头的最大风险是题材轮动。如果在龙头刚刚走出辨识度时，题材就出现分歧走弱，市场资金会切换到其他题材。如果题材行情末期没有新的龙头替代老龙头地位，行情容易草草结束，难以发酵出二波行情。

二、题材交易战法

最强的题材板块要有持续性赚钱效应，换手充分且分歧时有资金承接。市场活跃资金总会流向有赚钱效应的地方，行情中最有人气最暴利的题材会产生赚钱效应。当赚钱效应深入人心时，自然会有很多资金愿意去赌一把。

1. 黄白线交易战法

市场对题材的认可会影响大盘指数走势，题材的持续发展表明有足够的资金去承接，指数、成交量才能达到健康状态。由于市场的资金是有限的，大盘指数会出现分化，大盘指数分时图中代表权重的白线和代表中小题材的黄线出现分离状态，我们就要尽快转移进攻方向。**一般而言，白线高于黄线，白线温和放量走强，中小题材受消息情绪影响较大，那么主导市场走势的仍是权重股，主要把握核心权重个股的弱转强机会。**而蓝筹权重股的白线虽然能带动指数上涨，对短线接力并不属利好。因为指数白线高开说明权重股开盘较好，权重股体量大会对小盘股和主线题材的资金形成虹吸效应。如果是白线缩量震荡偏弱未跌破位，黄线上攻延续小盘股占优的格局，表明整体市场并未进入下跌趋势，重点看题材的套利机会。

资金分流使得多个题材难以被市场的存量资金同时支撑，往往指数和赛道越强势，白线向上对黄线压制，短线交易难度越大。这会造成题材股出现炸板潮，甚至出现指数大涨而题材没有赚钱效应的极端情况。所以短线资金往往对大盘股的基本面关注度不高。反之，黄线在上，市场适合短线交易，参与题材为主。如果大盘衰退出现代表权重的白线向下拖累黄线，说明市场难以出现流畅的反弹，市场大概率仍将维持震荡向下的格局，以小题材轮动为主。

早盘的黄白线表现会对当天的交易起到重要的指导作用。在早盘 10：00 左右，如果黄白线分离，黄白线单边下行且黄线在白线下方运行，黄线加速下跌而白线则是缓跌，则当天大盘权重股为主要交易标的，小盘股跌幅较大，情绪小股的下跌力量要远大于权重大股。尤其是处于高位的情绪小股有补跌需求。由于早盘黄线急跌和白线缓跌后，权重个股往往处于中期下跌尾端，次日资金愿意回流超跌形态的权重股，带领指数回暖修复。相反出现黄线压制白线，出现权重股一路下行的情况，基本可以判断市场全天萎靡一路下行，交易的机会并不多，可以逢高减仓或者及时止损（如图 2-6）。在早盘 10：00 左右黄白两线在零轴附近震荡，如白线在上则当天市场较稳，可以适当追涨，冲高回落的风险相对较低。如白线在下，指数有震荡向下的隐忧，可根据分时图的实际

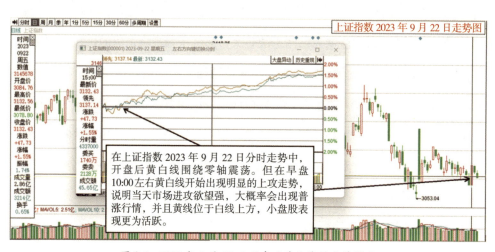

图 2-6　2023 年 9 月 22 日开盘后黄白线的走势策略

图注： 我们可以通过指数黄白线判断当天市场的大致格局。若出现图中黄白线共振向上，并且黄线位于白线上方的走势，说明资金做多欲望强烈，市场容易出现小盘股领涨的普涨行情，操作上可以积极做多并侧重小盘股。同理，我们可以根据开盘后 10：00 左右的黄白线表现情况，及时调整当天的操作策略。

情况对个股高抛低吸。如果 10：00 以后黄白双线都在零轴以上运行，则一路上行收阳的可能性较大，因为资金充裕的市场会出现权重股和题材股普涨的局面，即出现黄白双线同时向上，此时可以大胆参与。如果黄白线相互粘连，资金形成权重和题材来回切换，但两个方向都没形成合力，只是资金流向阻力最小的方向，可以适当观望，等涨停梯队稳定后再选择方向。

2. 新题材交易战法

市场中一直存在炒新不炒旧的特点，资金喜新厌旧，当天启动的新题材特别受资金追捧，前排个股次日多数获得溢价。新题材具有如下几个特点：

（1）**想象力**。题材的想象力是资金的优选，也是资金进攻的方向。新题材对未来的发展要有所预期，只要想象空间足够大，配合情绪的催化剂，新题材能一飞冲天。甚至在市场低迷时，新题材也能带动情绪上行。具有想象力的题材，一定会有一次板块高潮带领市场走强。

（2）**人气度**。能够重仓参与的新题材一定需要人气高，一旦相关概念股大批量涨停，板块指数涨幅超过 10%，就可以大胆参与。新题材爆发后，要筛选出优先涨停的个股，主动走强的个股辨识度更高。

（3）**持续性**。市场消息反复发酵的题材具有更强的爆发性和持续性。逻辑较强的题材持续性好，资金持续去承接市场每天涌现的新题材，能打出更大的空间和高度，能保证指数处于相对健康的状态。当新概念在市场中开启时，需要立刻判断题材的持续性和发酵程度，具备持续性的消息，相信的人越多，题材上涨空间越大。重磅级的新题材更要借力消息的发酵，不断有人赚钱离场，又不断有人投机进场，新题材持续放量才能健康成长。新题材的持续度需要不断被注入资金，接力和跟风资金的加入才能让个股成龙成妖。

图 2-7　资金喜新厌旧

　　新题材爆发当日有超过三只涨停个股，说明题材力度和资金认可度较强，但首次爆发可能只是一日游。新题材爆发的次日能否有资金接力是成败的关键，其持续性是赚钱效应延续的保证。经过连续两三天不断地淘汰，到第三天能留存三板龙头，说明新题材持续性较好，还能形成补涨梯队。第四天资金预期重回题材，龙头继续向上，此时三进四胜率更高。一旦接力成功，我们可在原有题材的基础上继续挖掘总龙头，牢牢把握群体合力的方向。所以新题材的炒作需要接力，赚钱效应持续性决定接力的程度。

　　对于市场出现的新题材，主要从三个方面来展开交易。

　　首先，要清楚题材的炒作逻辑是政策、行业突发性消息还是超跌反弹。只有能对行业产生长远影响，新题材才能获得市场的认可，具有想象空间。如果只能对行业产生短期或者当前影响，说明市场认可度低，炒作热情也不高。逻辑充分和影响力深远的新题材能走得更远，基本可以确定其为大题材。

其次，找出题材的人气龙头和核心个股作为题材走势的参照物。题材内梯度完整，先锋龙头和中军股轮番上涨，推动题材不断走高，形成市场赚钱效应。此时只要发现新题材具备完整的板块梯队，就可以敏锐参与新题材的主升套利。一旦新题材发酵启动，我们需要关注前排强势个股和跟风个股，要勇于发现潜在的龙头股，逐渐去弱留强，主攻剩下的最强个股，确认龙头后再切换到龙头，避免掉队。

最后，完成新题材对老题材的衔接。由于新题材的驱动力比老题材强，新题材的横空出世最吸引短线上的热钱，引起市场上的广泛关注，就会出现新题材卡位老题材。个股需要跟随题材进行炒作，老题材炒作结束后，在新题材的周期中，老题材在盘中涨停数量和连板梯队没有优势，个股将很难有所表现。此时不能留恋老题材，需要及时持股换新。但老题材在市场替换之前属于最强方向之一，核心个股具有较高人气辨识度，且处于调整阶段，可能随时转强，板块具备继续活动的可能。老题材可以结合前期老龙头来观察，老龙头的辨识度较高，在新龙头的身位和强度差不多的情况下，当老题材重新开启二波行情时，老龙头会凭借辨识度去卡位新龙头。

在老题材接近高潮尾声的时候，会出现高度补涨，完成老题材最后的使命。老题材内部补涨走出高潮后，主力预期次日题材会出现分歧，资金就切换到新题材或者其他最强的支线上去，从而导致新题材或者支线题材出现批量涨停。在老龙头见顶高位的阶段，往往也是最好布局低位新题材最好的时机。此时情绪进入拐点，新老题材做高低切换，选择打板性价比较高。虽然在情绪低潮期和轮动结构中，市场对打板资金并不友好，但在市场低迷的情况下，新题材容易引发炒作从而驱动大盘出现修复，新题材的打板仍然具有性价比。

高低切换对题材有预判能力，老题材大规模走弱时会出现题材的轮动切换节点。

三、热点题材交易战法

市场主流热点通常涨幅大，炒作时间长，而支流热点则是在涨幅和时间跨度上小于核心主线。在主流热点陷入调整时，支流热点就会借机活跃，在时间上契合主流，形成轮动格局。在技术面或者消息面等因素刺激下，支流热点短期也会有一定的爆发力，爆发初期可参与，后市不追高。热点来了全力以赴，热点退潮果断卖出，热点就是印钞机，乘着热点的东风，才能迅速做大，不要在弱势个股中耽误时间。

1. 主流热点和支流热点

做短线交易对市场热点要先知先觉，其次后知后觉，不知不觉是不适合做短线交易的。我们要明确感知市场的热点方向，预判股市的持续性热点变化，跟随已经受到市场关注的热点，才能在短线交易中立于不败之地。题材要得到市场认可，需要通过龙头发酵热点进行推动。选择资金关注的热点强势股和板块中最早上板的核心股会降低搜寻好股的难度，可以短时间搭上主力的便车，比潜伏更节省资金的时间成本。

根据热点的容量和持续性，板块热点可以分为主流热点和支流热点。

短线交易先要评估题材级别和结构属于主流或者支流。主流热点之所以能够吸引短线资金集中炒作，是由龙头聚焦、题材想象力、资金容量、涨停数量等综合因素共同决定的。短线资金主流热点特征如下（图 2-8）：一是板块内个股涨停数量最多。热点内有连板龙头或者空间板龙头，板块内竞争的个股可以接连涨停。涨停个股多意味着资金参与的机会多，不断有资金参与推动板块内不断轮动。二是热点具有持续性。主流热点板块容量大，具备持久的爆发力，至少连续两个交易日带动市场赚钱效应的题材才可以被确认为主流热点。三是板块内有涨停梯队来聚拢市场人气。通过分歧回流形成连板梯队，队伍内拥有龙头、前锋，中军、跟风和补涨等角色，分工明确能满足各路资金的需求，热点在市场中的地位就得到了稳固。四是题材概念拥有较大的想象空间，有充足的上涨溢价空间，题材空间定义题材的级别。

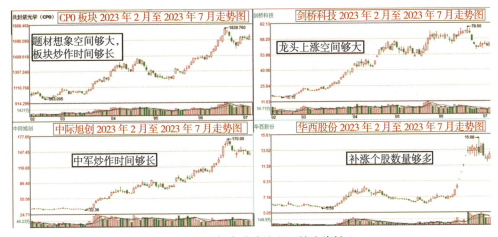

图 2-8 CPO 概念作为热点题材炒作梯队

图注： CPO 概念作为 2023 年上半年市场中的主流热点，题材具备充足的想象空间，板块资金容量大，能够聚集各路资金炒作。板块内的涨停数量多日居首，板块涨停梯队完整，龙头、中军和补涨等角色分工明确，并持续了半年。

支流热点开始于主流，终结于主流。资金在主线炒作方向的持续介入推动主流热点持续发酵，支流热点会围绕主流热点出现轮动反复活跃及循序轮动。支流热点的特征如下（图2-9）：一是涨停队伍较为零散，资金只追求支流热点的龙头；二是热点跨时短而爆发力强；三是具有短线逻辑，以消息刺激、事件驱动以及涨价逻辑为主。

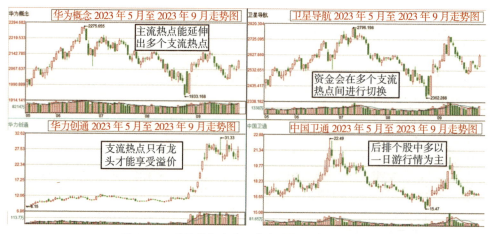

图 2-9　卫星导航板块属于支线热点，持续性较差

图注： 卫星导航板块属于华为概念延伸出来的支流热点，由于华为概念延伸的支流热点较多，资金会在多个支流热点中切换，导致卫星导航的炒作持续性较差，板块内涨停队伍零散，只有龙头股才会有持续性，中军以及补涨股多以一日游行情为主。

主流热点可以完整地贯穿多个情绪周期，可以把握多个介入机会。支流热点只适合参与恢复和高潮阶段，适合介入热点的主升阶段。支流热点持续性不好，但短期的爆发力适合次日超短操作，完成一日游行情。在市场情绪较好的时候，支流热点能成为当天的强势热点，出现龙头股连板的形态。如果大盘稳定且板块轮动不快，我们可以把握日内短线资金方向偏好，跟随游资火中取栗，在开盘后可大胆介入支流热点个股。主流热点有龙头在连板，尽量不要做支线的龙头。同样，有明牌龙头在市场中连板，也不要去挖暗线龙头。主流热点的强势会掩盖支流的热度，导致支流热点只有个别核心有参与价值。所以支流板块内往往不需要中军，人气核心个股会成为资金抱团的首选。

巨大的赚钱效应会吸引更多的资金加入，从而带动支线题材持续走强，会同时出现支线龙头之间竞争和抱团共生的关系。当主流热点的行情出现较大分歧的时候，资金可去挖掘支线热点的强势股作切换，把握支流热点只是寻求套利的锦上添花。**市场共识还是在于市场总龙头，市场有总龙头时只选主流的，尽量少做支线龙头，只有买不到主流龙头情况下，再去选择支流龙头**。虽然支流的合力弱于主流，但支流龙头也是总龙头的竞争者之一，有可能会成为总龙头。在技术面或者消息面等因素刺激下，一旦支线龙头开盘人气超预期飙升，我们可以前期轻仓参与，等待右侧交易确认后再加仓交易。而支线龙头低于预期的表现则坚决不能参与，支线的市场地位毕竟不高，不能幻想能有较多的资金愿意回流到支线龙头。支流热点核心股当天出现分歧调整，次日只有出现弱转强才是确认买点。

2. 主流热点发展的阶段

根据情绪发酵的深度和广度，主流热点的发展可以分为试错阶段、主升阶段和补涨阶段。

主流热点试错阶段，是高风险和高收益的阶段，但容易出现误判而难以参与。市场经历上一阶段的亏钱效应，情绪调整后逐步出现积极性，新题材个股开始尝试打高度。但在前期的亏钱效应压制下个股难以突破高度限制，参与难度大。我们可以抓住反弹机会选择低位首板个股进行轻仓试错新方向，市场企稳后，资金会优先选择以下几个时间节点发动行情，包括周期退潮日、利空落地日、指数天量地量日和重大政策宣布日等。题材能有辨识度和逻辑充分的个股确认为板块核心后再加仓。一旦有科技进步、重大政策、行业周期轮动等重大利好消息刺激板块和市场情绪共振，市场最抗跌的板块和高标股引领的板块会首先发酵。主流热点的发酵主要由领涨龙头超预期带动板块，龙头加速上涨会启动板块中军。利好消息反复出现会进一步刺激板块持续发酵，驱动主流热点的形成。

主流热点发展必须有核心股出现良好承接，具有持续性才能走成热点题材，涨停数量最多的题材才有机会成为主流热点。对于首日爆发的题材能否走成热点，题材爆发次日是关键，其中前排核心二板个股顶一字和大批的一进二晋级是题材成为热点的必要条件。达到如此强度后，热点会吸引更多的资金产生持续的赚钱效应，推动热点向主升阶段发展。如果热点题材次日出现前排个股掉队，大批个股冲高回落，说明题材分化较大，承接力量不足。

主流热点主升阶段具有最强的确定性，是板块内个股普涨的阶段。主力资金持续流入的领涨龙头就能发展为一波主升行情的最强个股。领涨龙头超预期突破近期空间压制成为最高空间板，同时趋势中军突破新高。我们可以直接介入领涨龙头，超预期程度越高越要尽快介入。只有领涨龙头失去介入机会，才可以买入龙二龙三，最好是在板块高潮日当天开盘低吸创业板的辨识度股，因为主流热点板块基本会有 20% 涨幅个股的一席之地。其次是追涨板块中军或者低位跟风个股。后排跟风个股通过快速上板卡位前排个股，促使板块内部结构变化，进一步推进热点的发展。主流热点的容错性较高，板块经过主升后资金介入得比较深，就算出现大幅度调整，短线资金会做反核心的动作，只要把握市场主流热点的主升阶段，即使板块内个股没选对核心也不会大亏。

　　主流热点补涨阶段是操作机会较少的阶段。主流热点经过数天的上涨，前排个股积累了大量的获利盘，会出现较大的放量分歧。主流热点发展到末期，龙头虽然能继续打开高度，但跟风股已经开始出现亏钱效应，中位股的断层是龙头即将见顶的信号。此时参与高位博弈的性价比不如低位的补涨首板个股更大。主流热点具有持续力，资金就会不断挖掘补涨，接盘的资金才能维持板块的运行。首选辨识度高和流通盘较小的个股作为补涨的候选，便于拉升。只要题材足够大，龙头能持续走高，后排就会有补涨个股出现。除非是在轮动结构中，题材切换过快会导致后排缺乏成长的时间，只能锚定核心龙头穿越周期。主流热点的高度足够高和容量足够大就能产生支流热点，支流热点的龙头也存在补涨效应的扩散。这四个阶段如图 2-10 所示。

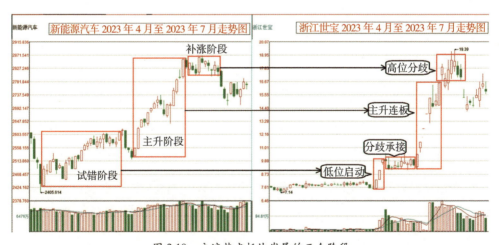

图 2-10　主流热点板块发展的三个阶段

　　图注：新能源汽车作为短期主流热点，发展可以划分为试错阶段、主升阶段和补涨阶段三个阶段，不同阶段对应着不同的机会和风险。以浙江世宝为例，板块龙头在试错阶段尝试打开上涨空间；在分歧出现强势承接后，板块出现加速上涨，连续涨停；最终在板块高潮过后进入补涨阶段，出现高位震荡格局。

3. 短线热点交易战法

热点板块是主导大盘的中坚力量，其强度及持续性会影响市场人气，对指数和市场情绪有重要影响。热点板块是市场的焦点，也是资金聚集的主战场，各路资金介入得越深，板块的持续性越好。大部分资金只会聚焦在少数的主流热点板块上，其他板块会归于平庸。热点板块梯队最为完整，有领涨龙头、中军、跟风、补涨等，在预期和资金支持下容易成为市场主线。拥抱当前的主线热点会更容易事半功倍。超短操作首选热点板块中的个股，包括连板股、核心股、龙头股及中军等，只有热点才会吸引资金涌入接力板块中最具有辨识度的个股。

在实战操作中，短线交易围绕主线热点去操作，把握主流热点是重中之重，指标与技术等反而位列其次。而非主流热点缺乏大规模异动的板块高潮日，只要概念和逻辑不够正宗，也难以形成发酵，整体发展受限。任何模式都要在有主线热点时，才有高胜率。需要把预判、试错、确认、加仓等操作落实在市场主流热点上，才能避免大幅度回撤和获得大幅度利润。出手时主要有两种思路，一是跟随连板方向做套利，可以找到主流题材内最有辨识度和热度最高的连板股，在其早盘分歧的时候买入。二是根据有人气的方向进行弱转强机会的把握。当主流热点竞价阶段出现显著放量信号后，可以作为当天交易的重点板块，这会成为短线交易中难得的机遇。

由于短线热点板块最能够聚集赚钱效应，偏好多样的市场资金会分批发动板块，不轻易放过主流热点。尤其是在大盘弱势时，是热点板块低买的时机。当主流热点首日分歧，辨识度较高的核心连板个股爆量分歧后，可以在尾盘抢筹，次日大概率会有修复。如果当天就被资金承接并且放量快速拉升，则跟随主力介入。在热点板块中套利，只要不是跟随趋势换手的中军，次日不涨停都要及时卖出。市场存在主流热点的机会就要把握，没有主流热点的时候选择空仓反而是避免亏损的方法。

我们可以在集合竞价前预判热点是主流热点还是支流热点，以主流热点为首选对象，分歧时切换最强支线。**只有主流热点才能产生总龙头，才是市场上最活跃的资金聚集地，支流热点没有土壤培养出总龙头。**主流热点可以引领市场，而支流热点是主流热点的从属，强度弱于主流热点，支流龙头也会更早结束。如果主流强势不倒，我们以主流为中心挖掘支流热点，只博取低位低风险核心个股，接力支流龙头。交易主流热点首先要筛选出主线题材和前排辨识度高的连板个股，在板块高潮当日的尾盘，可以积极去参与支流热点的核心个股（如图2-11）。当高位主流热点题材调整之时，低位的支流热点会补涨来保证市

图 2-11　主流热点人工智能中际旭创的介入机会

图注： 在主流热点人工智能长期炒作过程中，中际旭创成功发酵为趋势龙头股，并沿8日线震荡拉升。在人工智能的主流地位以及中际旭创的龙头地位确立后，应该在短期回调时大胆介入，并且不要在震荡行情中轻易离场，以免错失更大的获利机会。

场情绪继续上升。较为稳妥的操作是可以等待支流热点个股崛起卡位后再适当重仓。仓位原则是重仓在主流热点上，轻仓在支流热点上。

中长线操作热点题材应以主流热点为主，支流热点生命周期较短，不要轻易重仓。中长线的炒作逻辑是用业绩、政策、产业景气等基本面因素吸引中长线的资金进场，以趋势向上构造主升浪。主流热点是创造长线高利润的机会，得到少量利润而被诱惑离场是短线交易者最大的遗憾。一旦预判准确主流热点，我们不能轻易半途下场。即使主流热点总龙头的赚钱效应下降，只要市场情绪在上升周期里，就可以锁定主流热点方向，让资金从支流方向不停地向主流方向进行转移，把握住大盘的主升浪。中长线向上的题材能成长为主流热点，一旦行情出现短期回调，我们可以借机大胆参与。与中长线热点不同，大多数的短期热点当天买入后如果出现大跌，次日大概率还要低开，所以等待盘中冲高后要抓紧止损，避免大幅度下跌。而买入短期热点个股后，超过三天未能上涨，无论小亏小盈都要出局。

4. 热点轮动交易战法

短线交易以快制胜，多数的交易次日是要兑现的，以稳定可复制的模式积小胜为大胜才能获得长久的利润。超短线需要频繁切换热点板块来控制风险，市场首次出现亏钱效应后，前期赚钱的资金不会马上离场，而是继续寻找市场上逆势出现的新热点，在热点板块分流及回流切换中低吸板块核心股。市场题材的炒作是轮动的，短线资金热衷于热点的轮动中抱团作战，一波行情过后，用新题材驱逐旧题材，新热点能够更容易凝聚市场热钱。多个热点题材并存的时候，如果错过板块核心龙头，可以低吸另外一个板块的核心股，等待次日的资金回流。所以短线交易者需要像狼群一样快速从不同的猎物中获利离场。而热点过多加速轮动会导致一日游行情，短线操作难度增大，多数散户很难从这个过程中获利。只有交易行为形成群体合力作用于一个主流热点时，热点持续性才能大大增加。

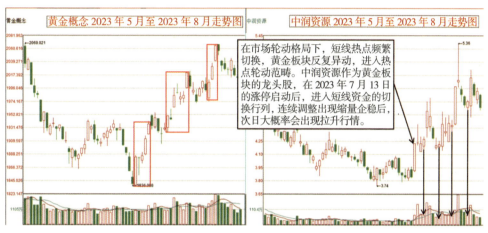

图 2-12　黄金板块进入板块轮动缩量回调时介入

图注： 在市场保持轮动格局、热点板块频繁切换的背景下，黄金板块成功进入板块轮动范畴，龙头中润资源获得资金青睐，出现间歇性大涨的行情。由于市场处于轮动格局中，资金极少会持续拉升同一板块，我们应该重点关注轮动板块中的龙头股，若出现类似于中润资源放量拉升、缩量回调的走势，可以在缩量企稳后介入，博弈次日的分歧转一致行情。

热点轮动是不断地对高位转换和高低切的过程，不同题材的龙头之间相互卡位，确认市场主线地位后，从单一题材龙头变成市场总龙头，热点变成唯一主线，将会获得更多的资金青睐，热点的宽度和高度都会大幅提升。在热点模糊的市场轮动结构中，只要抓住最主流的板块就能抓住轮动的核心。如果在多热点的行情中，龙头具备当前两个以上热点，会产生多轮驱动，未来可能成为总龙头，双热点叠加行情情绪强度强于单热点。在热点轮动中，要紧跟热点板块龙头的动向，只有让自己的持仓和主流资金保持一致，才能在热点快速轮动中兑现。

　　不同板块所处的周期不同会造成热点的轮动，这给预判提供了操作空间。主流热点轮动尚未明确的时候，需要揣摩热点是否有资金跟踪和消息能否发酵。此时我们根据大盘量能及资金动向的变化去预判市场情绪走向，通过主力资金净流入综合分析，先预判市场的哪个存量题材会被市场选中成为新的主线。可以轻仓尝试介入首板，等待资金强度上升后，再根据量能的指示操作。确认赚钱效应的强度后再判定主流热点能否有持续性和反复性。因为短线交易者追涨赚钱后会再次重复追涨，赚钱效应让短线参与者信心爆棚继续推动赚钱效应，逐步将行情推向高潮。

　　在赚钱效应良好的市场中，我们可以观察到热点板块个股不断创新高，热点板块持续性强和连板股增多，板块龙头分歧后次日仍然会有资金来介入追捧。热点轮动期间，赚钱效应良好则加大仓位；反之，如果资金接力后继无人，市场开始出现亏钱效应，主流热点放量短暂的横盘后往往是大跌，由盛转衰。此时只能减仓做好防守，耐心等待赚钱效应重新恢复。热点大跌后会有修复预期，根据修复的强弱去判断后续空头与多头的态度。如果多头持仓不卖，板块出现平量或者缩量，则可以进一步观察。

　　我们也可以通过参与前一天涨停股与利好刺激高开个股，预判资金潜在的进攻方向。只要次日高开高走能够经过一到两次有效承接，就意味着市场对该热点个股产生了兴趣。当主力在开盘后抬高股价进行抢筹，往往能拉出大阳线甚至涨停。涨停代表资金的认可，热点交易追求的最大确定性是涨停。

　　要点：在热点轮动的阶段，我们可以等待强势股封板后再挂单参与，不能封板就放弃操作。封板代表资金的态度坚决，炸板或者未封板都说明市场资金在犹豫。通过封板操作可以把热点轮动的不确定性降低到最低程度。

四、补充知识：次新题材交易战法

在题材发展中，有一种特殊的发酵方式，是次新股连续涨停带动所在题材启动并发酵。很多个股的股价在低潮期超跌到了个位数，而次新股股价较高的，价格缺乏竞争优势，往往次新股在低潮期不被游资看重。但是在情绪恢复初期，市场缺乏热点，存量资金之间的博弈使得交易难度变大，而次新股市值小便于控盘，资金结构简单，套牢盘小便于拉升，等市场恢复以后，低价股已经大幅上涨，次新股的筹码优势体现出来，往往成为短线资金的首选目标。次新股的股价在 10 元以下和流通盘在 20 亿元左右最好，往往股价低和盘子小的空间越大，主力控盘所需的资金更少，能够参与的散户也越多，容易形成市场合力。

次新股通常是潜力股，通过连续上涨带动板块赚钱效应增强，影响板块的启动和发展，在板块中相同属性的个股起到较强的带动作用。这种超预期表现使投资者愿意参与板块的套利。板块能否真正发酵还需要一个板块高潮日作为确认。板块内核心个股三板定龙头后，如果没有高潮日带来的助攻个股，板块后续发展受限。当次新股以一字龙产生三连板并带动板块发酵出高潮日，主力资金点火，核心个股由弱转强晋级关键四板，标志着资金愿意继续发酵板块，这时才是参与龙头和助攻套利的合适时机。

次新股最看重换手率，爆量竞价换手达到当日流通盘的 5% 以上，具备小盘低价和主线题材的次新股开盘后要观察承接，分时均线承接支撑，且换手较大，可以在上穿均线时跟随介入。如果次日高开过多，会存在较大兑现风险，需要稍微等待承接再考虑。如果开盘砸破分时均线形成大阴线，意味着主力没有介入，我们不能参与。次新股放量突破新高打开上涨空间后，说明主力开始

抱团炒作，可以积极参与。

　　主力要有足够的筹码才能操作个股，次新股的流通盘小且新股上市获利筹码容易收集，是主力炒作个股的目标。但随着注册制的改革，新股上市的溢价空间大大压缩，炒作的风头已经不如从前。只有完善退市机制腾出市场空间，才能让次新股的炒作重新受到关注。

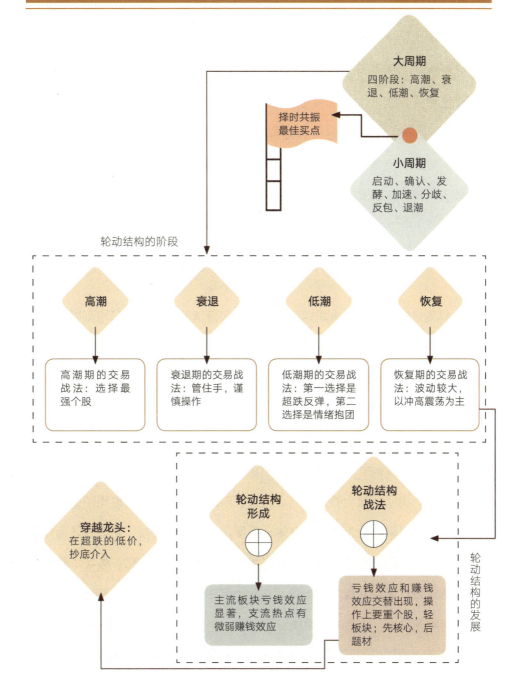

大周期
四阶段：高潮、衰退、低潮、恢复

择时共振
最佳买点

小周期
启动、确认、发酵、加速、分歧、反包、退潮

轮动结构的阶段

高潮

衰退

低潮

恢复

高潮期的交易战法：选择最强个股

衰退期的交易战法：管住手，谨慎操作

低潮期的交易战法：第一选择是超跌反弹，第二选择是情绪抱团

恢复期的交易战法：波动较大，以冲高震荡为主

穿越龙头：
在超跌的低价，抄底介入

轮动结构形成

轮动结构战法

主流板块亏钱效应显著，支流热点有微弱赚钱效应

亏钱效应和赚钱效应交替出现，操作上要重个股，轻板块；先核心，后题材

轮动结构的发展

从市场情绪的角度来看，一个炒作周期可以分为四个阶段，即低位启动、主升阶段、高位震荡、主跌阶段。低位启动时会出现低位挖掘或试错，主升阶段是持筹者的盛宴，高位震荡会出现龙头穿越，而主跌阶段则是持币者更为安全。围绕这四个阶段，无论是对高位的强者恒强推升，还是对低位的弱势补涨挖掘，或者切换新题材、新板块，都要有一个清晰的逻辑。

一、大周期与小周期

在股票策略分析中，小周期可以用来把握精确的买点，大周期可以校正小周期引起的心理波动，相互协助把握趋势。大龙头都是多点共振的结果，各个小周期资金共振形成大周期行情。

1. 大小周期的关系

情绪周期在盘面的表现形式可以用波浪理论体现，八浪循环中出现子浪的嵌套是因为在周期中蕴含着大小周期。**大周期是市场资金的情绪周期循环及赚钱效应的周期变化，分为高潮、衰退、低潮、恢复四个阶段，对应的是指数情绪周期。小周期是大周期内每一波题材带来的赚钱效应的变化，体现了短线资金市场的赚钱效应和亏钱效应的轮动，分为启动、确认、发酵、加速、分歧、反包、退潮等阶段，主要对应短线资金周期。**

小周期即短线资金周期，根据赚钱效应的强度可以分为短线强周期和短线弱周期。短线强周期往往是由大题材或者新题材推动，板块的赚钱效应较强，容易快速出现高度龙头，甚至直接打出市场最高板。高度龙头倒下后还会出现补涨龙头，直到补涨龙头也大幅度地跌停，板块出现踩踏，短线强周期才宣告结束。短线弱周期是由小题材或者老题材来推动的，板块的赚钱效应不强，但是也会有个别龙头走出一定的高度，后排跟风个股并不多。短线弱周期的热点较为分散，缺乏市场合力，这是资金对题材的认可度不高造成的。**短线强周期可以只做龙头，空间龙头倒下则可以寻找补涨龙头进行套利。短线弱周期需要关注风控，保本才是第一位，由于缺乏持续性的题材，打首板的成功率要比高板高得多。**因为情绪是渐变的，短线强周期一般会和短线弱周期过渡并交替进行。

小周期的周期波动一般持续三到五天。从板块指数的 K 线上看，市场小周期的初始是从第一个改变原有趋势的大阳线开始的，然后出现小阴小阳线交替，经过数天的震荡后下跌。当出现下一个改变趋势的大阳线时，结束上一个小周期，开启新的小周期。有时候小周期开启时会出现连续多个的阳线或者震荡后继续上涨，但每个小周期都是以阳线开始，震荡后下跌作为结束，循环结构基本保持一致。如果市场不再出现大阳线，说明小周期进入退潮期。只有重新收获大阳线，才能结束上个小周期并开启下一个小周期。

短线资金小周期与指数情绪大周期有所区别。指数情绪周期对大资金和散户的影响比较大，因为散户热衷于根据大盘交易跟风个股。市场情绪呈现震荡循环的波浪形态，并且大周期中包含小周期（图 3-10）。一般来说，龙头先于大盘启动，大周期对于龙头的影响并不大，小周期往往需要关注交易龙头。在小周期中交易，初始仓位的配置不宜过重，因为市场的赚钱效应和大盘共振上升初期会呈现多板块上涨，主线题材以及龙头辨识度尚未明确。只有市场开始进入大周期时，主线题材和龙头才逐渐明朗，此时重仓出击龙头，可确保最丰厚的利润。

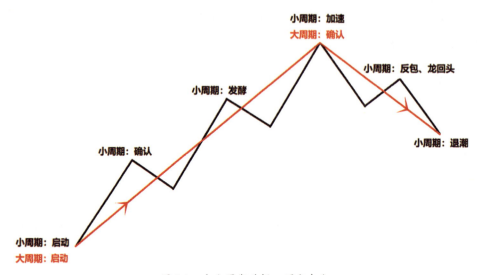

图 3-1　大小周期共振，顶点会合

　　图注：大周期启动到确认阶段往往包含多个小周期情绪演变过程，这是短线交易需要辨别与掌握的市场规律。在此基础上，我们应在不同的情绪周期中作出相应的交易决策，小周期龙头一般都是一波流，不适合长期格局。而大周期龙头具备穿越整个炒作周期的特质，可以中长期持有。

2. 大小周期交易战法

　　理解情绪周期的难点在于理解多维度周期的相互影响。不同的龙头在不同的周期之间相互影响，但是又不会简单重合。如指数情绪周期正处于衰退阶段，而短线市场的小周期的赚钱效应正在发酵。大周期中循环嵌套的形式容易混淆周期龙头的发展阶段，比如误把小周期的龙头当作大周期总龙头，出现轻仓盈利而重仓亏损的情况。在周期启动期成功进行了试探性的轻仓买入并获利，但是在非龙头股的仓位上却加仓重仓，没有把握住利润最丰厚的部分。在小周期末端进场，容易高位站岗被套住无法脱身。一旦在小周期中龙头股被套，负面情绪可能会导致在大周期中龙头股失去脱颖而出的机会，从而错失下个周期启动的良机。

在大周期龙头第一波的主升退潮后，市场开始逐步降低高度，高位股即将出现或已经断板，可以寻找低位板或者反抽的小周期龙头切换。在每轮小周期高低切换的时候，需要往市场最强的方向去扩大仓位，把握绝对核心个股。在小周期轮动阶段空仓，会错过市场主线的发酵过程。在高标形成分离的小周期龙头一般会主动走强，不受大周期龙头断板的影响。主动走强是资金惯性被驱动走强，叠加题材或者消息受到外界个股的干扰较少。主动走强的小周期龙头往往可以穿越多个周期，值得试错。如此也可以感受市场新方向，试错成本可以看作先期操作的代价。

小周期空间高度会受到大周期龙头股的制约，一旦高度超越大周期龙头股的高度，会延长小周期的期限。如果大周期龙头高度很高，大级别行情会出现多个小周期的板块龙头。小周期龙头的退潮期时间短暂，其他板块龙头会接替穿越。创业板龙头股的小周期循环时间会缩短，下跌更快，普遍在三天内完成一波行情。只有大周期龙头衰退或者板块反复通杀完小周期龙头后，一轮大周期循环才会结束，我们才需要减仓离场。龙头衰退不代表马上要离场，还需要结合龙头的退潮周期级别。**所以大周期中小周期退潮并不会影响大局，小周期会被穿越龙头成功过渡，大周期的结束才会让市场进入冰点。随着赚钱效应急速下降，直到补涨个股衰退和大周期板块全面退潮，才是收手之时。**

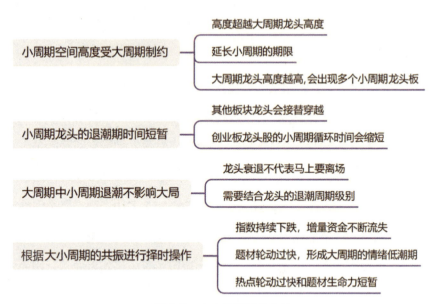

图 3-2　大小周期操作方法

　　我们可以利用大小周期的共振进行择时操作（图 3-2）。当指数持续下跌时，增量资金不断流失，市场存量资金博弈会导致题材轮动过快，形成大周期的情绪低潮期。热点轮动过快和题材生命力短暂，恶劣的市场环境让交易变得极为困难，导致大周期的亏钱效应，如果模式不能及时切换就可能面临大幅回撤。而短线资金市场小周期中，游资试错点火的龙头股回调也会出现持续的亏钱效应，这两者共振将出现超跌的个股，逼出冰点大底。与此相类似的是，大周期高潮期与小周期的缩量加速一旦共振也会形成双周期顶部结构，出现逃离信号。

二、情绪周期的演变与战法

1. 情绪周期四个阶段的演变

　　情绪周期是指在特定的时间段内，从领涨题材开始，引发市场超高的赚钱效应，到市场极度亏钱效应作为周期的结束。情绪周期是指赚钱效应和亏钱效应周而复始的切换，由高潮期、衰退期、低潮期、恢复期四个阶段组成（图3-3），循环往复形成情绪闭环。

图 3-3　上证指数 2022 年 4 月至 2023 年 8 月各阶段走势

　　图注：在上证指数 2022 年 4 月底至 2023 年 8 月的走势中，市场情绪呈现低潮、恢复、高潮以及衰退的循环走势。特别是 A 股大多数时间都处于震荡市，情绪周期下的大盘指数容易走出时间与空间较为对称的循环形态。针对个股应该在相应的情绪阶段做出合适的交易战法，例如在低潮末期与恢复初期介入，在高潮末期与衰退初期离场。

　　进入情绪高潮期，市场的成交量开始攀升，群体性的贪婪会推动大部分板块龙头加速上涨，跟风个股也加速上涨，甚至涨停板纷纷涌现，个别个股炸板后能够快速回封。市场盘面普涨出现显著的赚钱效应，这让市场上多数的交易者能够获利。赚钱者加倍投入和超短交易者推波助澜，新散户进来无所畏惧地接盘，群体合力刺激市场情绪迅速膨胀，推动牛股层出不穷，形成热钱涌动的指数上涨趋势。情绪高潮期达到市场沸点时，连续多天出现超过 10 个涨停连板的个股。总龙头连续加速后，开始出现板块分化，部分板块兑现获利筹码形成分歧下跌。持续的退潮造成情绪氛围快速恶化，市场亏钱效应持续放大，导致新的龙头迟迟未能诞生，市场做多情绪在长期震荡后被消耗殆尽。当市场从最高板龙头下跌拖累板块，到跟风和补涨个股上涨乏力的时候，市场步入衰退期。

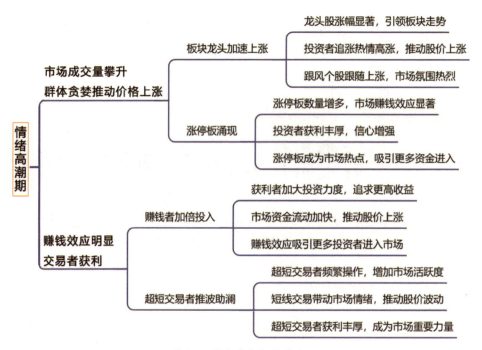

图 3-4　情绪高潮期的特点

情绪从高涨进入衰退之后，亏钱效应导致指数持续下跌，引起群体恐慌。市场压缩导致情绪被加速冷却，意味着市场风险多过机会，情绪走向悲观。衰退的初期，获利资金开始落袋为安。虽然市场仍然活跃，但是热点龙头出现滞涨，烂板和开板的个股逐渐增多，行情开始震荡，核心个股出现连续亏损。亏钱效应持续发酵导致恐慌盘不断宣泄，多数题材持续性下降，支线题材轮换节奏加快。个股连续三天以上不能突破三板高度，且高度逐步下降。获利的短线游资早就兑现利润，散户也开始止损，但面对接盘资金匮乏的情况，只能进一步降价出让股票。由于成交量萎靡让资金处于观望态度，缺乏后继资金导致龙头开始补跌，最后进场的后知后觉者也开始发生动摇，市场承接力无法应对潮水般抛售。直到各个板块龙头全部消亡后，市场进入低潮期。

进入低潮期之后，做多的情绪消失殆尽，大部分资金处于空仓，市场形不成合力，成交失去活力导致量能严重萎缩。市场的热点少且杂乱，各板块龙头断板结束上涨行情，支线题材开始降低高度，连板个股减少，跌停数量明显增加。昨日涨停指数和昨日连板指数都会降低到近期最低位置。市场亏钱效应持续发酵，高位股和新题材个股交易风险加大。市场经过短暂的平稳调整后，如果没有重大的利好推动市场回暖，将迎来第二次更为猛烈的大规模下跌。前期热点也无一幸免，板块内个股充斥大阴线。随着亏钱效应迅速强化，市场出现明显缩量，资金被迫休息。大盘长期在低位徘徊，短线资金只能空仓甚至割肉离场来等待市场的回暖。到了低潮的极致，恐慌的市场会倒逼监管部门出台强有力的救市措施，市场没有恐慌就不可能有熊市的结束。**高潮期赚钱效应持续时间越长，修复亏钱效应导致的低潮情绪越久，熊市更为漫长。**

情绪低潮期的末端，不坚定的多方在下跌的过程中离场，市场空头情绪在逐步积累，尾盘可能有抄底资金去博弈龙头反弹，但次日基本是被埋。抄底者亏钱自我惩罚，导致抄底减少，股票无抵抗式下跌，形成群体合力下跌。直到市场所有高位股高度逐步降低到三板以内的冰点高度。低潮期不会只出现一次下跌就结束，冰点至少出现两次。市场上空方力量大幅萎缩，空方向潜在的多方转化。不断有新的热点题材冒出，先知先觉的短线资金会开始尝试进入新题材的龙头，带动板块内连板个股增多，梯队逐步形成。市值缩水的个股上涨所需要的资金在较高位时更少，行情的发酵吸引更多的场外资金加入筑底。抄底者赚钱后会继续抄底反复抵御下跌，大盘筑底形成，市场情绪恢复，指数逐步推升。原来的高位板块彻底调整并企稳，资金开始寻找新热点重塑市场格局，缓慢进入赚钱效应周期。如果主流热点题材后续持续性增强，赚钱效应会持续发酵，资金和板块情绪合力推动涨停潮，板块龙头脱颖而出，跟风个股开始加速。

当指数站上 8 日均线和 20 日均线，同时两根均线形成金叉，基本判断情绪进入恢复期。进入情绪恢复期后，市场在低潮期结束后缺乏主线而群龙无首，资金急需寻找新的进攻方向。由于低潮期的个股应该卖的都已经卖出，整个市场个股短期上涨压力比较小，对于先知先觉的短线游资主力会敏感地在这个时机去点火，不断尝试切换到题材低位个股。通过点火发酵，先手的短线资金在个别板块中获利，产生了局部赚钱效应。资金寻求投资渠道的迫切性与市场情绪周期共振，将形成群体合力促进市场快速恢复。市场赚钱效应持续放大，龙头拉动板块，板块助力龙头，形成正反馈助推情绪的恢复。由于连续拉动银行和保险等大盘金融股涨停所需资金过大，机构主力会选择指数权重蓝筹中字头个股来带动大盘指数走强，开启新一波牛市。

2. 情绪高潮期的交易战法

在情绪高潮期里，市场成交量持续攀升破万亿元，赚钱效应推动主流题材一飞冲天。在市场情绪高潮期选股，我们可以从强势的板块中去选择最强的个股，追求热点人气最强的龙头股。高潮期板块持续性带动强势个股创新高，所有的价值投资都要让位于短线交易龙头股，以捂盘重仓龙头为主，才能牢牢把握住龙头的主升浪阶段，把握赚钱效应最好的阶段。在没有明确的退潮信号之时，不要随便换股和轻易离场，耐心持股才能使获利最大化。高潮阶段的强势龙头股率先涨停确定板块的进攻方向，我们可以主做热点板块，追涨最强的龙头股。抢不到前排涨停个股的后进资金可抢筹后排涨停个股，无论是半路介入低位个股，还是高位接力空中加油板（图 3-5），风险都在可控范围内。

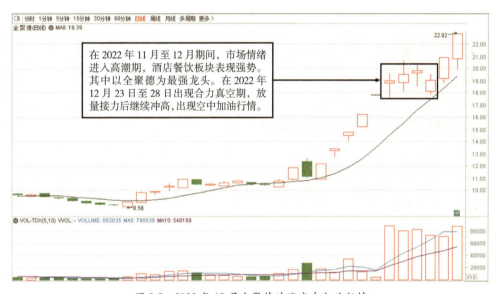

在 2022 年 11 月至 12 月期间，市场情绪进入高潮期，酒店餐饮板块表现强势。其中以全聚德为最强龙头。在 2022 年 12 月 23 日至 28 日出现合力真空期，放量接力后继续冲高，出现空中加油行情。

图 3-5　2022 年 12 月全聚德连涨空中加油行情

图注：在 2022 年 11 月至 12 月期间，市场情绪处于从恢复到高潮阶段，酒店餐饮板块表现强势，其中最强龙头全聚德展开主升行情。全聚德在连续涨停之后，资金放量承接，良性分歧不跌破 8 日线，随后再度转为一致强势拉升走势。在高潮阶段，我们可以从强势的主流板块中，选取最强人气龙头，参与主升浪获得最大涨幅。若在高潮阶段出现良性分歧，也可以参与空中加油的龙回头走势（图中黑框）。

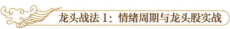

高潮期进入尾端还有可能出现涨停潮，股市不可能永远上涨，获利的资金需要兑现，天量的成交量需要天量的资金进来接盘。在高潮中我们要警惕顶部的风险，要在上涨中看到市场涨出来的是风险，卖出点是隐藏的风险点。在大众的疯狂与贪婪中，这些风险会突然降临。除了总龙头还会有接力资金可以继续参与，其他高位的个股都面临接力的风险。当市场成交量创出新高，主力利用散户增量资金疯狂入场的情绪惯性，在短线市场开始高抛兑现利润，让后知后觉的散户资金接盘。总龙头上涨乏力后，还会有部分热点板块轮动补涨，各个板块龙头开始出现回调，补涨龙头也出现强弩之末，市场见顶的信号出现。新增的买方持续减少会导致资金短缺，短线市场的亏钱效应开始显现，市场进入情绪衰退期。

3. 情绪衰退期的交易战法

衰退期的初期，资金的热情还未全面退却，热点依然活跃但是持续性开始变弱，从一周降到一两天，甚至日内新热点都难以持续，多数热点板块会出现一日游行情。老热点方向退潮乏力时，资金开始逐步从主线题材中撤退去挖掘轮动板块作为新的热点方向。但新热点板块的龙头难以像高潮期能广泛带动跟风股。衰退期的亏钱效应是大于赚钱效应的，亏钱效应主要来源于近期强势方向，近期的热点板块会首先遭遇兑现，开盘冲高回落成为常态。如果出现板块龙头快速轮动，可去弱留强，尽量保留最强的个股。**当全面进入情绪衰退期后，市场所有的题材持续性都不强，各个板块出现轮动熄火，交易战法是管住手，谨慎操作。**

高潮期出现的辨识度高的市场核心龙头放量分歧，可以作为判断退潮的标志，当市场核心龙头放量分歧而次日无法修复后，市场情绪进入退潮的可能性较大。龙头断板后持续出现负反馈，甚至最高板会被先手资金砸盘，导致高位股连续跌停，跟风补涨股也跌停。出现明显退潮征兆后，连板梯队开始出现断层，次新股也开始下跌，然后逐渐出现低位股快速轮动且板块持续性衰退。衰退期里，连板梯队不完整会导致三四板中位股出现大坑，中高板个股坚决不能介入。由于板块轮动但持续性较差，衰退期适合低吸高抛的策略，追涨容易遭遇轮动兑现。

在上涨阶段交易者持仓随着大盘的上升不容易亏损，而衰退期的操作如火中取栗，多数个股下跌拖累持仓会导致已经获得的利润出现损失。**在情绪衰退期交易，可注重筹码结构好、盘面小、易拉升的个股，优先选择连板个股的弱转强，其次是操作龙头反包。更安全的战法是空仓或买低位股试盘，原则上只做低位板，避免高风险的高位板接力**（图3-6）。要回避补涨个股，尤其是与龙头高度接近的个股。因为市场情绪退潮，导致场内资金不会追逐无法超越前空间的补涨龙头，等接近前空间高度时，获利的资金会率先兑现。尽量避免博

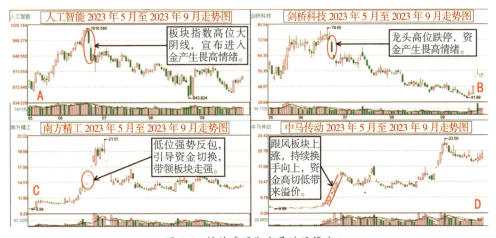

图 3-6　情绪衰退期交易选股策略

图注：人工智能板块在2023年6月21日大阴线下跌（图A），板块持续大涨后出现较大亏钱效应。龙头股剑桥科技也出现跌停（图B），说明人工智能板块进入衰退期。主流热点出现衰退，整个市场情绪也陷入低迷，资金产生畏高情绪，选择切换到低位新热点方向。在人工智能衰退初期，低位的机器人板块乘机异动，龙头南方精工强势反包（图C），连续一字涨停，带动板块内多只个股跟风上涨，我们可以寻找筹码结构好、流通盘小的个股介入，特别是出现强势反包个股（图D），反包次日大概率会有溢价。

弈炸板回封，尤其是非龙头股的炸板，当日就算能封板，次日冲高溢价的概率也不大。

针对衰退期的大盘反弹，如果积累的获利抛压没有得到很好地承接，大盘会表现得不及预期，呈现震荡偏弱态势。在衰退期早盘低开上冲的个股，也有可能快速跌停，即使被短暂拉起也是会回到跌停的。个股大跌后出现的反弹反而是离场机会，因为上方大跌导致的套牢盘，会把握宝贵的反弹机会进行解套，我们不能过度参与市场的反弹，每一次反弹都有可能套住新进资金。衰退期短暂的反弹酝酿的上涨动能被大盘拖住，市场再次陷入极度弱势的阴跌行情。尤其是主流题材面临承接获利抛压的问题，原因在于市场缩量，只有温和放量的环境才能支撑主线走强。抄底和接盘都是禁止行为，要把握每一次拉起逃跑的机会。

在衰退期大盘会出现持续缩量走弱，亏钱效应进一步放大。这一阶段市场持续缩量导致恐慌蔓延，对于短线交易者而言，心里会更加发慌。一旦手中持仓套牢，不能抱有解套幻想，发现市场进一步恶化，要忍痛割肉离场，避免更大损失。因为此时的市场已经不适合做短线交易。由于衰退期盘面风格频繁切换，难以形成稳定的赚钱效应，此时考验交易者的反应能力和对市场节奏的把握。在衰退末期，我们会发现连核心龙头也出现跌停的情况，基本可以断定衰退期向低潮期演变，需要采取更为保守的交易战法。

4. 情绪低潮期的交易战法

当近期板块热点个股集体大幅低开下跌甚至频繁跌停，强势股频频出现冲高兑现而回落，表示市场已经进入低潮期。短线情绪受大盘指数走弱压制，连板高度下降，赚钱效应基本消失。市场里充斥着跌停股，空间被压缩到首板以及一进二的位置，连续 5 天单日没有超过 20 家涨停，也没有超过 5 个连板。

市场刚刚经历过普跌行情，热点题材强势股出现大幅跳水走势。市场在轮动环境下震荡，不至于出现极端轮动或全面下跌。市场经历亏钱效应的释放，人气个股普遍大幅下跌，我们能买到少数上涨个股的难度是非常大的。此时市场情绪不佳，应该以防守策略等待权重方向形成新的做多动能，低吸走势稳健和股性相对活跃的权重趋势股避险，比如盘中资金尝试拉升的券商和银行等金融板块。更保险的做法是买入波动较小的稳健权重股作为防守品种避险，以避免追涨强势股导致大幅回撤的情形。当权重股也没有合力向上时，大盘指数就没有反转的逻辑，任何上涨只能看作下跌趋势中的弱反弹。

此时交易的战法只有两个选择：**一是震荡缓跌磨底，大盘权重的反弹力度偏弱，参与价值不大，继续等待。在震荡缓跌的情况下，只能参与消息刺激的隔日套利情绪股，包括以超跌反弹为逻辑的异动个股。二是加速下跌形成恐慌情绪见底，以空间换时间。**只有市场加速普跌，才会重新酝酿能与市场共振反弹的主线行情。一旦大盘指数缩量快跌后出现尾盘回升，下方的支撑才容易实现止跌。在加速下跌的恐慌中，可以观察市场能否出现空间板，可以去博弈纯情绪抱团的妖股。当原市场结构发生变动，题材热点开始轮动，抱团龙头开始滞涨进入鱼尾行情时，才要迅速进行高低切换，低吸超跌的周期股，博弈市场进入恢复期时的修复行情。以下详细分析两个战法策略。

（1）第一个战法选择是超跌反弹。

在情绪低潮期，情绪恐慌会导致大量优质公司股价超跌。只有当市场亏钱的效应持续放大，跌停数大幅扩大，市场上涨率不足一成，指数长期跌入冰点极致低潮后，市场才有物极必反的机会和需求。低潮期市场资金以存量资金为主，只会出现结构性的机会，此时操作低位个股和板块的超跌反弹是较好的选择。**短线交易者可以把握住弥足珍贵的超跌机会，跌出来的机会来源于题材热**

点与超跌反弹相结合的赚钱效应，买入点是潜在的机会点，把握超跌就要在下跌中看到机会的孕育。只要作为情绪的超跌个股没有结束行情，投资者就还有信心进行博弈反弹。机会常常是在大众的犹豫与恐惧中发酵出来的。

投资者需关注止跌后可能出现的修复反弹信号，尤其是引起市场过度解读的利空消息。信号出现后，我们必须及时对交易战法进行切换，由追涨强势股转到吸收超跌个股或者低吸前期的强势股。大盘指数持续下跌导致市场情绪依旧低迷，再现大阴线砸盘，或者超跌板块再次集体性大幅下跌，空方力量衰竭，市场亏钱效应达到极限，从而出现超跌情绪。市场进一步向下踩踏，意味着行情大规模反弹的力量强，大跌后会出现反弹修复的预期，可以耐心等待情绪的恢复。充分下跌让上涨压力变轻，坚定的多方已被套牢坚守，立场不坚定的资金已经割肉离场。

当市场出现持续超跌被压抑到极致以后，市场会有迫切反弹的内在需要。可以找超跌到位的个股以及板块去参与首板，博弈快速反转，开始新周期的情绪启动。一旦市场出现超跌反弹迹象，市场选择的方向尤为关键。超跌操作可以在热点板块的首板中寻找具备政策利好、叠加增长业绩的小盘股和微盘股作为超跌突围方向。此时小题材的赚钱效应和反弹力度要大于指数。震荡格局是出现暴力反弹后形成的必然结果，**大盘指数震荡不影响局部赚钱效益，可以轻指数重个股，锚定龙头承接力度进行一进二交易，只要市场情绪和短线热度支持，即可大胆参与强势个股和核心个股，它们具有一定的值博率** [1]。可以适当控制仓位，跟随主力在低位提前潜伏的龙头股首板，优先选择老龙头即高潮期曾经最强的个股，或者跟随游资主力介入形态回调到位的热点个股，优选跌幅

---

[1]　值博率，是一种彩票术语，可以理解为回报率，它是根据每一个单式结果进行"由高到低"或"由低到高"进行顺序排列的一种指标。

最大而且触碰到历史低位并盘整的个股，等确认行情后加仓再博弈连板。

市场情绪进入低潮期后，应该首先考虑的就是退潮风险，资金更青睐低位超跌方向，追涨高位连板风险加大。最为安全的战法策略是等待市场最后一跌出现，跟随主力资金介入低位拉升的板块（图3-7）。

超跌反弹会以轮动的方式进行，板块领涨龙头也没有持续性。在交易难度

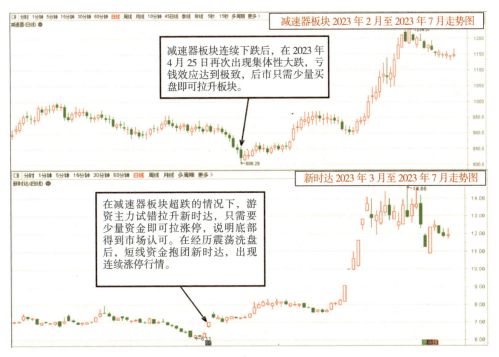

图 3-7　连续下跌底部的买入策略

图注：市场出现连续下跌后，减速器板块再次出现集体性大跌（上图）。主力资金尝试介入减速器板块做超跌反弹，龙头新时达涨停试盘（下图），在调整中抛压不大，资金承接较强，具备开始主升行情的条件，后续在板块发酵过程中出现连续涨停走势。

出现急剧加大的情况下，不能追求过高利润，避开左侧博弈高位的板块龙头。

一旦超跌个股止跌反弹，前期强势股也迎来低吸机会。如果超跌个股反弹失败

创下新低，强势股会跟着补跌。超跌反弹龙头会在资金抱团下加速一字涨停板，带动超跌的跟风股走强。龙头有效的超跌反弹会带动指数进行修复。后续市场确认反弹的有效性需要大盘量能来判断。因为反弹的短暂企稳迹象只能视为左侧确认信号，只有大盘指数出现放量阳线才能作为右侧确认信号，市场整体的反弹修复逻辑才成立。指数出现的下影线越长，反弹的阳线越大，后续的反弹空间与时间就会越持久。如果市场成交量只是小幅增量，整体仍处于低位水准，就会限制市场赚钱效应的恢复。如果量能充足，那么指数放量大阳线会有共振的板块，阻力最小的是大主线方向，市场侧重进攻大题材主线，资金合力就能打造出牛市。当板块出现大规模异动时要优先买入股性活跃的核心个股，才能把握一波指数反弹的共振红利。但如果市场没有量能支持，面对不稳定的局部赚钱效应，只能操作核心个股套利。

若指数修复反弹无法带动市场风险偏好上升，情绪溢价将会依然表现低迷，还不适合追涨策略。只要前期积累的抛压没释放完全，调整不到位，拉升就会有套牢盘离场。这会影响多头的进攻从而加剧大盘出现惯性下跌，任何尝试修复的动作都将以失败告终，进而引发恐慌情绪，导致冲高回落亏钱效应蔓延，造成市场走弱。所以只要市场成交量仍然保持地量，说明空头力量虽然在减弱，但多头力量没有得到壮大，市场依然保持着空头强于多头的格局，市场没有成交量的支持，大盘指数的下跌趋势也不会有根本性扭转，任何反弹都没有实际支撑。只有大盘指数出现放量反弹，市场才会转变为修复走强的风格，所以在低潮期中需要耐心等待指数的拐点，如果指数出现连续大阴，说明趋势已经被破坏。应该做的不是去抄底，也不是去预判低点，而是要等待拐点信号出现后再跟随进场。在低潮期只做右侧交易会更为保险，指数出现放量大阳线才是真正的参与点。超跌反弹的操作难度较大，赚钱效应并不显著，不合适散户参与。

（2）第二个战法的选择是情绪抱团。

在低迷的行情里，情绪炒作的唯一活口在低位抱团，抱团常常在低潮期接近尾声的时候出现。资金在高位板块产生亏钱效应，只有低位个股和板块跌无可跌。一旦次日早盘超跌个股被快速拉高涨停，说明题材在短线交易者那里得到认可，促使主力资金在个别高辨识度个股上抱团，甚至会产生没有出现分歧断板的持续连板。市场无法改变震荡偏弱的阴跌趋势，弱势震荡就会延续情绪股占优格局，市场的核心最终还是会回归到抱团炒妖股风格，只能聚焦核心个股和最高空间板，侧重点在有辨识度的连板个股和抱团情绪的结合。当弱势炒作和资金抱团产生局部赚钱效应，抱团取暖会进一步走强，情绪龙头获得资金认可，有市场合力进行推升。短线游资和职业股民敏感地意识到空间板正虚位以待，进行试错抱团潜在空间板或者老龙头。此时弱势行情的高标股是资金的避风港，体现充分的流动性，游资不愿意参与低位股，出现两极分化。

我们要把握资金抱团取暖的机会以应对极端的低潮行情。资金选择抱团的个股是经过市场分歧考验的，其走势一般较为坎坷。一旦形成抱团，共识被迅速巩固加强，形成一致加速上涨的态势。一旦龙头经过分歧的考验，就可能成为资金在市场低潮时的主要目标。市场在普跌行情下，弱市抱团方向依然保留活口；如果市场陷入持续阴跌的恶性循环，盘中会有短线资金在博弈情绪冰点反转，尤其是龙头股出现地天板的操作。极端弱势行情中的星星之火进行低位发酵，才能在修复行情中出现赚钱效应。情绪抱团的连板股分歧后一致加速走势，只有反复分歧才会出现抱团瓦解。投资者可在市场的低潮期关注超跌反弹方向，若出现大量资金埋伏抢先手的情况，可以跟随主力资金进场（图3-8）。对于新的题材和板块来说，只有情绪抱团瓦解，新题材才可能有持续性，配合指数的放量反弹才会给新题材行情机会。但如果指数继续下探创新低，那就只能管住手，空仓看戏。

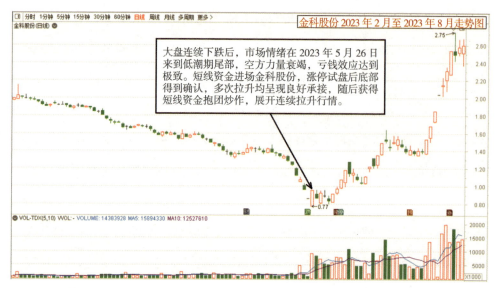

图 3-8　金科股份在超跌反弹底部试盘拉升

图注：在市场低潮期，大盘指数连续下跌后再次出现大阴线砸盘，资金开始尝试介入超跌的地产板块。金科股份涨停试盘，并出现较强的资金承接，说明空头力量大幅衰减，多头资金开始潜伏买入。经过短暂震荡后，市场亏钱效应达到极限，潜伏资金尝试点火拉升，由于金科股份已具备超跌性质，后续只需要少量买盘即可引发大幅上涨。

　　低潮到极致后，所有连板个股走势都会震荡下行，甚至出现瀑布式的断崖下跌。尤其是大盘指数盘中上攻无果后持续走低，市场情绪也会随着陷入冰点。由于冰点状态包括持续低迷和修复回暖两种可能，只有在指数尾盘再次拉回零轴附近，才会给次日埋下修复的希望。情绪修复会以龙头股止跌为标志，前期的强势龙头高位已经下跌不少幅度，即使行情再差，再往下的空间也很有限，此时会吸引短线资金来博弈反弹。如果次日大盘指数没有修复，市场情绪会持续低迷，需要谨慎出手。此时交易被套牢的可能性较大，尤其是打板不成功被兑现更为惨烈。**冲击涨停的个股会面临炸板率高的风险，即使当日封住了，次日的溢价表现也会很差。这个阶段不适合进场博弈，以观察为主，一定要管住手，**

低潮期空仓才是最好的选择。只有躲避才是避免回撤最好的方法，控制回撤保持账户稳定性最重要。

5. 情绪恢复期的交易战法

在情绪低潮达到极致的时候，连板高度到达极低值，要形成大盘指数的反转需要再次打开下跌空间，还有一个回调的恐慌期，出现最后一跌可以逼出政策大底。监管部门出台政策进行救市会推动市场修复反弹，并在反弹过程中，资金缩量聚焦到某个板块上打造小周期的赚钱效应。超跌板块会承接一波情绪爆发和宣泄，随后大盘指数企稳，短线热钱积极做多。**市场进入恢复期后，市场整体走势处于中长期走强、短期震荡的格局中，在涨停数量和连板数量上表现出直观的缩容现象，市场对牛市的预期不强导致人气变化快且易受消息影响，表现出波动率放大，个股以冲高回落为主。**

大盘处于低位意味着亏钱效应持续发酵，但我们要相信群体合力不会永远离开市场，等待空头力量退无可退时，多头力量就会重新集结。春江水暖鸭先知，市场嗅觉最为灵敏的短线投资者对市场情绪和时机的把握最为敏感。主力资金不确定反弹是否实现底部反转，短线资金先手会进场进行试错点火，测试底部是否被市场认可。活跃资金多以试错型交易为主，没有明显的惯性和持续性。先知先觉的主力资金会不断尝试低位连板和强势个股，在试错的过程中去弱换强，直至找到一个宣泄口点燃市场情绪，将仓位集中到最强的龙头股上，推动跟风个股开始加速。在抗跌和领涨的题材上，龙头股率先吹起冲锋号，只要少量买盘即可引发上涨。市场重新开始上升，人气逐步积聚，处于恢复状态，但尚未出现积极做多的情况，人气变化很快且易受消息影响，波动率放大，频繁冲高回落。

恢复期初期难以有特别明确的主线题材，每天以轮动行情为主，市场尚未确定题材的强度，资金较少去深度挖掘题材。在整体市场震荡走强的预期下，主流板块会出现良性承接，核心个股也顺势走强。市场跳出恶性循环的小题材卡位竞争格局，进入相对有持续性的主线行情。此时可以聚焦赚钱效应最大的板块，聚焦核心个股。在市场打造出持续稳定的赚钱效应后，应该在大主线中反复参与。主流板块打造的赚钱效应叠加消息面发酵，情绪才能参与市场修复。主流题材会出现核心股强势晋级，并带动后排跟风股积极补涨，成为日内最强板块。白酒和光伏等赛道题材会先借助情绪的发酵进行修复。如果赛道板块抛压大导致行情发动失败，就无法确认企稳反弹，尤其是在成交量低迷的情况下。只有成交量大幅回升才支持大体量板块修复走强。体量较大的赛道主线发酵受阻，资金就会选择体量较小的新题材炒作，但这种情况是不能确认大盘反弹的。在主流板块已经打造出赚钱效应的基础上，抱团炒作将难以延续，市场修复反弹会继续推动主流题材的发酵，要侧重操作与大盘共振同向的主流股。而率先走强的超跌反弹的板块会出现超预期承接，多数的情绪个股难以给出介入机会。

在市场的情绪还未恢复时，题材板块的合力相对分散，这个阶段试错市场最高空间板相对辨识度较高，高度一般不会超过五板，容易引起资金扎堆。进而在市场上开始会有龙头打出空间板，所在的板块爆发涨停潮，跟风补涨个股也出现连板，亏钱效应慢慢降低。此时短线打板溢价也会较高，至少不会出现大的亏损。情绪全面恢复后，题材板块内部会出现轮动加速，资金也会在各个板块拉升领涨龙头，龙头连板的高度会不断向上拓展，赚钱效应持续发酵，市场里方向和机会越来越多。龙头连续顶一字板，板块内的梯队结构越发完整，一板到五板都有衔接，而没有断层现象，赚钱效应会吸引更多的场内和场外资金关注板块龙头。此时会出现一支打破空间高度的总龙头股来带动市场和其他题材龙头共同上涨，总龙头会吸引市场所有的目光，赚钱效应集中到个别关键的龙头，不断出现各种加速缩量板甚至一字板。当出现多个补涨龙头助攻总龙头时，市场的情绪彻底恢复。由于很多妖股的第一波行情基本启动于恢复期，需要关注板块里走到三板或四板的龙头股，作为新题材开始新周期的试盘随时会带领情绪发酵为妖股。恢复期内龙头也会出现调整，如果调整的时间过长，意味着再次进入亏钱效应中，时间越长还会先进入轮动结构整理。经过轮动结构演变为恢复期的，调整的弱势惯性越大，后面进入高潮期的时间也会越长。

情绪恢复后，当越来越多先知先觉的资金达成共识后，主线题材变得逐渐清晰，合力推动板块龙头走出高度，带领板块产生赚钱效应，形成完整的梯队。**龙头股带来的赚钱效应，让挖掘题材中存在预期差的个股变得有利可图。情绪恢复期选股可以在主线题材中顺着阻力小、筹码结构较好的形态寻找个股，更容易实现封板。**首选是游资关注的超跌低价叠加政策支撑的首板。情绪恢复期的高度板较少，短线资金围绕消息刺激操作低位的首板股来验证市场对消息的反应。其次是机构趋势股，机构主力更加注重中长线的机会，往往在恢复期完成建仓和洗盘。这两大主力资金都会选择金融券商板块作为全面上攻的方向。当指数从历史相对低点重新站上 20 日均线进行技术性修复后，开始一波恢复性上涨，可以通过证券板块能否共振走强来确认。

证券板块（券商）作为大盘指数拐头向上后和市场主线明确之前的过渡板块，可以作为市场反转的首选，所以主力会对券商板块进行试探性建仓来测试市场对反弹的态度。如果券商板块完成技术性的修复，即建仓和洗盘完成，那么市场将进入牛市的初期。因为牛市受益最明确的板块是券商，在熊市中它又是受损最严重的板块，因为估值低且最容易受到短线资金的追捧，券商最有可能成为启动大盘的领头羊板块（图 3-9）。**一旦券商板块进入主升浪，标志着市场完成修复而真正进入情绪恢复期。**

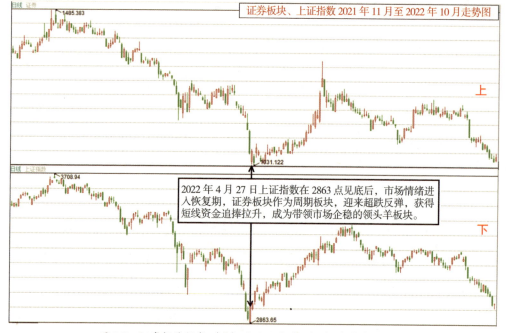

图 3-9　证券板块指数（上）与上证指数（下）走势高度吻合

图注：在市场情绪恢复初期，资金更青睐反弹确定性较高的券商板块，可以通过拉升券商板块来测试市场的反弹意愿。在券商板块出现企稳信号后，市场做多资金才敢大幅进场炒作，因此可以将券商板块当作市场情绪恢复的领头羊板块。在情绪恢复期介入，可获得确定性较高的博弈机会。

三、轮动结构的发展

周期投资，就是在市场上涨时看涨，在市场下跌时看跌，把握趋势大方向。若是涨到新高后出现大跌，就是止盈离场点；若是下跌击穿重要支撑位后出现放量大涨，就是抄底入场点。

1. 轮动结构的形成与结束

轮动结构是出现在一轮主线赚钱效应退潮后，衔接前后两种情绪周期的过渡状态，是一种特殊的市场情绪结构，赚钱效应与亏钱效应在其中并存。

上一个情绪周期阶段结束后，往往先以轮动结构的形式过渡到下一个阶段。轮动结构内较少出现持续的核心题材，板块间快速轮动形成多个短线小周期，持续时间较短，小题材三天内结束，中题材不超过两周。而且轮动结构的市场容量非常有限，一般不会超过五个龙头。结束轮动结构前，市场高辨识度个股会出现异动，率先封板的龙头可以持续跟进，落后的龙头可能会在轮动中被淘汰出局。轮动结构中，市场在培育主线，交易适合以轮动题材的龙头为主，其他个股常常分歧较大，且下跌之后进行修复的幅度较小。当轮动题材快速分化后，板块内个股普遍出现小幅下跌后就有良好修复的情况，基本可以告别轮动结构，向上进入上升行情。

一般而言，轮动结构的亏钱效应大于赚钱效应，市场不断地缩量导致行情持续下跌，形成恶性循环，强势股大部分冲高回落。市场整体氛围偏向于"食之无味，弃之可惜"的鸡肋状态，尽管大盘维持震荡预期，但成交量持续萎缩可能影响短线炒作板块的持续性，板块快速轮动，会导致短线操作的持续性大打折扣。大盘量能持续萎缩会降低市场发掘大主线题材的可能性，直到市场完全丧失主线。**在轮动结构中，主流板块的亏钱效应尤其显著，支流热点板块资金容量较少，容易被市场存量资金拉升，存在微弱的赚钱效应。**

指数震荡期间出现极端轮动，当前最高标个股的涨停数量连板效应等都出现了负反馈。同时伴随着板块轮动而延续性较差，板块优势持续性不超过两天，轮动到极致会出现一波全面通杀。短线市场出现高切低换，资金在选择板块时更倾向于绝对低位，以减少风险。因此，在板块内部，即使出现强势涨停，也不代表整个板块就处于强势状态，资金可能更倾向于做首板套利，而不是接力炒作，表现出极致的避高就低。这种情况可能导致市场看似杂乱无章，但实际上是资金避高就低的表现。各路资金都在尝试切换到低位试错，寻找下一个主线题材，这也是出现轮动的原因。

龙头的表现是轮动结构的重要指征。大盘处于流动性匮乏阶段，缺乏大题材发酵，短线资金信心不足导致龙头容易下跌。由于市场处于极度快节奏的轮动状态，缺乏有格局的接力资金对接龙头，更多表现为隔日套利。轮动结构的初期，龙头开始出现调整，各题材热点快速轮动，可以首选烂而不弱的龙头打回封板，或者寻找轮动的题材进行潜伏。比如可以在主力资金净流入的下跌板块尾盘介入，在未轮动到的老龙头大单点火时介入。在轮动结构中，每个板块都能引领市场一到两天，而且板块内不断有新的龙头出来领涨，市场散乱没有合力表现。由于市场没有主攻方向，虽然有局部赚钱效应，但实际上却很难赚到钱，大部分盈利回落都是来自轮动结构。

轮动结构中市场高度拓展难度较大，叠加热点持续性较差导致高度板容易出现断板。核心龙头股空间高度不再向上拓展，一旦断板后难以反包。但也较少出现直接反杀，会在高位形成窄幅的箱体，反复震荡。如果核心龙头温和断板进行小幅度调整，补涨个股继续加速，市场低位新题材有资金承接成功，则轮动结构会延续之前的情绪周期继续发展。只有空间高度出现连续多个交易日向下压缩，平台震荡的龙头反包后再次断板向下破位后，以及补涨股断板后，才结束轮动结构而向下发展，确认进入新的情绪周期。轮动结构向下发展的过程中会出现弱反弹，投资者仍会持币观望，做多的潜在力量尚未动摇。直到新题材失去资金关注，多方力量消耗殆尽导致市场在中低位新题材的轮动无法继续，由此产生二次退潮。一旦市场超预期下跌，大盘指数就会全天表现弱势并创下新低。

市场经过轮动结构的迷茫后开始出现回暖，经过做多资金多点尝试，市场逐渐出现核心主线。**核心主线需要具有资金容量大和想象空间大的要素，才能聚焦各路资金，机构会去操作趋势股，游资操作连板龙头，散户愿意做趋势接力**（图3-10）。题材内出现高辨识度的龙头和趋势中军，每次题材分歧都能快速修复。轮动行情会持续到主线题材逐渐清晰为止。

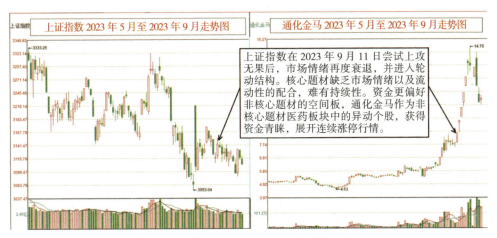

图3-10　通化金马在轮动行情中获得资金青睐

图注：在大盘指数多次上攻无果后，市场情绪再度出现衰退，题材板块也随之进入轮动格局。这种行情容易吸引资金抱团，图右的通化金马就是典型的轮动抱团个股，获得资金青睐连续涨停。

2. 轮动结构的交易战法

市场情绪在轮动结构下，赚钱效应与亏钱效应交替轮换，市场情绪反复无常，保守操作是选择在市场中有辨识度的龙头股，在情绪活跃的节点进场。根据市场空间板高度进行相对低位试错连板股的弱转强。尽量少参与轮动结构里的高辨识度空间板，禁止参与早盘的一字拉升，把冲高回落套牢的风险降到最低。轮动结构里的高辨识度空间板，只能操作午盘的弱转强股，早盘直线拉升容易在午盘回落套牢。午盘分歧打板反而能保证当日封死的可能性更大，次日冲高连板的博弈空间更大。寻找轮动结构下相对确定的买点，最好在午盘 2：30后，午盘不用低吸操作，尽量选择放量换手板的个股介入，可以进一步提高准确率。

轮动结构的各种交易限制，使得这个阶段进场的性价比并不高，操作上以控制仓位为主较为稳妥，遇到具有想象空间的小题材，可以适当加仓。因为轮动结构的亏钱效应导致个股的情绪处于恐慌状态，可能会形成冲高回落导致亏钱效应扩大，市场空间高度持续下降。此时可以选择低位个股或板块，虽然人气不足，但是在轮动中筹码结构稳定而不容易扩大亏钱效应。如果在次日出现无量冲高则卖出，说明跟进的资金并不多；或者次日出现超预期，则继续持仓博弈。市场轮动结构中一进二的位置属于低位接力点，也可以寻找新题材，操作一进二突破压力位的接力分歧板，博弈新龙头的诞生。保守操作可以选择与龙头空间板不同方向的一进二个股，寻找分歧板作为低位接力。

轮动结构中高辨识度的空间板博弈的空间不大，市场情绪轮动意味着热点多是一日游，空间高度没有持续性，难以突破五板高度。由于五板高度限制使得同方向个股容易受到压制，空间板所能带动的板块补涨个股的高度多在三板，但不同方向的个股会突破该高度。同题材只能打板补涨个股首板，参与风险相对较低。在市场高度板五板限制的情况下，博取市场打开三板的风险较大，放弃同题材的二进三补涨股，而选择不同方向的新题材的一进二个股进行博弈，选择缩量加速二板会更安全。因为一旦空间压制导致二板产生分歧，在轮动结构下，次日溢价难以达成，极有可能提前结束行情。

轮动结构中弱势市场可以只卖不买，等有明显的底部信号再进场。低迷阶段资金乱炒会出现题材轮动加快，弱势情绪抱团为主的小题材轮动再次活跃，任何上涨都被次日出逃者兑现。后续市场仅存的赚钱效应会出现在抱团炒作中。在弱势抱团延续下，各个方向的领涨股会相互竞争，胜者为王败者为寇，胜利的一方会有情绪溢价，并且赚钱效应会蔓延至后排补涨。大盘指数若能放量反弹，则可能存在持续性的板块机会，可根据市场的核心热点去做新题材博弈。若保持缩量阴跌，则应以隔日套利的思路进行操作，埋伏有政策效应的题材去做高抛低吸。轮动行情中，判断板块是否具备持续性相对困难，最好的方法是静观其变，让市场走势决定操作策略。最为激进的策略是按照全进全出模式去做空仓管理。

在市场轮动结构中，轮动结构热点分散，板块缺乏持续性和题材轮动过快，亏钱效应和赚钱效应交替出现，操作难度大。操作上要重个股，轻板块，先核心，后题材。题材失去龙头带动赚钱效应时，要管住手。在轮动结构下尽量回避轮动前的热门题材（图3-11），控制仓位进行低位的首板试错套利。如果低位试错的首板个股不及预期，输给同板块竞争的个股，要及时换股。试错不能保证抓到最强个股，题材转换速度较快，赚钱效应快速变动时，我们不能错过板块的发展，可先介入低位股试错，犯错后尽量快速卖出，或者后续遇到强势股再用小仓位试错观察市场情绪。在轮动结构中对新题材要大胆分仓及时参与，新题材能够出现可持续性的爆发至少需要高标个股一致涨停，才有可能点燃题材。

在市场轮动结构下，恒银科技顶住分歧，不断换手向上，虽成功晋级五板，并在午盘出现分歧转一致的买点，但受到轮动格局下的高度压制，次日直接低开走弱。

图 3-11　恒银科技五连板后遭遇砸盘

图注：轮动格局下尽量少参与空间板，多关注低位接力晋级，或是博弈人气股的分歧转一致行情，低吸介入较为稳妥。图中恒银科技连板高度受到压制，五连板后遭遇砸盘。虽然恒银科技打出辨识度获得资金抱团，并给予充足的介入机会，但在轮动格局中追涨风险较大。

四、补充知识：穿越龙头

贯穿于周期的市场龙头常在轮动中孕育，在高潮期中引领市场加速，在市场退潮后作为核心题材的人气股存活下来。穿越龙头必须可以扛过低潮期的考验才能穿越成功，如果只在高潮期充当空间板，而未能从低潮期存活到恢复期是不能称之为穿越龙头的。既能扩展空间高度，也能作为市场的风向标屹立于低潮期，并在新的情绪周期依然引领人气股的龙头才能成为穿越龙头。

由于穿越龙头股往往具有较强的延续性和良好的基本面，如果处在超跌的低价阶段，可以抄底介入。弱势阶段里好股票和坏股票跌入谷底，超跌的穿越龙头往往有较大的反弹空间。情绪低潮时可以试错穿越龙头第一次断板首阴博弈反包，因为穿越龙头生命力较强而不会出现 A 杀 [①]，甚至可以在烂板后次日弱转强或断板后次日反包，形成第二波上涨，穿越多个小周期。如果穿越龙头启动时间过迟和空间高度不够，完成穿越的难度较大，在高位缩量震荡后会迅速见顶结束穿越。

---

① A 杀，指股市中采取的一种特定操作策略。这种策略是通过集中资金对某一只股票进行大规模交易，以影响该股票的市场价格。

城头战法

下 篇

龙头战法交易体系

· ·

具备热点交易逻辑，通过判断量价的变化关系，把握个股涨停的内在资金关系，
遵循顺势交易策略，建立稳定盈利的决策系统和实战系统

第四章 短线龙头选股策略

选股主要思路

1 资金流向选股

资金流向是关键，人气是资金汇聚的标志

2 热点方向选股

贴近市场情绪共振，利润越高选炒作力度最大、梯队前三的核心龙头

龙头股选股策略

1 时势造龙头

钱势、人气、聚焦、流动性

2 筛选龙头股策略

根据市场热点与板块强度，筛选现有龙头，切勿主观预测

龙头股精要 → 强势龙头股有多对排列阵势，主力操纵，上涨快，人气高，宁可错过，不可错买

　　在股票交易中，选股是决定性前提，短线选股的原则是可买可不买的情况之下不买，宁可错过不要买错。要选强势且走势连贯的个股，例如处于上升通道的股票，即均线多头排列，敢于创新高的龙头股票。坚决回避交易不活跃的股票，因为此类股票总是表现得波澜不惊，买进此类股票简直就是在浪费时间。我们可以选择在强势股技术性回调时介入，强势股受到市场关注度高，极有可能受到主力资金操纵，一般上涨迅速，回调时间短、幅度小。

一、选股主要思路

1. 资金流向选股

　　短线选股最基础的方法是从价值层面选股，需要结合大盘的环境和趋势、消息刺激和题材热度去考察个股的基本面，包括财务状况、行业属性、板块地位、历史股性和活跃程度。再从形态方面结合个股筹码结构、量能和历史位置等综合考虑，尽量选低位没有大幅涨过的形态，盘前挂单买入或者根据盘中的主力动向进行介入，这样胜率更大。**短线选股个股形态不是最重要的选股标准，资金的流向才是关键。因为人气炒作永远是短线交易的主题，人气足是资金汇聚的标志，市场最真实的表达是资金流向，这是散户最为可靠的指标。**一旦情绪资金的共振点、转折点到来，我们要把有限的资金对准主力资金流向的题材板块来发掘结构性的机会。

　　市场的资金流动方向是板块热点和核心个股炒作的基本条件，由于市场多数时候都处于资金相对有限的阶段，局部结构性的行情是常态。短线选股基本是围绕近期炒作的核心题材，选择辨识度最高的个股，主要是题材中涨幅最好的和人气最高的，基本集中在题材里的龙头、补涨龙和中军，后排的跟风较少。所以短线选股只聚焦热点题材内辨识度最高和人气聚集的股票，要拒绝跟风股，拒绝杂毛股。

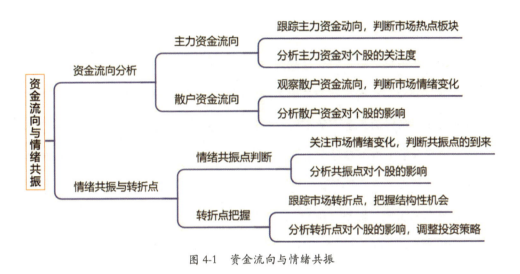

图 4-1　资金流向与情绪共振

一段上涨行情绝对不是某个个股的波动，而是板块性资金聚集运动。分析行业和主流板块资金流向的重要性远远高于分析个股。市场的增量资金入场会让核心板块有更好的赚钱效应。市场在成交量不足的情况下，连板高度一再降低可能意味着场内资金要互相收割，依靠存量资金的博弈让赚钱效应的容错能力下降，操作愈发困难。存量资金市场中的机会可能是陷阱，博弈的性价比并不高。获得市场资金增量和寻找主力资金流向是短线选股的捷径。我们发现行业或者板块整体启动以后，中长线资金会净流入，而这类资金与短线资金不同，并不会轻易流出，跟随中长线资金选股的成功率更高。

要点：炒作人气最旺的股票，情绪资金的流向是选股的关键，市场的增量资金入场会让核心板块有更好的赚钱效应。

2. 热点方向选股

热点代表了主力资金的流入方向，短线选股最高效的方法是热点选股。由于个股无法脱离板块的影响，选对逻辑充分的热点方向，事半功倍。判断热点的持续性和提高对消息的敏感度是盘前交易的基本动作。**盘前要对情绪热点进行预判并跟随市场寻找主力资金的路线，越贴近市场情绪共振，利润越高。在当前热点或者预期热点这两个方向中选择板块，从中再选择强势的个股。其中包括市场最近炒作力度最大的个股、连板梯队前三的个股以及核心龙头，与主流热点相背离的方向要尽量远离**。更激进的做法是全进全出，围绕短线情绪和主流热点做龙头或者补涨龙头，没地位的个股一律不做。

面对当前的热点板块，我们可以在接力板里筛选龙头个股，具有良好放量接力代表了资金对个股的持续关注。也可以在长期横盘整理的低位首板或者一板进二板的强势个股中寻找主力资金的方向，发掘预期热点的个股。一旦热点演变成冷门，只要我们当时选择相对低位介入，总体风险仍然可控。也可在早盘利用集合竞价寻找热点板块中的强势股，挂单买入前一天主力资金流入榜和龙虎榜中确定性强的明星股，前一天封涨买不到的龙头或者利好消息刺激的个股。

在短线的底部进行热点方向选股，需要找领先大盘或者领先板块同类股先行上涨的个股。面对有把握的个股底部转折点，我们可以轻仓介入试错，一旦个股发展超预期就进行加仓操作，低于预期或者大幅度下跌就说明个股无法获得资金的关注，需要毫不犹豫地离场。短线底部选股要在历史最低点介入，如果此后横盘震荡，将成为持仓的机会成本，短线交易会错过更多机会。所以在

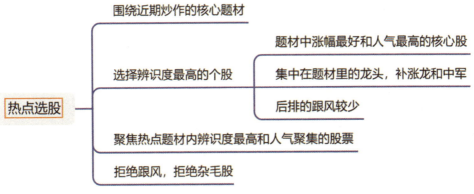

图 4-2　热点方向选股方法

短线底部选股重点在于对热点方向具有一定预判能力，要注重对政策面、短线合力、个股逻辑、实质性消息、资金承接和个股地位等综合分析，确定热点是否能够发酵成功。

二、龙头股选股策略

一个板块的持续发展需要有龙头持续打高度，再有跟风补涨，形成涨停梯队。人气板块的龙头股有身位优势，只要连板梯队不出现集体性亏钱效应，龙头股继续涨停的概率就很大。如果想操作市场各阶段的最强股票，自然就要搭上龙头股的火车头。短期活跃的龙头股、人气股一定得关注，可以通过它们的涨跌来判断资金态度，揣摩人气变化。

1. 时势造龙头

龙头股是市场中关注度最高的明星之一，是资金和情绪共振的结果，是机构、游资和散户参与市场都绕不开的核心标的。龙头的出现往往伴随着所在板块的主升浪，并且往往是板块内涨幅最高的个股。每当启动一波短线行情会先拉出龙头，市场根据龙头属性发散出赚钱效应。通过龙头股的演变发展可以把握市场动向，分析板块结构和预判题材趋势。

龙头高度和短线情绪是联动的，龙头是情绪的载体，可以带动市场走出短线行情，板块跟随激发出赚钱效应，龙头与赚钱效应共振才能走得长远。时势造龙头，而非龙头造时势，龙头更多的是正反馈给时势，助推情绪的进一步发展。没有情绪的助推，龙头难以突破空间压制，容易迅速转向退潮。情绪达到低点后开始逐渐修复，龙头也会应运而出。所以最考验龙头选手的是理解力，对短线环境和情绪节点的把握（图4-3）。人气龙头股的上涨空间由大盘、题材、短线氛围、量能和形态等多方面因素决定。其中龙头的短线氛围是判断核心龙头高度的关键因素，要结合板块梯队去判断，可以看梯队个股竞价的反馈。当龙头开盘不及预

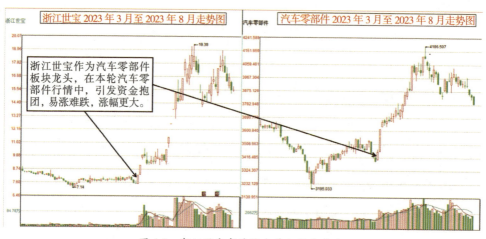

图 4-3　浙江世宝成为汽车零部件总龙头

　　图注：浙江世宝经过长期调整后，已具备充足的上涨空间，并且每次异动都会以涨停带动板块跟风，在调整过程中也呈现较强支撑，后续更是在消息刺激下轻松涨停。结合多方面特质，浙江世宝在这轮行情中确立汽车零部件的龙头地位，后市也是连续涨停，成长为板块领涨龙头。

期，梯队个股多数低开或者溢价不足时，就需要警惕龙头的前景。

龙头在不断的分歧中走强，具有不可预见性。符合预期的走势不能称为龙头走势，只有不断地超预期的个股才能成为当之无愧的龙头，让中途下车的交易者懊悔不已。如果龙头昨日烂板，今日超预期高开，对市场情绪有提振作用。龙头需要具备良好的基本面及消息面，其产生有必然性，并不是简单地认为由主力设计而成。龙头也存在偶然性，不同时期会有不同题材、不同行业、不同启动形态的个股成为龙头股。龙头被市场的各路资金选中，是其在发展的过程中逐渐被市场所认可的，我们无法预料哪一个股会被市场选中成为龙头股，让我们单纯地从研究行业或者个股的基本面入手去挖掘龙头股是很困难的。当然，每个时期的市场龙头的出现总能找到一些共性，那就是人性。人性在龙头发展中发挥重要作用，体现在情绪能左右龙头的接力走势。

超短线要做确定性龙头，擒获龙头股是短线交易者必须具备的能力。我们在选择龙头股的时候，可以从基本面和技术面切入，根据人性的特点，发现龙头股上涨的必然性。

短线选股就要选龙头股，其原因有四个：

原因一：龙头股的股性较好，波动幅度较大，上涨空间充足。形态上可以为连板龙头，也可以是趋势龙头。

原因二：资金集中在龙头股，流动性较好。一波行情只有一个龙头，其他都是辅助角色。龙头吸引了更多的资金参与，资金解套或捂盘都会让上涨压力降低。市场整体成交量低迷会带动个股普跌，而热点龙头尚能保持充足的资金活力。尤其在熊市流动性越差，资金越集中，游资和机构在龙头上抱团取暖，涨的可能性更大。

原因三：龙头先启动后结束，易涨难跌。在一波行情里龙头往往先于大盘上涨，带动板块跟风联动，当板块启动后，龙头已经走出主升浪。龙头上涨持续时间长，往往相对同期的中高位个股见顶最晚，中高位个股已经见顶数天后，龙头才会结束主升浪，出现情绪的拐点。而当大盘下跌时，龙头往往还可以反包和龙回头，晚于大盘下跌。它下跌较为温和，在散户恐慌之际，仍有足够的时间和空间从容退出。

原因四：龙头对热点消息较为敏感。龙头能对热点消息迅速做出正反馈，也能快速消化负面消息。龙头是否能启动要看消息对板块的影响，板块能否配合龙头的企稳。

龙头涨停板越多越会加强做多情绪，带动板块内的跟风个股。如果开盘后10:00 前龙头涨停能够带动所在板块和整体盘面走好，就能够大大拓展板块和市场的高度与热度，而板块内跟风个股全面激活后又能给龙头上涨的高度加油。如果大盘表现较好，但是龙头不及预期该涨反降，该强不强就是弱，短线资金追捧的情绪会减弱。这会导致板块内的个股转跌，随之整个板块都陷入调整，形成情绪退潮。如果龙头遭到监管或者出现利空消息，还能够继续表现强势，属于超预期，板块情绪越来越强，带动跟风个股上涨，该弱不弱就是强。

和机构主力选股的逻辑完全不同，比如行业白马股市值大、营收规模大，是机构投资者热衷的趋势股，但这并不是炒作龙头的最优选项。群体合力炒作潜在的龙头股（图 4-4），一般需要具备三大要素和四种特征：

（1）**形态要素**。个股能否成长为龙头，首要因素不是个股价值，而是群体合力能否克服抛售筹码的阻力，主要影响因素是套牢盘的压力以及持筹者的资金结构。资金总是喜欢沿着最小阻力的方向发起进攻，龙头的形态需要具备最小的阻力，不能有巨大抛压，如历史盘整平台的成交量大，积累了套牢盘，上涨压力过大会导致市场情绪难以激活。龙头需要筹码稳定且充分交换的，往往是经过长时间盘整，筹码形成单峰形态，量能萎缩平稳的个股。连续的一字板和频繁出现大阴线上下影线等形态的个股难以成长为龙头股。

（2）**市值要素**。市值太大的股票需要拉升的资金量过大，游资可能会因为自身资金后继乏力，在未形成群体合力的时候就被套牢。个股成为龙头股不仅仅需要大资金来带动，更需要整个市场的合力。市值太小的个股也不合适成为龙头股，一是收集筹码时成本容易快速上升，二是一旦拉升之后无人接盘。大部分龙头股是在 50 亿元以内的小市值股，更容易拉涨停。

（3）**股价要素**。股价比较低的股票容易被散户接受。从心理学上看，散户普遍存在畏高的心理，热衷于低价股，低价股翻倍后给投资者的感觉不会太强。而高价股不容易吸引市场的人气。如贵州茅台的高股价阻挡了大量的普通投资者。

特征一：动力性。龙头不一定是板块中的最高标，但一定是最核心的个股，核心在于其动力性，能够带动板块内跟风上涨，带领板块打造出赚钱效应并扩散到市场，开启一轮大周期的主升浪。龙头往往在板块里最早上板、领先板块内其他股票涨停，可以带动所在板块低价个股补涨。跟风个股越多，龙头的延续性和力度越强，场内资金做多情绪越显著。当市场情绪向上，龙头股连板数最多时，市场能给予最高的溢价，可以带动多头力量上攻，有板块支撑的龙头对板块有带动性。当市场情绪向下时，超跌反弹的龙头股率先领涨，对市场带动作用最强，可以抵抗空头下跌。板块梯队也能够给予龙头股正向反馈，中军主升浪能够为龙头股上涨提供支撑动力。

特征二：竞争性。板块中连板数量多、涨停较早的个股往往是龙头股的竞争者。从低价同身位的股票中脱颖而出的成功者，能够带动板块内的中军和后排等队伍联动上涨。市场中领先身位的龙头股会带动不同题材的落后龙头股加速上涨，成为市场总龙头竞争的胜利者。

　　特征三：聚焦性。龙头是市场上传播度高和关注度高的题材明星，能够吸引各路的资金集聚，同时资金具有锁仓或者接力的意愿。由于龙头是由游资和散户接力推升上来的，不断的筹码交换不会让大量的筹码在同一时间卖出。强大的人气和辨识度促使龙头的买盘源源不断，也是交易龙头较为安全的前提。

　　特征四：一致性。交易的本质是多空博弈，即场外的潜在买入者与场内筹码潜在的卖出者对于个股的分歧而产生博弈。龙头从市场资金试错开始，在分歧走向一致的斗争中产生，不断超预期从被观望到一致看好。

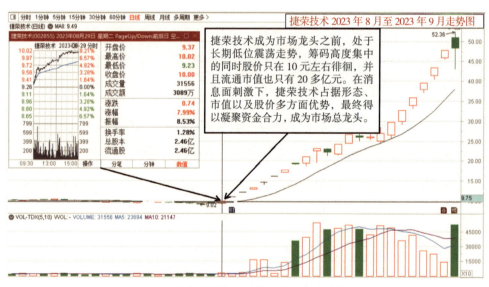

图 4-4　捷荣技术符合群体炒作的龙头股特征

　　图注：捷荣技术在 2023 年 8 月 29 日启动前，具备低位震荡形态以及小市值等优势。在板块题材以及市场情绪持续发酵的情况下，捷荣技术具备极强的上涨动能，并出现连续一字涨停聚集资金关注度，从题材概念股竞争中脱颖而出，最终形成一致向上的强势行情。

2. 筛选龙头股策略

筛选龙头股，并不是连板身位最高、涨停次数最多或者涨幅最大的个股就是龙头股。真龙头会带动板块内跟风个股上涨或者市场情绪的提升。本质是把赚钱效应从核心逐渐扩散到板块，把短线情绪发散到整个市场。龙头会先于板块其他个股涨停，打开板块赚钱效应，并带动板块个股上涨。龙头在题材发酵前往往已经有主力资金建仓试盘，后期题材发酵上涨空间更大。

筛选龙头股要以市场已经选出的龙头为目标。筛选龙头股首先需要分析市场热点和板块强度，题材的想象力和热度决定龙头股的上涨高度，尽量在一周内有大阳线的主流板块中选择人气高的核心个股。主流板块至少具有涨停股数最多和梯队达到二三四涨停板结构的条件。同一个主流热点板块内，主板和创业板一般分别会各有一只龙头股作为候选。

当我们确定主流热点参与方向和个股地位后，选择流通市值在30亿～80亿元之间的小盘股进行潜伏。小盘股有利于后续拉升，流通市值过大则难以连板。而且低价股就算是翻倍也不会过高，散户有足够资金参与接盘，成为龙头的可能性更大。在同板块的个股竞争中，没有可转债和融券的个股不会被空方兑现更受资金的青睐。优先考虑上一轮炒作极限成交额小于20亿元的个股以及近期有一次或者多次涨停的个股，因为主力资金异动后容易吸引人气，同时有可能仍然有资金埋伏其中。尽量选择非融资融券的个股，避免潜在的空头力量随时砸盘，然后选择炸板回封个股或者最先上板的换手个股、首板后次日冲高收阳的强势股进入股票池中继续观察。能进入股票池的个股最好是突破了20日均线，如果K线能站上8日均线、在20日均线出现金叉，形成三线合一状态，意味着个股进入多头趋势，能成为龙头的概率大幅提升。

选择龙头股时，要把握热点准确和走势稳定的原则，尽量排除一切不确定的因素，避免选择后排跟风个股和长期在月线以下运动的进入休眠状态的个股。近期有放量大阴线或跳空下跌缺口的个股成为龙头的可能性最低，因为上方套牢盘的抛压是个定时炸弹，往往是冲高回落的罪魁祸首。而缺口是心理压力位，突破的难度较大，同时也会形成筹码成本断层，对抛售没有抵抗力。

买在龙头启动前是所有短线选手苦苦追求的捷径。但龙头诞生的节点并不是从首板就可以确认的，通常需要经历分歧考验，在板块退潮时被市场筛选出来。如果在短线情绪不佳的情况下板块首板爆发，这是经过了恶劣环境筛选出的首板，需要高看一眼。到了一进二转强就要注意发酵情况，在连板或者涨停个股最多的板块中筛选最先走出二连板的个股，决定当天是否接力或者打板强势股。三板出现缩量顶一字确认板块龙头地位（图 4-5），在关键的四板分歧中能够经过爆量分歧考验继续放量上板，五板的竞价超预期加速分歧转一致，基本就可以确定龙头地位了。其中分歧转一致上板，分时放量承接时是确定性的买点。三板前个股会呈现主力抢筹拉升，三板定龙头后资金高位分歧承接快速回封，度过龙头关键的考验期，此时筛选出龙头股的概率大大增加。

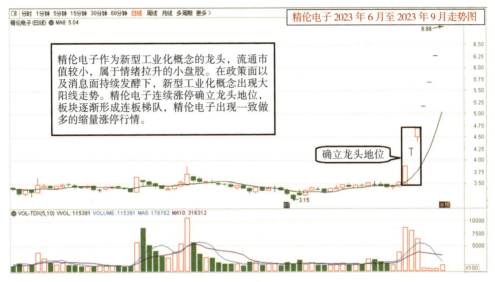

图 4-5　精伦电子确立龙头地位后形成连板梯队

图注：在新型工业化概念持续发酵的情况下，精伦电子率先涨停，占据身位优势，并且在板块内形成完整的涨停梯队，维持板块炒作热度。精伦电子放量承接良好，最终出现缩量加速涨停走势。

第五章　短线龙头交易战法

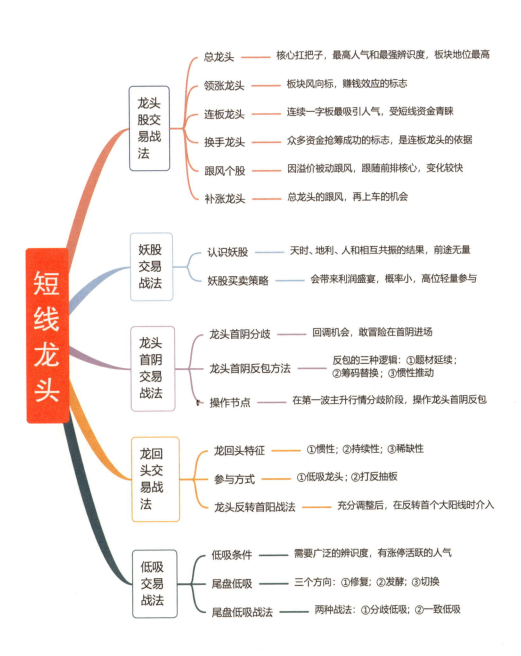

短线龙头

- **龙头股交易战法**
  - 总龙头 —— 核心扛把子，最高人气和最强辨识度，板块地位最高
  - 领涨龙头 —— 板块风向标，赚钱效应的标志
  - 连板龙头 —— 连续一字板最吸引人气，受短线资金青睐
  - 换手龙头 —— 众多资金抢筹成功的标志，是连板龙头的依据
  - 跟风个股 —— 因溢价被动跟风，跟随前排核心，变化较快
  - 补涨龙头 —— 总龙头的跟风，再上车的机会

- **妖股交易战法**
  - 认识妖股 —— 天时、地利、人和相互共振的结果，前途无量
  - 妖股买卖策略 —— 会带来利润盛宴，概率小，高位轻量参与

- **龙头首阴交易战法**
  - 龙头首阴分歧 —— 回调机会，敢冒险在首阴进场
  - 龙头首阴反包方法 —— 反包的三种逻辑：①题材延续；②筹码替换；③惯性推动
  - 操作节点 —— 在第一波主升行情分歧阶段，操作龙头首阴反包

- **龙回头交易战法**
  - 龙回头特征 —— ①惯性；②持续性；③稀缺性
  - 参与方式 —— ①低吸龙头；②打反抽板
  - 龙头反转首阳战法 —— 充分调整后，在反转首个大阳线时介入

- **低吸交易战法**
  - 低吸条件 —— 需要广泛的辨识度，有涨停活跃的人气
  - 尾盘低吸 —— 三个方向：①修复；②发酵；③切换
  - 尾盘低吸战法 —— 两种战法：①分歧低吸；②一致低吸

人气龙头就是市场上发布号令的将军，可以引导题材内的个股跟风，但龙头号令的有效性需建立在特定的市场形势上。强势行情中经常会出现龙头阶段性轮流上攻，但在极度弱势的市场，龙头也不敢下令冲锋。龙头与市场的关系就是以点带面，同时面也支撑着点，两者缺一不可，相辅相成。脱离市场环境人气的龙头股容易最先阵亡。

一、龙头股交易战法

1. 总龙头

总龙头是板块中持续时间最长，最有影响力的个股，具有连板最多、上涨幅度最高的特征。总龙头的持续性是由资金的关注度决定的，是市场认可度最高和人气最集中的资金聚集地。买入高人气总龙头股是资金高效率低风险的交易战法，是散户成长的便捷出路。**个股要成长为总龙头，必须经过一次板块中涨停成交额最多的考验，抢到超过5亿元的短线资金才能证明其老大地位。一旦经过考验后，明牌出现总龙头，市场资金都要唯总龙头马首是瞻，资金直接抢筹总龙头。**

判断市场总龙头形成需要有三大要点。

（1）**题材级别的定位，包括题材的想象力和强度**。题材要具有想象空间，甚至不重视实际的基本面，偏好故事性才可以不断制造预期差，借助市场炒作情绪去超预期发展。要对题材有足够的敏锐，题材的大小决定龙头的高度，题材炒作的周期越大，龙头的空间也越大。做强度最大题材中的最强总龙头，核心在于判断题材的强度，并从该题材中选出最高总龙头。题材走出强度需要时间点火和发酵，才能吸引更多的资金去关注，引发板块爆发。板块爆发日，同板块的个股大批量涨停，会集聚大量的人气，让场外资金参与题材炒作，所以总龙头要有板块爆发日作为基础因子。

（2）**题材持续发展**。在连板高度没有出现之前，并不能确定题材能否走远。市场热点板块消息持续催化，带动股价不断上涨，资金的接力来自赚钱效应的持续性，资金接力意愿最强的现象级总龙头具有持续的赚钱效应，会出现连板爆发式增长，在短时间内拉出高空间。这会给予参与者充足的机会介入，主力资金反复参与接力会让总龙头主升浪持续很长时间。

（3）**板块梯队的助攻**。一波题材行情一般只有一个总龙头，其余是助攻跟风等角色。在总龙头涨停犹豫不决的时候，短线资金会在板块内寻找相似属性的个股率先涨停来提升板块的人气，助攻总龙头连板，加强总龙头的稳定性。当板块中有个股走出三板，板块梯队中的最高板基本可以确定为龙头，板块内会存在助攻套利，包括补涨和跟风。板块内有助攻个股轮番上涨体现出板块效应，只有题材得到充分发酵，才能奠定市场总龙头地位。板块梯队涨停是引导各路资金合力抱团的结果，没有梯队的助攻，总龙头很难成长。

市场适合做多的阶段并不多，如果我们在弱势个股中耽误时间，是把时间培养成我们的敌人。在弱势市场应该管住手，空仓等待，降低风险，等确定新周期的龙头地位再介入。在市场中短期内并无总龙头的情况下，我们需要耐心等待龙头出现，留意主线题材内具有身位优势的个股。如果后排中位股连板接力没有掉队，可以介入最高板做总龙头的试错，不能过于在意低位踏空，高位畏高。做市场辨识度最高的总龙头，反而是最安全的。一般而言总龙头必须有足够的高度，三板定板块龙头，而市场龙头往往是要五板以上才能确定，五板以下的位置市场辨识度不高，很难聚集市场资金形成市场合力。只有合力把情绪和资金集结在总龙头上，才能引导热点的集中爆发。总龙头无一例外都是热点题材的强势股，跟着市场合力追逐热点题材就能凝聚更多的市场资金。只有散户参与强度是不够的，有游资参与的个股才有充足的成交量带动赚钱效应。而且有机构基金和外资的参与，才能走出一波大级别的趋势行情。我们炒作如果偏离了资金阶段性集中的主战场，就难以把握市场合力。

总龙头是由板块龙头演变而来的，先于板块走强的核心股才能成为市场总龙头。总龙头有最高的人气和最强的辨识度，板块地位最高，其他个股涨跌都关联龙头，是最容易抱团的核心。总龙头股对大盘有着牵一发而动全身的影响力，下跌会导致板块甚至市场其余高位股跟风下跌，短线情绪急速恶化。所以总龙头能带动市场对其上涨逻辑进行挖掘，上下游的关联个股得以继续发酵。总龙头结束行情，主线也即将结束，短线情绪会出现短暂的退潮。

人性的弱点是恐高，而连板最高的总龙头反而更安全。确认市场总龙头成为唯一高标后，具备市场最高的辨识度，主力不会轻易让其倒下。总龙头在跟风股和中位股结束之后最晚结束，生命力最为顽强（图 5-1）。总龙头作为市场资金的集中点，最先启动，最晚落幕。买入市场总龙头后，不能轻易离场，市场合力对总龙头的上涨趋势会持续推动，直到击鼓传花不能持续。市场氛围好的时候，往往在总龙头断板的时候还可以做总龙头的低吸。当确定总龙头地位后，任何分歧都是买入机会，直到板块出现亏钱效应，才需要回避龙头。一般而言要忽视分时的波动，只有在尾盘不涨停时再卖出。总龙头只要每天都能涨停让新进的资金能获利离开，才会不停地有资金接力博弈。真正的龙头是不用担心失去承接而出现开盘一字跌停的情况。但尾盘不能封板是因为次日的忧虑提前到来，次日开盘就会有资金抢跑。

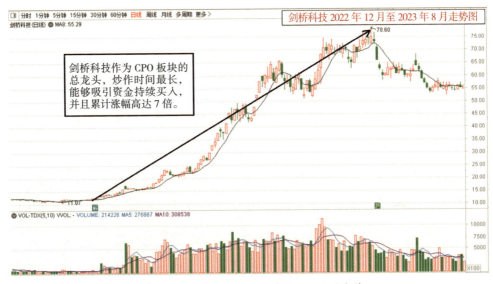

图 5-1　剑桥科技晋级为市场总龙头后的走势

　　图注： CPO 板块在剑桥科技的带领下持续升温，逐渐成为主流板块。在积累较大涨幅后，剑桥科技从板块龙头晋级为市场总龙头，聚集市场关注度及人气，成为资金聚集地。龙头剑桥科技在其不断向上打开空间的过程中，能够刺激相关概念板块及跟风个股异动，成为当之无愧的总龙头。

2. 领涨龙头

　　短线交易尽量只做主流和只买龙头股，就是要抓住主流热点板块和介入板块中领涨龙头。所以短线交易要首先分析板块，其次是发现板块中具有辨识度的领涨龙头。当主线热点制造火爆的赚钱效应后，资金只会去追逐板块内最强的个股。**领涨龙头是板块内最先涨停、封单额最大和连板数最多的个股，是赚钱效应的标志。领涨龙头强者恒强，成为板块的最强风向标，可以指示板块方**

向和力度。其运行领先并强于板块，往往先涨后跌，涨幅一般会大于其他个股。领涨龙头作为板块的核心，如果能引起资金抢筹，市场对其更有信心，成为短线资金的优先选择。在还不能确定板块领涨龙头的情况下，我们倾向于观察板块的发展而不是参与。

放量上涨的板块领涨龙头先于热点启动开始分化而出，通过不断分歧突破超预期，把市场高度和题材的辨识度打出来。启动时机、位置以及市场认可是成为领涨龙头的重要因素。题材经过广泛炒作后形成新热点，可以从热点板块中寻找领涨龙头（图5-2）。板块强势才有土壤养育出领涨龙头。在经过板块内稳定盘整后，辨识度相近的板块内个股相互竞争龙头位置。只要板块有持续力和题材足够新颖，就能吸引资金聚焦领涨个股。先于板块启动的领涨个股首板时，市场尚未关注到。次日板块出现高潮时，领涨个股由于身位优势可能会发酵成领涨龙头。因为领涨个股在昨天涨停时还没有引起板块高潮，就会比板块内其他个股高一个身位。当板块次日继续高涨，领涨个股在身位优势下大概率继续连板，就能称为领涨龙头，可以执行追涨操作。领涨个股二板激活人气，三板定龙头。最先晋级三板的个股往往是总龙头的候选人，接受市场的三板考验后可以去试错第一买点。随着题材发酵情绪加强，三板以后龙头基本上可以确定，加速后的首次分歧是第二买点。

领涨龙头能够推动板块持续上涨，吸引市场关注度和短线投资者不断跟进，出现越涨越买的现象。领涨龙头企稳是板块日内拉升的前提条件，连板会输送板块上涨动力。如果领涨龙头开盘保持强势，会带动板块情绪向上，而且牢牢封板后，板块才有可能继续拉升，后排个股能持续地跟风拉升。反之开盘后龙头股不升反跌，出现放量分歧，由于板块领涨龙头是板块的指挥员，当遭遇空方阻击时，往往带动板块进入下跌方向，板块内个股大概率会跟随下跌，需要

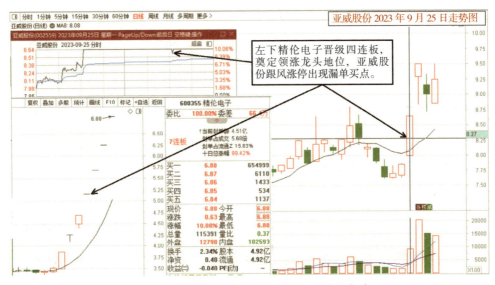

图 5-2　亚威股份跟风龙头精伦电子的介入机会

图注：精伦电子先于板块启动，占据身位优势，在 2023 年 9 月 25 日板块启动时强势晋级四连板，成为板块的领涨龙头，可以进行追涨操作。由于精伦电子一字涨停，带动板块内出现跟风个股，我们可以在龙头精伦电子不给机会并且板块强势发酵的情况下，介入后排跟风的亚威股份。

　　谨慎操作。一旦领涨龙头股开盘后快速跌停，意味着昨天进场的资金基本被套牢，市场激进投机情绪受到影响。次日大幅度下跌的可能性较大，板块情绪衰退的可能性较大，开盘必须果断卖出。领涨龙头开板后不能迅速回封，出现高位震荡，资金情绪可能出现衰退，板块个股多数会见顶下跌，板块也将失去持续性，板块指数容易回落。

　　领涨龙头股是热点板块的核心，其地位由涨停时间和对板块的带动作用来决定。并不能简单地认为连板数量最多、涨幅最大的就是龙头，要看其带动性和影响力，是否能够带动市场产生赚钱效应。领涨龙头连续一字涨停会带动板块内跟风个股快速竞争补涨龙头，可以搜寻先开板的补涨个股做回封。领涨龙头成为短线情绪的核心后，连续涨停能带来跟风个股的赚钱效应，可以带动板块开启一轮行情，板块内后排涨停会作为助攻，反哺龙头产生更多的正反馈，从而助推龙头继续打高度，才能走得更远。领涨龙头出现阶段性分歧后，高位反推低位强势股获得补涨溢价，此时可以考虑低位一进二补涨个股。但我们不需要在同板块追二进三或者三进四的个股了。因为领涨龙头出来以后，后排个股从二板走到三板的概率不大。

龙头带领市场产生赚钱效应，吸引更多的资金加入，使题材持续走强。当领涨龙头被大单封涨停时，可以通过封单金额来判断板块的持续性。封单金额越高，说明主力和市场的态度越坚决，次日溢价越高。一旦板块没有领涨龙头作为灯塔，市场会对题材产生疑虑，主力会在换手打开时逐渐把筹码分发给散户。当领涨龙头出现大幅下跌时，要观察次日修复强度是否符合预期再作出判断。如不能修复，要迅速离场。如快速封板进行修复，队伍中的个股会跟随上涨。一旦板块启动初期的领涨龙头衰退，板块即失去参与的价值，资金失去目标后板块就会缺乏支撑力。

在领涨龙头成长过程中免不了发生竞争，板块内部相同身位的联动个股为争夺板块龙头地位而发生卡位。个股要摆脱跟随者成为领涨龙头，巩固自身地位，拉开身位形成辨识度，卡位是龙头成长的必经之路。正是由于卡位的存在，才会明确领涨龙头的核心地位以及确定其对板块的带动力。除了内部竞争外，领涨龙头要成为大众明星股，短线涨幅最高的龙头还会和其他板块龙头竞争市场总龙头。如果多只同身位个股竞争，则通过上板时间、封单大小进行比较。占据高度优势的领涨龙头往往更容易在竞争对手的比拼中胜出，一波行情的总龙头才能脱颖而出，并坚持到行情的末端。

领涨龙头具有独立性。大部分个股服从于板块的整体基调，随着板块普涨普跌。只有领涨龙头才会独立领涨于板块，板块调整时，龙头可以独涨。龙头上涨，板块却不一定会跟涨。只有龙头的利好达到极致连续一字板难以买进，并形成发散属性时，才会带动板块内补涨个股，出现群板的炒作现象。如果板块高潮热度发酵不足，导致整体缺乏完整的连板梯队，此时只能聚焦领涨龙头或者有资金确认的补涨个股。领涨龙头打开市场空间后，能够强势带动板块内个股的发展，但资金的虹吸效应有时候会把板块内落后的个股打掉，打压板块队伍的领涨龙头其成长性反而不大，有后排助攻的要强于单打独斗的龙头。因为后排助攻个股会带动整个板块走强，反过来会延长板块领涨龙头的生命力。

参照板块领涨龙头的表现判断市场情绪比参照板块指数要更加有效。领涨龙头由群体合力推动所形成，而群体合力是由主力、游资和散户等资金群体通过达成抱团共识所发展成的群体性资金力量。通过观察群体合力买卖主流板块领涨龙头的时机，可以了解主力态度和资金流向。板块辨识度高的领涨龙头强力拉升上板后，再从创业板中选择跟随个股，博弈次日板块的冲高。如果创业板个股先上板，成为领涨龙头，板块内的主板个股一般至少会有一只跟风个股涨停。

3. 连板龙头

连板龙头是热点板块中通过连续涨停不断地提升题材空间高度的个股，能够引领各个热点题材来竞争市场总龙头。可以肯定的是，连板龙头是成长为总龙头的必经之路。连板股的出现是板块成为热点并具有持续性的基本要素，个股产生连板激活股性后会吸引市场人气，更容易得到短线资金青睐，让未能及时介入的资金蜂拥抢筹。**短线交易者可以集中精力研究当天连板股，并以打板为主要操作方式，博弈次日溢价，涨停则继续持股，走弱则离场。**

所有龙头都是从首板开始启动的，首板股是龙头的发酵池。从首板中筛选连板龙头要以流通盘小和股价低作为重要的选股条件。首选流通市值在 50 亿元以下的个股，流通盘太大的个股由于筹码结构复杂难以收集，股价太高让绝大多数散户难以买进反而不利于炒作，启动价格低会给散户发展空间较大的感觉。没有散户接盘，连板龙头的炒作逻辑就不存在。交易连板股可以筛选逻辑充分的老龙头首板，结合其历史地位更容易获得资金的二次青睐，先手介入老龙头首板，具有更多上冲的机会。

仅仅是首板是很难区分龙头股的，甚至大部分一进二个股都还不具备辨识度。要重点观察板块中涨停的时间顺序，率先涨停的个股，主力资金最坚决，热点持续，容易促使个股连板。由于个股二板后可能加速一字板，不给介入机会，因此二板成为宝贵的介入机会。二板的风险主要来自打板后炸板，次日再低开低走。如果个股一进二盘中封板后出现成交量放大的炸板，极有可能是主力已经出逃，次日低开的可能性很大。若首板烂板次日竞价弱转强高开，那么一进二的成功率大。二板强势涨停个股在封停当日未出现炸板的，次日无论高开低开，都会出现惯性上冲，这是连板股对场外资金的吸引力推动的。经过充分换手的个股一旦完成二板，前景比较乐观，会在次日借势上攻。由于龙头在连板股中产生，二连板的个股初具龙头相，至少连续三个涨停才能确认其龙头地位。等待龙头在板块内脱颖而出，可以从二板的胜利者中介入，坐等主力推二进三。

首板个股次日如果能高开 5% 以上，有大单快速拉升，配合板块情绪发酵，连板概率较大。首板个股如果次日冲高回落或者弱势震荡，只要分时均线能稳住，在上升过程中形成中继平台二波冲板，可以在分时低点进行低吸。在二板前回踩最好在首板涨停位置附近企稳，至少不要跌破首板起涨位置。回落后最好出现放量上涨，如能上穿 MACD 零轴更佳，代表打破多空平衡，午盘被资金直线拉板的可能性较大，如此就能大单扫货一举涨停，完成二板。

连板高度越高，龙头股的竞争力越强，低位一进二更多考虑的是板块情绪和个股地位，而三板是分水岭，二进三以上必须有充分的逻辑才能持续推动。合力不够的二板股，到了三板也就退场了。三板已经成为板块内的情绪标杆，板块龙头就从中发酵。**板块进入上升趋势后，二连板的核心个股往往高开快速拉涨停，可以筛选具有辨识度的前排或者具有补涨属性的二板个股，在开盘小幅上涨的时候追涨买入。**当个股基本面出现重大利好导致二板继续一字涨停，如重组并购，业绩大增等突发消息，会吸引资金进场接力。连续一字板个股一旦在二进三释放分歧炸板造成断板后，再进一步困难，次日多数是冲高回落。如果分歧开板当日的竞价量能超预期，开板后可以当日介入，博弈继续连板。龙头到了二进三期间，题材已经基本发酵，个股做多情绪极强，高开放量推升涨停，或者分歧承接力度强能够快速将分歧转为一致。市场认可的二板是龙头的种子，出现一字缩量晋级成三板后，才具备龙头相。

首轮上涨的个股往往在二连板后回调，三板及以上的获利筹码较多，整理时间较长，短期爆发力容易被兑现压制。所以连板龙头往往在第三、四板出现明显分歧，最终封涨停转一致来确立龙头地位（图5-3）。第三板后板块内剩下的个股已经凤毛麟角，能够连板的龙头至少是板块龙头。当我们选中的龙头股在连板中能够进三板的时候，基本能确定为板块龙头。一旦确认了连板龙头地位，往往开盘后快速的一致性拉升很快就能收获涨停，我们需要在开盘后第一时间进场。到了三板定龙头的时候，板块中的后排个股基本走弱，还能成功晋级三板的个股，说明资金青睐。市场合力不够的二板股基本在晋级三板失败就会退出竞争，最后胜出的三板股会成为板块内的情绪标杆。

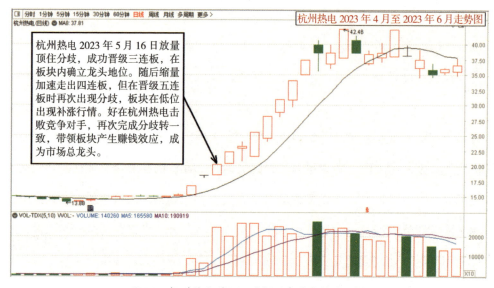

图 5-3　杭州热电晋级三连板后成为市场总龙头

图注： 杭州热电在板块竞争中成功晋级三连板，并且放量顶住分歧，基本确立板块中的龙头地位，随后四板也是缩量走强，但在晋级五连板时出现高位放量震荡，板块内出现低位跟风补涨格局。好在杭州热电具备身位优势，在板块持续发酵的情况下再度转强，连续分歧置换筹码后仍具拉升空间，后市持续缩量涨停，最终成为当时的市场总龙头。

连板龙头股在四板位置遭遇早盘下跌，是点火启动的主力资金在出货。如果连板龙头开盘下跌后能在午盘被新进的主力资金大单接力，在分时均线处获得良好承接，出现超预期放量支撑，就能启动二次上涨行情，可以低吸博弈日内连板晋级。否则将面临断板考验，不确定性将大大增加。如果中高位板的断板率较高，并且断板后亏钱效应较大，要谨慎高位连板股的接力。断板个股受到大盘影响调整，而不是自身原因造成的断板，才有介入价值。只有在一波情绪尚未炒作结束，保证连板个股上升趋势一贯性的情况下，断板个股才有接力的需求，低吸才安全。这需要大盘情绪稳定和个股形态简单，不符合条件的断板往往意味着更大的调整，可能会带动整个板块分化，甚至走弱。

所以连板龙头常常需要在四板左右有一次超预期表现去证明自己，排除断板隐患后在市场上打开辨识度和甩开市场上同身位的竞争者，才能在五板中奠定市场总龙头地位。

连板龙头四板或者五板的底部筹码获利较多，五板不一定见顶，但最容易出货。板块在龙头四板或者五板时容易出现分歧，如果板块还能出现高潮，龙头有可能扛住分歧继续晋级。在板块内能走到四板的大部分只有一到两只，而能走到五板的更少。高手买入龙头，一流高手卖出龙头，五板是分歧最大的阶段，由于高潮是最好出货的阶段，龙头的第一次分歧往往会出现在五板。如果五板还是一字板，那分歧大概率会发生在七板。经过分歧尾盘能成功封住五板的个股可以打板，预示着由分歧转为一致，冲击市场总龙头。在市场情绪合力的引导下，走出五板以上的板块龙头才有机会成为市场总龙头。五板以上的龙头会在连板后建立顶部平台，只有总龙头才能在鱼尾的行情中凝聚人气进行持续的震荡，换手越多，震荡越久。所以到五板后需要看持续性的换手，只有不断换手的筹码才是健康的。

连板龙头位于六板以上后，市场已经公认其总龙头地位。总龙头从六板掉落会成为板块顶部，而六板往上可能成为妖股，其空间高度取决于市场环境，可结合短线情绪周期综合判断。板块走到六板就已经成为热点，整个市场关注度非常高，短线情绪会形成市场合力，此时在任何位置买入，都会有机会。此时连板龙头基本可以脱离板块逻辑进行运动，更多依靠市场的情绪博弈。晋级市场总龙头后会淘汰非核心龙头，进入情绪博弈阶段。所以六板以上的技术分析难以应用在妖股上。连板龙头到了六板以后，也达到了板块所能承载的极限，往往是板块龙头的顶部，这是卖出龙头的时机。龙头股在见顶的过程中也会出现强势反抽涨停的情况，反抽的高点能逼近甚至超越前高，这也是即将见顶的信号。若龙头在顶部震荡时，板块效应大幅消退或者大盘大幅下跌，则龙头在构筑完双头顶部结构之后会快速结束题材行情。连板龙头往往在前面积累了大量的获利盘，开板的时候会出现天量天价的情况。高位的连板股一旦放出天量，意味着获利的主力资金无论股价涨跌都是已经在出货了。

板块的连板龙头最高板冲击七板，对于多数小题材而言已经是顶部，只有大题材才能够提供环境让龙头继续晋级。高位龙头见顶说明基本进入题材的末期，板块中大部分个股面临调整下跌的压力，只有补涨龙头存在操作机会。高位领涨龙头断板放量分歧后结束了上涨行情，连踏空资金都不愿再去接力处在高位的龙头，这时才能去挖掘同板块补涨个股或者后排低位个股。一旦市场情绪回落，最高板龙头开始高位缩量，我们要第一时间参与板块内轮动补涨的机会。

图 5-4　连板补涨

　　图注：电力板块的龙头杭州热电高位见顶后，板块炒作进入尾声，大部分情绪股面临抛压，但前期涨幅较小的深南电 A 具备补涨条件。在杭州热电顶部震荡期间，深南电 A 低位异动试盘并且展开主升补涨，说明在板块炒作末期，资金产生恐高情绪，更愿意拉升低位补涨个股。以此类推，当晋级七板及以上的高位股见顶震荡，我们可以参与板块内的轮动补涨机会。

连板龙头是市场的焦点和板块的核心，先于题材启动再带动板块的发展和打开板块空间，是主力做接力打开市场高度的首选。但部分连板龙头一字板到顶，中间难有介入的机会，即使最后开板放量时介入也是到了行情的末端。连续缩量涨停的个股尤其要注意接力风险，第一天缩量涨停的个股就已经积累了抛压，如果次日再来一次缩量涨停，大部分的筹码都已经盈利20%以上，抛压会大大增加。只有龙头一字板和换手板交替出现才有介入的机会。连续一字板控盘的个股带动不了市场人气，缩量一字板容易一波到顶出现断层。此时筹码成本差距已经拉大，导致换手接力缺失，或者板块内弱势个股跟风不足，极易出现衰竭。当个股经过连续缩量涨停加速，就要避免去接力。只有第一次加速时挂单买入较为安全。一致性预期太强的个股可能会过早夭折，连续一字板一旦下跌连反抽机会都没有，一路阴跌到底，后排涨停的个股会借机卡位成为换手龙头。龙头股连板上涨最好持续放量，前期连续多个一字板后持续放量，才能更为长远。

龙头在连板的过程中表现不及预期，要及时把握住机会卖出，卖点主要有下面几种情况。连板龙头集合竞价有诱多行为，开盘后出现放量下砸且承接弱势，要在量价背离的位置卖出。连板龙头涨停板上多次出现巨量卖出或者多次回封的异常行为，则卖出适量减轻仓位。若连板龙头连续几天频繁炸板回封，没有出现一致加速的情况，说明资金并未形成一致看多的意见，需要全仓卖出。

4. 换手龙头

短线主力资金热衷抱团具有强逻辑的主流换手个股。在板块赚钱效应发酵的阶段，如果核心个股出现连续高换手的形态，基本可以确定能走出龙头的行情，我们可以结合三线合一战法在启动的早期放心介入，或者等放量换手确认接力活跃的时候再买入。参与换手龙头是高溢价和低风险的交易战法。

大题材炒作往往是出现连续一字涨停的个股，虽然容易激发赚钱效应，但连续的一字板让我们很难买进。龙头缩量连续涨停后，可能就有游资主力较早潜伏，等利好因素发酵借机快速把成本差距拉开再出货，一旦开板很难承接。参与不到连续顶一字板的情况下，只要板块强度得到确认，踏空资金会参与非一字板的套利，换手的趋势股是较好的选择。而且龙头的一字板处在高位后，出于安全性考虑，资金会参与板块内的趋势股，此时再去高位接盘连板个股，性价比并不高。龙头股连续一字板也说明市场对于短线赚钱效应出现较为一致的观点，可能失去散户支持。只有各路资金和散户合力助推龙头股持续上涨，形成有效的承接和换手才能聚集大量的人气。所谓有量就有人气，有人气就有利润，有资金换手接力前进的放量换手龙头能带动市场人气。健康的高换手成交量更能保证龙头股的空间，龙头只有经过充分换手才能走得更远更长久。

资金换手充分的龙头是众多资金抢筹成功的标志，是介入连板龙头的依据。我们可以通过换手率的高低去初步评估个股是否有机会成长为换手龙头股。交投活跃的换手龙头的成交额一般在 2 亿元以上及振幅达到 5% 以上，具有显著振幅波动和高换手率。龙头分歧出现高换手率进行换手，说明筹码能够被分散，后期接力的阻力更小。换手率低于 1%，表明个股市场不太活跃，流通性差，成交低迷，没有主力关注，只有散户在交易，后续基本上没有预期。换手率在 1% ~ 3%，说明个股的活跃度一般，中规中矩。换手率在 3% ~ 5%，证明个股相对活跃，拥有市场人气，主力在底部收集筹码相对足够，拉升比较轻松。换手率在 5% ~ 15%，说明股价还在稳步上升，个股带有热点属性，活跃度和赚钱效应较高，市场有增量活跃资金进场，是主力提高股价的行为。个股近期没有出现一次大于 10% 以上的换手率，尽量不要参与，缺乏市场关注度。换手率大于 15%，说明个股活跃程度太高，有主力出货的嫌疑。只有在板块处于主升初期，核心个股换手率稳定保持在 15% 以上，才说明主力资金活跃，后续股价会持续拉升。股价在高位横盘时出现大于 25% 以上的换手率往往标志着主力正在出货，一般是在股价快速拉升之后，出现连板接力即将见顶的个股，脱离主力成本线，说明主力想在高位进行兑现。换手连板个股经过多日的上涨出现多空分歧较大时，会出现超过 50% 的爆量换手率，幅度在 5% 左右的横盘震荡。如果次日没有反包涨停，往往是一波下跌行情的开始，尽量不去参与。接近或者超过股票历史上的最高换手率后，持仓者基本上套现完毕，次日如果不能一直保持同一水平的换手，大跌的可能性非常大。

　　换手龙头拉升涨停分时形态越强劲越好。如果换手龙头分时出现吸筹型流畅拉升，可以继续持股或者加仓。场内场外的资金分歧换手的过程会呈现上下震荡波动的多空博弈。只有分歧换手消化抛压，参与筹码交换足够充分，经历高强度的分歧才能获得一致的认可，顺利上涨。当龙头开盘快速拉升后维持区间震荡，可以确定进入了充分的换手阶段。在区间震荡期间，小幅震荡会比大幅震荡更强势，小幅震荡说明筹码更加坚定，场外的资金不断吃进筹码稳定股价。大幅震荡说明场外资金不愿高价接筹，而是等回落后低价吸收筹码，资金主动性不强，换手龙头大幅震荡的预期要低些。换手龙头一旦横盘振荡后能企稳，量能维持平稳或者持续攀升，趋势将继续向上发展。

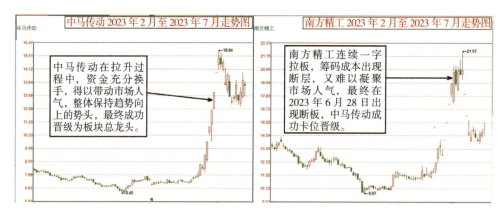

图 5-5　换手龙头的晋级

　　图注：同样是减速器板块中的前排涨停个股，中马传动在拉升过程中伴随着充分的换手放量，而南方精工则是连续缩量一字涨停，最终中马传动成功卡位南方精工，晋级成为板块总龙头。说明在相同的发酵环境下，充分放量的龙头更能聚集市场人气，我们在进行打板龙头交易时，应选择人气更高的换手龙头。

　　龙头在换手涨停的次日表现非常关键。换手龙头出现单日爆量后，往后两日都大幅度缩量，说明新进筹码并没有出货。如果爆量之后缩量再爆量，反复爆量，这并不是缺乏接力，而是分歧转一致的反复关系。因为换手龙头在上涨过程中会出现数次放量分歧和缩量加速，但尽量回避缩量加速后的缩量板。如果筹码成本相差太多，一旦炸板不能回封，容易出现大幅下跌。龙头股一字缩量后换手放量又一字换手如此往复，形成成交量波动大且阶段的总成交量大，这种情况虽然换手较充分，但前后资金的接力成本相差较大。这意味着前期主力有较大的获利离场意愿，一般更容易出现回调。如果龙头上涨成交量没有持续性，说明后续接力衔接不上。一旦出现冲高回落，则要对板块梯队进行分析再决定是否离场。

　　换手龙头缩量加速后见顶出现放量是主力出货的标志，缩量后再去接力面临冲高回落的可能性。只要出现盘中炸板大幅放量，回封的可能性就不大了。

经历第一波持续换手上涨后突然加速，会造成筹码在高位拉开成本距离，可以确定股票快要到顶部了。**一旦换手率突然放大到 20% 以上，分时出现较大波动涨幅，资金随时是可以大面积出逃的。所以当换手龙头股进入缩量新高的时候，我们需要谨慎减仓。**但换手龙头的放量涨停创新高，代表了套牢的筹码被解放和获利的筹码被成功兑现，涨停说明了主力资金做多的决心非常坚决，这和天量天价的顶部结构有所区别。

5. 跟风个股

同一个板块的个股具有相似的逻辑，会促使板块内个股相互之间产生运行联动。联动关系是板块形成跟风现象的内在条件。龙头与跟风的联动是板块内最为紧密的，是形成板块梯队的关键。主流板块的龙头只要是一字板或者高开秒板，板块内尚未涨高的跟风个股会成为溢出资金的首选。龙头涨停效应同时会传导到产业链的上下游，能够带动板块内其他个股上涨。因为龙头确立后会受到市场资金的追捧，但其容量有限，参与不了的资金会顺势去挖掘同属性的低位股。只要板块上升行情还没有结束，板块发酵出现大量首板，吸引大量资金过来，就会有后排个股进行跟风。

跟风个股被指数大涨、题材发酵或者情绪高潮等带动形成的涨停强度普遍较弱，多为被动涨停，只能依靠前排龙头的超预期表现来带动。其中被动涨停可以分为题材带动涨停和情绪助推涨停。题材带动涨停是板块内个股借助板块溢价被动跟风，依赖前排核心股次日的表现，一般在板块高潮日下午涨停。次日龙头超预期涨停以及题材加强会带来高溢价。反之龙头不及预期，跟风个股可能借势低开兑现。情绪助推涨停是市场短线情绪受到突发利好刺激出现板块性爆发，情绪和指数共振，资金的持股信心充足，愿意锁筹，个股拉升没有太大阻力，踏空资金沿着赚钱效应的扩散寻找跟风个股进行套利。但资金信心容易受到市场环境影响，高潮次日分歧压力较大。次日溢价主要依赖于跟风个股地位和涨停时间，早盘涨停的个股溢价会高于午盘涨停的个股。依靠观望资金被动拉升的动能和龙头主动拉升区别很大。只有龙头继续强势带动板块发展，跟风股才能继续上涨。既然选择跟风就不能重仓介入，没有独立性的跟风个股尽量少参与。因为跟风个股的前途都掌握在龙头股手里，一旦龙头股不及预期崩溃了，受伤最大的是跟风个股，次日常常会大跌。

短线交易的首要策略是交易短线行情爆发力最强阶段的确定性龙头，因为龙头是各路资金市场合力打造的领涨风向标，是涨得最多和跌得最少的生力军。最次要的策略是介入后排跟风个股，在低位同题材同身位的个股中选择同级卡位竞争的胜利者进行套利。 因为短线资金关注前排龙头，龙头股遭遇砸盘次日大概率会继续上行，但是跟风个股快速砸盘或者冲高回落后容易失去资金的承接，出现大幅下砸。甚至主力会设置跟风个股作为等待散户上钩的陷阱。如果板块领涨龙头的热度消散，那后排跟风个股就会像一团散沙般被吹散。我们要跟随主力在热点板块的前排中选择龙头，只有操作龙头股才能将格局放大。避免操作跟风个股，不得已参与尚未打开上升空间的跟风个股，要以套利和博取反弹为主，需要有一定的套利空间。

跟风个股在龙头启动后涨停或者次日发酵涨停，在题材的完整周期内，龙头的高度显著高于跟风个股，相差一两个身位。跟风个股的套利溢价空间超过领涨龙头的概率也较低。当龙头高位加速时，后排跟风个股因为身位较低的优势，还会受到意犹未尽的资金的追捧，从而提升题材的人气，起到助攻龙头的效果。这种助攻借助龙头套利，同时强化龙头的表现会形成良性的循环。

跟风个股往往比龙头涨停晚，比龙头断板早。板块启动初期，在板块内连板股的高度尚未拉出差距时，热点龙头和跟风个股一般相差不超过二板，龙头和跟风的座次需要通过晋升三板竞争出来。三板定龙头后，同属性的跟风个股失去龙头资格，预期只能是套利，无论是开盘一字还是高开秒封，不能有太大的预期空间。因此，跟风个股二板以后，只要没有成为核心的希望，随时要准备兑现，必须在龙头出现分歧前及时离场，涨停炸板是第一卖点，跌破分时均线就是第二卖点。由于跟风个股追求次日溢价，利润依靠短线套利，机会很多，不及预期就要离场，留恋太久反而错失跟上龙头的机遇。**龙头股可遇不可求，只有耐心持股才能博取龙头利润，一旦锁住龙头至少要有20%以上的利润空间。而且只有龙头股可以打天地板，甚至翘板，跟风个股不能介入天地板。既参与龙头还要介入跟风个股的操作难度较大，我们只能在有限的时间内把握有限的市场机遇做最好的股票。**

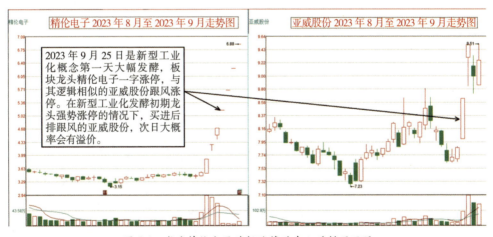

图 5-6　龙头精伦电子连板涨停后介入后排跟风股

　　图注：在概念板块持续发酵、龙头股强势连板的情况下，若是龙头股不给买入机会，可以关注板块内低位补涨的个股。例如新型工业化板块发酵后，龙头精伦电子多板一字涨停，我们可以选择介入后排跟风的亚威股份。由于新型工业化概念处于发酵初期，次日仍有持续走强的预期，亚威股份也大概率能有跟风溢价。

　　买不到龙头，而只能选择跟风股时需要格外慎重。跟风股的资金来源复杂，跟买失误会面临快速轮动。跟风的资金成分首日拉升时难以辨别，次日才能在分时走势和量能中看到是否有潜力。买入跟风股最好是能够通过分时流畅与否和大单量能来预估是否有主力潜伏。只有主力埋伏的跟风股才有比较良好的持续性。板块集体出现异动时，板块内的第一波跟风首板会在 10:00 前出现，要选择最快最强的跟风股。如果超过 10:00，就不能再参与了。当龙头竞价完毕后出现一字板时，我们已经没办法从中买到龙一，买入龙二就是跟风最好的机会。尽量在日内板块刚开盘启动拉升时，利用开盘前 5 分钟在板块内选定龙二挂单买入，甚至在拿捏不准的时候，连龙三也同时挂单，这样抓住强跟风个股首板的概率会大大提高。连龙三都买不到，只能选跟风个股的情况下，必须选择当日热点板块，且预期板块热度能持续至少两天。被动跟随题材板块上涨的跟风个股需要所在板块的持续性，不要幻想它可以走出独立行情。如果次日板块热度延续，再加大仓位买入。

　　跟风个股能封板基本可以断定有游资主力运作，后续还有资金继续回流的机会。如果不幸被套，还可以忍耐两天。跟风个股如果是没有主力资金参与的情绪股，一旦板块处于弱势，就最容易遭受短线交易者抛弃，出现大幅高开后急拉冲高回落。稳妥起见需要等待出现回落承接再进场。当日尚未买进跟风个股，次日也可以在开盘后选择最快上涨和最大封单的跟风个股博弈连板。错过这个时机，当日板块走强冲高后，只能选择相对低位的非核心跟风个股。

　　跟风个股需要形成团队作战，有大批量跟风，而不是只有少数几个，才能较为安全持股。跟风股团队中分为前排跟风和后排跟风，前排跟风个股在板块梯队中靠前，具有跟风快和封单多的特点，后排跟风个股则相对滞后，一般很难直接涨停，而是上涨收阳，是板块里较弱的个股。在龙头连板时，优先选择跟风团队中涨速快、成交额大、分时流畅的前排个股，后排跟风个股只能选择低位的首板。如果后排没有合适的标的，那就等到次日买确定性最强的跟风股。而不能为了跟上板块而选择操作弱势的后排个股。所以介入后排跟风个股需要根据市场情绪和资金量能。只有板块的赚钱效应持续扩散，前排跟风个股没有介入机会才考虑后排跟风个股。

如果午盘后后排跟风个股被板块溢出的资金拉升，可以作为卖点而非买点。后排跟风个股被板块带动更容易炸板或者补跌。而且后排跟风个股封单较小和人气不足会导致最先在下跌中被选中。前排跟风个股随着板块发酵涨势如虹，后排持筹者担心踏空而换仓到前排，导致后排跟风个股上涨难度加大，更难被资金认可。因为情绪被带动后进行高低切换，资金无法在前排跟风介入而会溢出到后排跟风。首日介入后排跟风个股的资金大部分是踏空介入跟风套利的，次日的任何溢价都会让套利资金尽量切换到前排跟风。板块内后排跟风个股在午盘后首板，次日难以有溢价，最多给予小幅度高开后快速冲高回落。不坚定的筹码容易被套利资金砸盘带动迅速放量下跌，介入后排跟风要做好次日尽快兑现的准备。

6. 补涨龙头

龙头不可能从头到尾走出完整的板块行情，当积累一定涨幅以后，必然有调整的需要。在龙头调整的时候，板块要继续上攻，需要有个股担起龙头的角色，继续带领板块内的个股上涨，这个角色就是补涨龙头，意义在于接替龙头带领题材继续走强。补涨龙头持续的涨停会对板块提供带动力，资金继续对板块提供补涨的机会。

资金的追捧是补涨个股能够成龙的关键性因素，偏向于没有抛压和易于拉升的个股，可以参照如下判断标准进行筛选。一是无融券和转债属性的优先，避免在拉升初期就遭受兑现；二是股价在底部相对低位，最好是 20 元以下，拉升后价格也不会显得过高而阻止散户买入；三是流通市值小的优先，补涨个股需要一波加速上涨，股价越低，散户越容易参与进来，流通盘较小的个股有较大优势，少量的资金即可拉升；四是名字属性相似度高的优先，板块外的个股也有可能因为名字或者某种玄学联系而成为补涨龙头，比如名字有重字且属同一地域产业，相似点越多越好；五是筹码结构简单的优先，选择经过洗盘的无大阴线和无缺口的个股，前面没有大涨，未过前高，无套牢盘的筹码结构会有助于拉升。将符合以上条件的多只个股筛选出放在股票池中，可以分仓挂隔夜单，次日根据竞价的强弱再选择撤单。次日开盘后，根据竞价阶段的量能最强、盘中最快上板、涨停封单最大，形态上没有大阴线和缺口在上方等因素综合考虑，能够脱颖而出的往往就是补涨龙头。

　　由于补涨龙头的本质是总龙头的跟风，在板块明显的赚钱效应加持下，错过龙头的场外资金会寻找龙头同板块的低位股打造补涨龙，补涨龙也会助力总龙头继续打开高度。此时会出现低位补涨龙和市场总龙头齐头并进的现象。补涨龙紧跟总龙头启动的，说明资金坚决，上涨空间大。市场总龙头被提示风险后，题材未到退潮期都可以做板块内部补涨龙头。而且补涨一般不止一只，只要在总龙头的周期内，资金就会不断挖掘补涨，直到这一轮周期结束。

　　并非每轮行情后都能出现补涨龙头，补涨龙头出现连板走势需要大题材的广度和深度进行支撑。题材的广度和深度够大，才能提供充分的空间孕育补涨龙头。尽量在大题材热点中挖掘补涨龙，大题材同属性的个股较多，在持续发展过程中，多个补涨龙头轮番出现可以让龙头持续更长的时间，参与补涨龙的资金更多。而小题材持续时间短，一般只有一个补涨龙头。走独立逻辑的龙头，没有板块和情绪带动很难出现补涨。没有板块资金溢出，补涨龙头仅能助力赚钱效应发酵。在题材获得市场广泛认可的前提下，补涨个股越过分歧直接走出一致上涨的行情，借助龙头的强势一波加速到底，直到放量结束。

介入补涨个股需要先择时后择股。补涨龙头出现的时间一般有以下几种情况：板块高潮日、龙头断板当日、龙头爆量分歧当日、预期次日断板、龙头断板发酵一两天后。其中在龙头加速后的分歧阶段出现断板或者被监管导致龙头滞涨，出现补涨龙头的概率最大，往往诞生在当天板块的涨停板之中。而且断板当天节点走出来的补涨个股容易和龙头形成分离，具有辨识度。因为龙头断板时市场需要新的个股来承载市场的赚钱效应，补涨龙就容易加速。龙头断板并不一定是题材高位分歧，题材会继续发酵上行，为补涨龙保驾护航。

当市场的老龙头还在强势缩量加速主升时，市场人气和资金还在关注老龙头，低位补涨不具备补涨龙的地位，补涨龙头就难以发酵。老龙头在主升期集聚了全市场的人气，挖掘出来的低位补涨地位不高，一般不超过四板，挖掘补涨龙头的时机还不成熟。当老龙头高位分歧临近断板，领涨势头消退后，才能有补涨龙头出头的机会。因为老龙头高位断板分歧的亏钱效应导致资金有切换低位避险的需求，特别是老龙头在高位震荡见顶时，市场会挖掘相关属性个股，补涨龙头才能获得资金的关注。老龙头断板震荡企稳后，亏钱效应逐渐释放完毕，补涨龙往往在二板大单一字引领资金重新打造题材新的赚钱效应。值得注意的是，如果老龙头断板后反包强势走强，意味着高位情绪修复，资金可能再次切换回地位更高的老龙头，从而使低位的补涨龙头丧失领军地位，其后连续走弱。

补涨个股是围绕领涨龙头进行博弈的，领涨龙头带动板块效应后，涨幅已经较大。当出现补涨个股，龙头又继续走强的情况，意味着第一波行情还没结束，资金还会挖掘板块的潜质。在龙头倒下后，各路资金会在同一炒作属性内去尝试挖掘补涨龙，从而出现多个补涨龙的情况。此时不要等龙头断板后再去参与补涨龙，以免错失多个补涨个股出现的机会。面对多个补涨龙的潜在选择，早盘首先上板的个股确定性最高，可以寻找加速强度最大的补涨个股进行接力，在封板时做打板确认。补涨个股不能连板就逢高出货，继续等待下一个补涨个股的打板机会。

踏空资金没有参与总龙头，当总龙头断板后就会去挖掘补涨龙头，板块内会有低位个股的补涨轮动起来，可以在补涨个股中筛选出补涨龙头。补涨龙头借总龙头的空间高度和强势地位，通过一波上涨直到放量衰退，并不会有充足的空间发酵。补涨龙头出现后基本是一致加速，能买到之时就是结束之时。买入补涨龙头在第一时间先手介入，千万不能犹豫。越早启动的补涨，其溢价越高，我们可以第一时间轻仓参与补涨，有时能超越龙头的溢价。先手补涨龙头即使次日不能封涨停，也会有可观的溢价，但次日冲刺失败要第一时间获利出局，避免主力抛弃。补涨龙能给到短线投资者反应的时间很短，否则确认补涨龙头地位再去介入就只能去排板。

补涨龙头的确认可以通过首板竞争发现端倪。在总龙头即将断板的时间节点，关注有潜力成为补涨的首板个股，一进二板竞价最强者提前介入，甚至不能等到 9：25 结束，提前通过隔夜单的排板情况尽快决定是否介入。补涨龙在确立地位前，板块内的首板往往都有成为补涨龙的机会。我们可以在领涨龙头断板分歧时的首板进行选择。当龙头逐渐走出五板高度后，每天紧盯该热点板块先上板的首板，在二板加速时往往可以确认身份。或者对板块内的低位首板或者二板个股进行比较，和龙头相似度越高越好。虽然在龙头没断板前，首板最后可能变成跟风，我们也不能放弃尽早介入补涨的可能性。因为补涨龙头最好在首板进行匹配，如果当天没能介入，到了三板确认补涨龙头身份以后，开始明牌加速上涨，已经没有机会介入了。而且补涨要在二板前确认介入，到三板后所剩的空间不足，介入的性价比不高。首板强度和资金意图非常关键，首板走势犹豫的个股是无缘补涨的。只要是总龙头断板的节点比较明确，首板次日最强的个股一字板开盘，基本可以断定是补涨龙头。把握不准的，可以冒险选择前两只上板的个股同时参与，或者分别参与最快和最强上板的个股。如果首板错过介入的，只能排隔夜单，保险起见可以把潜在的个股全排上，次日竞价弱的个股全部撤掉排单，留强后继续排单，遇到突发情况则在9:20前撤单。

板块发酵前期只有领涨龙头连续涨停打开了板块的空间高度，但由于时机等原因无法及时介入龙头的时候，板块内有身位差、逻辑充分的低位个股才逐渐具备补涨拉升的机会，这些补涨个股可能有生存的空间。所以补涨龙与龙头要相差多个身位，必须距离龙头有一定的空间差。领涨龙头高度的上限决定补涨龙高度上限，补涨龙自身的空间下限决定其补涨空间。补涨龙在大周期里的高度一般是只能达到领涨龙头的五到八成，不会超过领涨龙头。小周期补涨龙的高度预期还会下降，可能只有领涨龙头的四成左右。领涨龙头越高，补涨龙的高度也会越高，补涨成功率越大。但补涨龙是对领涨龙头赚钱效应的模仿，很难超越领涨龙头的高度。有地位的补涨龙都是等领涨龙头走得差不多见顶才会出现。**补涨龙头的启动高度决定其补涨空间，低位启动的个股上涨空间大。题材周期长，可能会诞生多只补涨龙头，但高度一般会逐渐降低。**

领涨龙头在第一波行情打开空间带领板块向上后，示范效应促使资金拉升补涨个股，补涨个股的高度不会超过领涨龙头。市场空间高度对补涨龙头起到压制作用，通常补涨个股与领涨龙头相差二板以上。题材的市场高度决定了补涨个股前途，可预判补涨龙头的空间。补涨龙头与空间板的高度差最好要超过三板才具有充足的补涨空间，没有充足的空间差去打板的性价比并不高。只要市场的最高板还在继续拓展空间，板块中就会继续存在补涨机会。如果题材不能继续打开空间被市场认同，当遇到空间限制时，往往也是板块行情结束的时候，补涨龙头断板后趋势容易走坏，难以走成龙头，可以短期介入见好就收。

如果资金还在继续博弈领涨龙头高度，是无暇挖掘到补涨龙的，此时跟随龙头上涨的个股还不能算是补涨龙，而是属于跟风个股。此时与领涨龙头同一时期出现的是后排跟风个股，并不是补涨龙头。当龙头断板时，跟风个股会出现较大的负反馈。而补涨龙具备独立性不会受龙头断板后亏钱效应的影响，确定补涨龙地位后会一字涨停独立走强。龙头尚未出现分歧，补涨龙头就在板块高潮日出现强势启动，如此能走得最远。补涨个股是补涨龙头的潜在标的股，龙头分歧时依然有独立性，而跟风股做不到，要尽量少买跟风个股。

龙头激活盘面情绪带动所属板块不断地拓展空间，形成围绕属性发散的支线题材。当板块退潮和题材出现分歧时，踏空的资金会挖掘板块内或者是上下游分支的轮动潜力股来做高低位的切换。由于补涨龙头是从低位的涨停板中竞争出现的，可以提前去寻找低位支线题材补位接力的个股。往往在龙头七板及以上为支线题材补涨龙的启动节点。此时主线题材高位龙头首阴放量断板，资金就切换至支线题材的低位补涨龙。在板块第一波退潮后，需要综合市场情绪和资金态度来寻找后排补涨个股进行低位切换。板块内高低切换造成个股相互竞争加剧，较为稳妥的是寻找中低位板块核心个股低吸。而中低位的后排个股辨识度较低，补涨个股多数是短暂的一波行情，等补涨个股发酵成龙头后，就能够带领低位后排个股发酵新一轮的板块赚钱效应。此时我们需要及时换股，低吸板块的补涨龙头。由于板块情绪调整导致短线资金凝聚到新热点尚需时日，资金不如从高位切换到支线的低位补涨个股来维持市场赚钱效应。顺利进行高低切换的难度较大，需要市场对补涨龙头形成认可。一旦切换成功，补涨个股基本具备龙头相，等待板块情绪企稳后，补涨个股会带动板块继续走强。

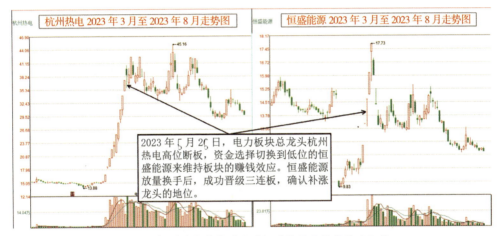

图 5-7　杭州热电高位滞涨后恒盛能源补位做补涨行情

图注：在电力板块持续发酵的炒作过程中，总龙头杭州热电连续涨停后出现断板走势，高位退潮风险加大。与此同时，恒盛能源低位启动后获得资金青睐，顺势走出五连板的补涨行情。说明电力板块打造出赚钱效应后，资金火热的炒作情绪并未消退。但高位的杭州热电涨幅达到极限，随着抛压不断增大，资金选择切换到低位的恒盛能源做补涨行情。我们可以在板块持续发酵、老龙头出现高位滞涨的情况下，跟随资金切换到低位打造补涨龙头。

补涨龙头是板块顶部结构重要的组成部分。在板块负反馈下，龙头已经断板走弱，补涨龙头无惧龙头分歧逆势走强上板，接力龙头继续带领题材走强，完成板块结束前最后一棒。板块梯队中有补涨龙头护驾，龙头股见顶后下跌不超过 20% 就可以在补涨龙头的带领下再反弹，从而形成完整的双头顶部结构。这时可以在低点埋伏，等待双头顶部的形成。因为核心的龙头股不会瀑布式崩溃，而是惯性筑顶形成双头顶部结构再下跌。只有跌破了双头顶部，龙头才终结上升趋势。补涨龙是龙头倒下后地位最高的板块核心，一旦也开始走弱，代表龙头的补涨周期到了末段，题材也失去了延续性。往往补涨龙见顶走弱后，老龙头也是跟随跌停走弱。由于补涨龙具有一致性，即连续一字上涨，断板后会一致下跌，很少有反弹机会。如果补涨龙不能在次日开盘后迅速封板，就要在盘中逢高卖出，次日往往以冲高回落居多。当补涨龙出现放量首阴，基本宣告题材结束，多数补涨龙都是 A 杀形态。所以补涨龙头到达预定位置后，要及时离场，不能继续持有。题材开始轮动后，如果低位补涨龙放量分歧或者断板，那么板块领涨龙头出现大阴下跌的可能性较大。同时要再观察后排跟随补涨龙头的个股竞价情况，一旦后排个股出现低开，会进一步验证板块人气的衰退。补涨龙头的赚钱效应结束意味着板块周期全面结束。

二、妖股交易战法

妖股的启动价格必须低，具备持续向上炒作的空间，股价太高不利于炒作，市场都喜欢炒作低价股。题材新颖是妖股的第一生产力，喜新厌旧是交易者的本性，形态、人气、小盘股叠加的属性越多，积累起来的威力更大，妖股大多数都具备以上属性。

1. 妖股的诞生

妖股虽然有一定的贬义，排除非法炒作的人为因素，它与龙头股都是市场情绪与资金炒作的结果，他们的身份可以相互转化，正所谓成者为王败为寇。

妖股是天时地利人和相互共振的结果，是基本面逻辑、市场情绪和短线资金完美结合的产物。妖股走强需要和市场情绪共振，伴随短线小周期启动。妖股并非只有基本面逻辑，一定是基本面逻辑、市场情绪和资金等多维度因素叠加、共振形成。因为不同维度的因素可以给妖股带来不同的接力资金，能够让不同操作模式参与赚钱才能形成市场合力。妖股的诞生需要有以下几种条件。

（1）**题材级别**。妖股要契合当下的主流热点，背后要有题材的支撑，具备想象力空间。主流题材叠加次新股，往往会发展出妖股。妖股是题材爆发的产物，大板块启动会出现板块个股批量涨停，给妖股的诞生提供土壤。板块的赚钱效应能形成板块梯队为妖股保驾护航，梯队中的中军连续封板涨停，形成趋势护盘，能带动妖股度过关键的四板，把妖股的高度继续扩展。通过不断分歧上行带动题材发展，吸引更多的资金参与助攻。

（2）**情绪节点**。妖股是市场赚钱效应最强的示范，出现妖股的节点往往伴随着市场赚钱效应爆棚，至少是出现局部的赚钱效应。在情绪火热的时候具有市场最高的关注度和最多的潜在买盘，在情绪低潮的时候，资金抱团取暖更容易聚焦于核心妖股。在短线情绪周期的冰点和高位转折点是最容易诞生妖股的。指数下跌浪诞生的高标抱团妖股具有全市场最高辨识度，一旦指数企稳反弹，新题材龙头就会来抢夺辨识度，妖股反而面临资金的分流。此时超跌反弹的板块被资金引导大涨，但对妖股的影响总体偏小，由指数共振的大题材出现带动大盘正向走强会抢夺市场的流动性，新的赚钱效应会导致妖股赖以生存的土壤消失，妖股走强的预期被大打折扣。

（3）**形态结构**。妖股流通市值在20亿～30亿元较好，尽量小于50亿元，股价低于 20 元较好，且没有融券和沪港通等做空力量。一般而言，妖股每天成交量在 5 亿元左右较为合适换手，太大会让资金拉升困难，太小会被其他资金抢筹后砸板而提前结束行情。妖股要远离筹码密集区的套牢盘，一般短期内没炒作过，涨停次数不会很多，甚至启动前较长一段时间都没有涨停。最好是近一个月有主力试盘首板，而且首板放两倍量以上。但要排除被年线压制的个股，首板处于底部位置的个股要拉升的阻力太大。首板为一字板的也不能选，二板会面临获利筹码的兑现，难以度过成长期。近期作为龙头或者补涨龙头的个股涨幅过大后回落，抛压太重而难以拉伸连板，也不具有妖股的潜质。

妖股诞生充满了机缘巧合，意想不到的突发消息等因素会偶然触发妖股

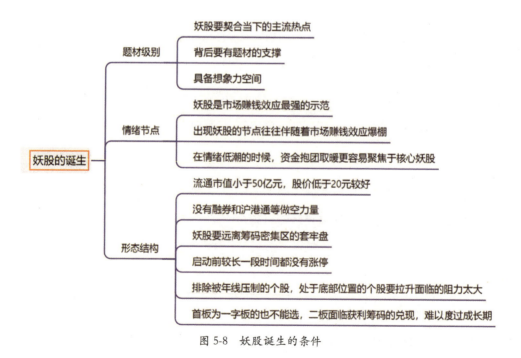

图 5-8　妖股诞生的条件

的某些涨停基因，群体合力的非理性会再继续增加新的上涨动力。市场要求龙头的成长空间进一步扩大，在主升阶段至少出现过五连板的核心龙头可能会在偶然中成长为妖股。短线要感悟市场的情绪，短线炒作的不是价值，而是炒题材和故事，所以当妖股走出五板后，要考虑的已经不是合理性问题，也不是价值问题，而是要去感受市场的整体炒作情绪、监管态度和短线周期等因素。

妖股是人气和关注度最高的个股，在众星捧月中持续上涨才能前途无量。 在妖股股价暴涨的背后，却很难寻觅长线机构资金布局的身影，主要为游资和资金量更小的散户。妖股需要有游资主力联合抱团运作，在不断分歧换手中走强完成连板。只有游资主力建仓完成筹码后，再配合盘面的情绪拉升，妖股才会进入散户的视野，形成市场合力。妖股是靠合力拉上去的，股价门槛低，想象空间大，参与的散户多。我们需要牢记散户才是市场最大的主力，妖股只有不断地超散户的预期才能走出成妖行情。能凝聚散户信心的个股才是真正的大妖股。妖股在上涨过程中会突发炸板、走弱、分歧和跳水等不利的走势，往往会让散户改变原有的交易战法，由于多数散户的市场理解力不足以抵抗这些偶发因素，就会中途下车。只有把握散户心理和坚守人气所向，主升阶段把握住每一次的停顿机会快速重仓买入，才能守住妖股。

2. 妖股的买卖策略

随着市场监管环境的变化，交易妖股的难度在加大。但只要积极轻仓试错，就有机会先手妖股的首板。二板是妖股重要的买入机会，而三板后妖股大概率加速一字，不给机会买入。只需从当天首板中去寻找主流板块中的潜力股，一旦二板加速上涨，后续成妖股的概率会加大。但妖股不能出现过多的加速上涨，个股高位加速会让资金难以参与而容易见顶，反而是分歧中持续走强才能走到最后。所以妖股到了分歧转一致的加速阶段，可以先进行观望，等出现确认买点后再买入。比如开盘下跌后迅速回升完成换手，在突破零轴或者开盘价时买入。出现加速前发生坍塌的可能性不大，一旦开始缩量加速，缩量连板筹码会出现断层导致资金不愿意承接，前期获利盘空间太大容易砸盘。连板数量超过七板的换手妖股，辨识度和市场地位高，只要没有出现放量砸盘或者板上大量出货，都可以适度参与。只有充分换手的妖股才能凝聚更多的资金参与，形成群体合力。

妖股是市场连板最多，生命力最为顽强的龙头。即使做错了也能安全离场，因为其后做龙头首阴和龙回头的资金还会愿意去博弈断板后行情。俗话说烂板出妖股，妖股要在不断地出乎意料中超预期涨停才能走得长远。比如快速跳水能回封的只有妖股，大部分个股很难回封。妖股炸板后回封点买入的确定性最高，至少保证不会大幅度下砸。如果妖股能回封，继续走强的可能性将大大增加。但若不回封，妖股可能会失去短线资金的追捧，上涨行情就此中断。连板个股反复震荡洗盘甚至不断开板封板，伴随放量换手，这是弱势的表现，次日能快速放量拉升实现弱转强，才显露出妖股的气质。

妖股亏损主要来自打板后炸板，次日再低开低走，亏损幅度巨大。炸板处理变得尤为重要，妖股一旦放量炸板分歧会越来越大，需要第一时间出局。如果妖股盘中涨停板出现大卖单，炸板后 10 分钟内卖方抛压增加但买方乏力承接不能回封，我们需要先卖一半。倘若炸板震荡超过 30 分钟还未回封，并且分时跌破均线，只能避险离场。因为此时已经很难再回封，而是放量走出大阴线。虽然妖股的生命力很强大，但震荡时间过长会导致资金丧失信心去做回封，空头力量占据主导位置，最好的离场机会就错失了。

妖股一不怕高，二不怕分歧，几乎每个妖股都是从分歧换手走上去的。交易妖股不能畏高，越高反而越安全，不要着急止损。普通的龙头被市场广泛认知后，离行情的结束就不远了，但妖股有所不同，明牌反而是行情的开始。当题材走强后第一次分歧时，出现去弱留强，后排个股开始兑现，前排保持强势，妖股从中孕育。题材继续上行后第二次分歧的强度将超过第一次，前排也开始出现分歧，多数题材难以抵抗第二次分歧，没有助攻的情况下龙头也难以发起上攻，第二次题材分歧可以作为龙头的卖点。只有妖股可以克服第二次的题材分歧，分歧反而是买点。

由于拥有短线资金作为后盾，妖股并不惧分歧，下跌也有资金敢买，不容易衰退，甚至在熊市中资金不允许其直接衰亡。但资金对妖股一致加速的形态较为恐惧，因为锁仓资金越来越多，场外资金接力意愿越来越弱。巨量的获利筹码一旦面临分歧，持筹者担心难以承接而主动砸盘，从而出现天量出货。后续的资金没信心再去接力，就很难重新聚集力量继续上攻。不仅出现筹码的压力，心理压力也会形成，多头在压力位不敢主动进攻，而空头在压力位不断抛售。所以妖股出现缩量一致上涨以后，有放量换手的需求。妖股要想走得远，需要温和换手来降低分歧强度，多次小分歧不及一次大分歧伤害大。总之，妖股不惧怕分歧，而惧怕过度一致。

大部分妖股都会出现反抽板形成第二次以上的放量分歧，构建双头顶部结构才是妖股见顶的标志，而不会直接A杀，甚至大盘暴跌还能逆势上涨。这会给予我们机会出逃，成为最佳卖点。妖股双头顶部结构存在次高点，提供的安全垫足以让我们加大仓位参与妖股，这时候轻仓参与会让我们错失宝贵的机遇。但如果是误判，也要及时认错出局。当短线情绪退潮时，妖股会出现高位无量一字涨停或连续缩量加速涨停，追妖股要倍加谨慎，高位缩量加速后往往是放量下跌。最好是提前在妖股缩量见顶前卖出，不能迷信双顶的存在。因为妖股在行情的尾部缩量板后，再出现强势一字板时，其中的锁仓资金随时可能砸盘出货。此时妖股涨停板上的封单量会急剧降到几万手，其他跟风个股也纷纷开板，甚至突然出现天地板。当下砸大单出货时，第一波直线的下跌先不要直接斩仓，可以等直线下跌止跌反弹上去后再卖出（图5-9）。此时还有资金愿意去博弈妖股，我们要抓住稍纵即逝的反弹进行出货，稍有犹豫就会再次跌停。

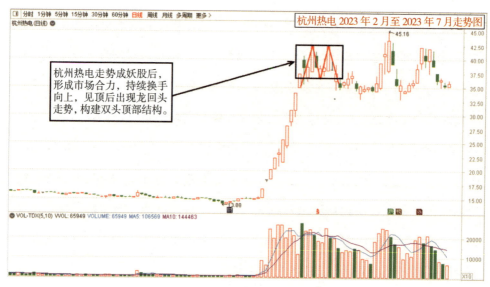

图 5-9　杭州热电成为妖股后连板高涨，出现双头结构

图注：杭州热电在市场弱势时走成妖股，由于资金存在抱团效应不断换手推高，见顶后还出现较为强势的龙回头走势。我们可以在杭州热电发酵初期轻仓介入，弱势行情中极少出现强势的连板个股，由于上涨过程中换手充分，四板晋级五板的分歧转一致阶段也可以跟风介入，杭州热电转强后仍具备很大的上涨空间，最后在高位放量滞涨，我们可以在出现明显的双顶结构后再考虑离场。看到K线形成双顶，而且左边的顶部是放量的阴线，意味着第一次分歧的时候主力已经离场。

对于妖股的卖点而言，分时卖点、K 线卖点、逻辑卖点，重要性依次增加。妖股不能被分时的波动影响，妖股是要有信仰的，只有在收阴时再卖出。妖股当天如果午盘还处于零轴下横盘震荡，次日还有预期，只因妖股有两条命。只要题材深度和广度足够大，逻辑足够硬，就要紧紧把握主线不轻易下车。作为短线投资者要把握住难得一遇的妖股，参与妖股上涨的行情，市场能以最快的时间带来利润盛宴。但妖股可遇不可求，毕竟是小概率事件，我们也不能过多地等待个股成妖而失去寻找其他龙头的机会。已经炒作过一波的妖股积累了较大涨幅，透支了未来很长一段时间的上涨空间。即便调整到底出现趋势反转，也需要长时间的磨底进行筹码交换，才能重新获得涨势。妖股一旦结束行情，就尽快离开，不要幻想后续的回升来解套。而且妖股的筹码集中在高位，上方存在天量套牢盘，即便反弹也面临巨大的抛压。

三、龙头首阴交易战法

龙头能够延续在板块和市场中的领涨地位，并获得领先收益。龙头关键就是要硬气，首阴反包可以帮助龙头造就这种确定性气势。硬气会维持龙头地位稳定且有溢价优势，对板块保持领先，始终存在向上的趋势惯性，趋势的延续会让龙头产生溢价。

1. 龙头首阴分歧

板块处在趋势向上的主升期，市场不断拓展的高度和持续发展的行情会推动龙头股的预期空间提高，当龙头一波连板达到四板左右出现高位滞涨，会遭遇筹码兑现或者天量天价的巨大分歧而出现断板。龙头第一次分化出现首阴，板块内部高低切换使热度极度降温。但龙头有市场最强的人气，首次分歧换手后大概率会继续上行，即使断板也不会直接崩溃。这给操作龙头的首阴分歧提供了可能。

只要是龙头，即使出现首阴，也会有资金去博弈低吸。主力资金对出现龙头首阴的机会虎视眈眈，第一波行情中大量踏空的资金尚未进场，抱着遗憾会在首阴阶段介入，越高的位置反而越安全。正是因为龙头具有相当的人气，场外的资金才愿意等着分歧后的接力机会。只要把握住主力资金的决心，我们就敢冒险在首阴的时候进场，可以等待龙头调整的时机来与主力共同埋伏分歧出现的首阴，等待各路资金完成接力。

龙头上涨过程中经过首阴当日的最高点下跌后，会在高点处形成套牢盘，这将转为首阴次日的压力位。如果龙头上方有大量套牢盘，短期快速突破压力位的难度较大，只有经过一定时间的横盘震荡消化套牢筹码才能减轻上拉的压力。次日若不能突破该压力位将预示着主力的拉升实力不足，前景堪忧。

龙头在上行过程中可能会遭到利空而出现首阴分歧。但利空未必能终结龙头，只要板块处于上升周期，炒作情绪没有宣泄完毕，利空是不能改变龙头趋势的，此时利空成为龙头短暂调整的首阴分歧低吸机会。板块在没有确认走坏之前，龙头分歧后大概率还可以继续上行，可以充当格局龙头（图 5-10）。因为龙头被市场寄予无限厚望，扛不住利空就成不了龙头。利空对龙头不但不会产生负面影响，反而是分歧的介入机会。只有题材势头衰竭，出现情绪与周期共振，轻微的利空才能终结龙头的趋势。龙头除了面临利空分歧风险，也往往因积累的涨幅触发异动被监管。为躲避监管，龙头也可能会主动示弱，出现一次首阴分歧的介入机会。指数调整导致龙头调整，前期踏空资金也会在龙头回落的过程中把握机会介入。此时应结合指标及 K 线形态，把握龙头空中加油行情，大胆介入放量的换手板。

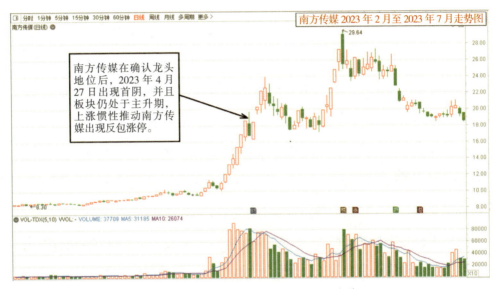

图 5-10　南方传媒出现首阴后的分歧走势

图注： 南方传媒连续涨停并在板块中确立龙头地位，但由于大涨后积累较大获利盘，在 2023 年 4 月 27 日出现首阴放量调整。由于板块持续发酵且南方传媒的龙头地位稳固，首阴次日市场合力再度转强，推高南方传媒出现反包走势。在具体操作上，我们可以在主力资金坚决做多的情况下，首阴次日出现弱转强行情时进场，后市大概率还会有一波惯性上冲的拉升行情。

由于龙头连续加速累积了获利盘需要兑现，获利的先手资金对龙头产生畏高心理，产生了换手机会。群体合力短暂出现的真空期是短线交易者绝佳的入场点，我们可以等断板后震荡分歧时再介入。如果龙头前一日放量分歧冲高回落，抛盘量较多，会让获利资金离场，导致龙头走弱，抛压获得提前释放。但分时承接仍然表现出力度，当天分歧下跌后尾盘小幅拉升尝试修复，尾盘的烂板回封是买点。所以龙头股连续涨停后出现冲高回落形成阴线或者假阴等任何良性的分歧都是介入的机会，断板以缩量长上影线阴线最好。如果首阴次日的走势没有回调，反而出现超预期的表现，有可能是主力更换，由分歧转为一致，也是确定性较高的买点。当开盘半小时内成交量达到前一交易日的 30%，此时可以半路买入。分歧是资金对后市预期的看法不一致，需要通过换手消化掉分歧。断板当日量能以缩量或者平量最优，能够适当消化分歧，放量不能太多，次日承接压力不大。分歧后的次日量能也不宜过大，最好是相对分歧日缩量，出现适当加速，当天波动越小，量能要求越小。

　　龙头连板后的第一次分歧出现大阴线或者假阴真阳，到了分歧阶段，获利盘阶段性出逃导致抛压重，连续的上涨会让跟风追涨的资金越来越少，承接力不足以抵抗大阴线，散户不敢高位进场。面对汹涌抛压，如果多方成功承接当天首阴的空方抛压，尾盘收阳形成假阴线，后续的反包成功概率将更大。只要龙头股不出现跌停收盘，天量天价次日也可以强势回补，可以放量收阴或者出现长上影线阴线。因为龙头有市场最强的人气，即使分歧再大，也会有源源不断的买盘介入，不会被短线资金一次性打垮，分歧后还有机会继续上行，所以龙头大部分分歧后都有离场的机会。而首阴当天跌停意味着多方已经投降，分歧超预期，多方难以承接，次日接力资金避而远之，主力不会再博弈反包，除非有新的主力进场接力。跌停对于人气的损伤更大，首次分歧直接跌停的龙头没有参与价值。如果持仓的龙头在首阴中不幸跌停，意味着主力在出货，我们可以等待半天看是否有主力来撬板，否则只能离场避险，不能去赌探底反弹。龙头连续上涨导致筹码断层会造成承接压力过大，当天可能会最终以跌停收场。

2. 龙头首阴反包方法

龙头股能够反包的预期较大，众多资金都会关注和博弈龙头反包。

龙头反包的逻辑有三种：一是题材延续。市场资金高度认可该题材，在情绪较好的阶段资金追高意愿强烈，龙头调整后仍然会有资金再次买入，进而推动龙头展开新一轮上攻。二是筹码替换。反包涨停是买入机会，资金从底部获取低位筹码，炒高后开始兑现，而接力资金在分歧处进行筹码交换，次日直接反包涨停，开启一轮新的上升行情。三是惯性推动。市场活跃度高的龙头股打开高度空间后，获利资金存在兑现需要会促使首次分歧的出现，分歧导致龙头没能强势封板，只要断板当天没有封死跌停，上涨惯性会推动分歧后的龙头出现二次上涨。

反包是龙头释放抛压吸引人气和引导市场合力的手段，通过第一波连板打出辨识度，后续三天再次强势启动，潜在的观望资金将会直接进场参与。龙头能反包成功，需要的条件较为苛刻，一般要满足以下条件中的几个，数量越多成功率越高。

（1）**板块配合**。主力资金必须集中在核心龙头上，所属板块必须是近期的热点题材。热点题材受到消息刺激异动后，容易引发资金进场低吸龙头，龙头首阴容易获得分歧转一致反包成功。龙头首阴后反包出现涨停，往往需要板块助攻或者带动板块指数回升。如果前排核心个股没有出现联动，说明板块助攻力度不强或者板块不支持。当板块指数滞涨回调时，应适当减仓，保险起见可以获利离场。盘中板块内助攻个股炸板回落会引发资金恐慌，也会提前结束龙头行情。

（2）**板块龙头**。由于受到大盘资金和情绪环境等多方面影响，并不是所有个股分歧后都能反包。操作的目标须是板块龙头，而不是板块中的个股，不管是助攻还是补涨都不适用龙头反包交易战法。更不能是跟风个股，跟风个股只能追求短期套利，虽然也能连板，但不能长期持有。跟风股再强势也难以反包，一旦停滞，往往失去资金的接力，产生崩塌式下跌。而且跟风股大部分没有二波行情，等到调整阶段，资金也不再认可。只有连板龙头才能作为博弈反包的首要对象，以板块龙头中连板股作为主要目标，一旦连板出现停滞，龙头反包就有了操作空间。连板龙头级别越高，反包越容易实现。但市场上如果还有其他连板龙头同时存在，就不要做反包龙头，两者存在竞争关系。

（3）**人气集中**。反包对人气要求较高，龙头具备涨停基因，历史连板次数越多，越容易反包成功。由于之前涨停先打出了辨识度，给了市场涨停记忆，进行了人气的积累。龙头要具备辨识度和有足够的人气进行资金承接，可以引导市场合力带动板块中其他跟风个股。同时超预期的人气延长了板块的热度，使得龙头股和补涨龙都有机会迎来第二波行情。

（4）**情绪支持**。龙头反包需要情绪支持，板块处于情绪的发酵节点，成功率较高，赚钱效应向好，龙头的空间还有不断打开的预期。龙头反包可以释放压力吸引人气，多出现在情绪恢复阶段和高潮阶段，不适用于极端的弱势行情。进入分歧阶段或者退潮期尽量不要参与，风险会陡然增加。市场情绪逐步走低，追高意愿伴随亏钱效应降低，资金不会选择逆势拉升，导致新周期龙头接力资金不足难以反包。只有在新周期逐步走强的过程中，最先调整的龙头才会被反包。

（5）**反包位置**。连续涨停让空间板高度提升，连板越高反包概率越小，六板以上反包的可能性会大大降低。因为龙头大幅拉升后在高位反包，筹码获利空间已经够大，累积了较大涨幅后在高位放出天量，大阴线的出现代表资金兑现意愿较强，大概率是主力要离场。我们要尽量少参与反包板的后期行情，连板断板或者反包失败就要无条件离场。高位反包一旦成功也不要急于卖出，往往都会出现板块加持的惯性上攻，次日还会冲高。但出现高位放量尾盘拉升的，有可能是主力资金拉高出货。尾盘拉升会让场外资金认为个股又要开启一波上涨，主力会利用跟风情绪把剩余的筹码卖掉，次日暴跌的可能性较大。相比而言，低位的反包板连板涨停的概率更高。龙头的中低位板是确认、发酵和加速阶段，还在老龙头周期退潮的过程中，我们可以大胆参与低位的新龙头反包。只要确定了板块的龙头地位，当出现断板放量分歧调整时，往往能反包继续向上。

（6）**量能支持**。龙头首轮上涨后，分歧的次日量能适当放大，尽量把获利筹码置换，避免留下过多的套牢盘，不利于反包。分歧次日量能最低不能低于前一天的一半，但是置换筹码后企稳时的量能要小。龙头反包需要量能进行支持，反包涨停当日尚未放量，如果次日能放量确认走势，就能实现连续上攻行情。龙头第一轮分歧后还继续放量，说明资金不认可当天回调企稳位置，还需要继续寻底。断板回调两日后再次被主力资金拉升，如果拉升量能不足还会导致次日继续调整来释放抛压。经过抛压释放后，龙头还能再次反包涨停，以短时缩量涨停板为好。反包的量能超过前高不能进入，因为分歧已经在调整时消化了，如果反包当天还能放出大量，说明调整不够彻底，浮筹还会打压价格再次下探。也可能是个股抛压太大，第一波涨停没有把浮筹清除完毕。当日分歧的量能过大会导致在弱势市场中缺乏后续资金进行反包，即使反包成功，次日也同样面临之前套牢盘的兑现压力。龙头断板最好不是放量跌停板，跌停板次日修复的难度较大，需要的资金太多。

　　龙头首阴后出现反包需要进行充分的换手，断板后的涨停板均为换手板，较为健康，上涨过程中有换手板，后续的反包更有支撑，零轴以下拉板的弱转强涨停更好。次日即使不能涨停，也还会有大阳线。但要注意连续一字板的龙头，如果承接力度太小，也容易产生分歧直接崩溃。因为连续一字板造成的获利空挡太大，一旦断板后获利盘的兑现抛压巨大会导致瀑布式下跌，难以有承接力量实现反包。只有妖股才能无视筹码断层，享受市场给予的超额溢价。面对非妖股的筹码断层，要等放量分歧转一致再考虑接力。龙头股连续一字板断板后反包能够成功属于少数情况，一般只存在超预期的条件下。一字板断板预期是低开 -3% 以下，次日高开超预期可能会反包成功。次日低开拉至零轴，是较好的介入点。龙头首阴断板的日内跌幅达到 5% 以上，振幅至少要在10% 以上，要根据阴线的承接来判断是否有反包再低吸。

　　除了在分歧日尾盘先手介入之外，龙头次日也存在更有确定性的右侧买点。在首阴的次日如能出现弱转强的竞价就能提高成功率，因为主力资金在竞价阶段抢筹会暗示当天的反包弱转强行情，说明龙头没有达到主力预期的高度，主力选择继续拉升股价实现反包（图5-11）。尤其是个股次日竞价阶段维持跌停，但在临近开盘资金抢筹高开，预示当天主力有操作反包的意愿。如果次日尾盘再拉升进行反包涨停，这是资金谨慎的表现，获利可以卖出。龙头股首阴次日开盘大幅度低开下跌 6% 以上，基本把之前的获利筹码吓走了，可以等待上冲机会。但断板放量下砸最好不超过 -6%，至少有区间震荡承接换手消化恐慌情绪。

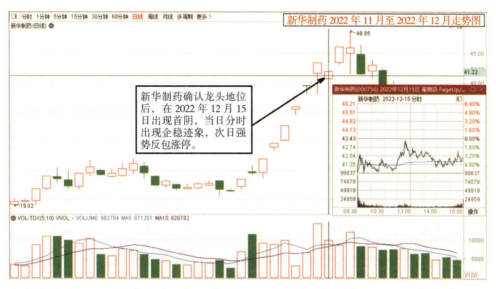

图 5-11　新华制药连续涨停出现首阴反包，继续上涨

图注：新华制药连续涨停确立龙头地位后，在 2022 年 12 月 15 日出现分歧调整，分时图出现低开高走、缩量企稳迹象，说明日内抛压并不大，次日仍有转强预期。我们可以在龙头高位缩量调整时介入，博弈次日的弱转强行情，由于龙头能够吸引大量资金进场，高位缩量企稳时仍会有惯性上冲行情，配合板块的持续发酵，介入后仍会有一定的值博率。

　　当开盘后价格超越上日最高价的点位，此时基本可以确认资金回流，可以半路介入反包或者排队扫板。如小幅度低开，可以观察同板块中核心股以及板块指数的走势，跟随运动方向操作。次日开盘低开高走的个股更容易吸引资金，反包预期大。空方在面对多方力量汹涌时不会轻易砸盘，甚至双方会形成合力。所以在首阴次日开盘后经过充分抛压探底回升，出现分时的低点时要果断介入。个股高开后往往会出现一波获利筹码兑现导致高开低走，冲高获利就要离场，如能和板块共振，上涨的长期趋势才能确立。

　　新龙头周期刚刚启动出现缩量一字板三连板，断板的次日即直接反包涨停，或者调整数天后出现放量涨停，此时反包的成功率较高。最理想的走势是首日断板分歧，次日调整一天，第三天反包。经过充分调整后是共振低吸的机会，放量反包后再次激活板块走出第二波主升浪。多数情况是龙头在第一波分歧后并没有立即反包，分歧后调整一至两天再反包，但回调时间不能太长，一般不超过三天。在首阴之后两个交易日内做区间震荡，没有明显的放量砸盘或拉升出货的行为，而是回调到平台整理。如果调整两天后依旧没有走强信号，那么人气已经消散了，反弹力度会大打折扣。

龙头反包的机会可遇不可求，但反包机会并不容易把握，龙头进入分歧阶段要慎重交易，不能盲目博弈反包。**操作龙头反包需要根据资金承接预判反包的空间，一旦承接低于预期反包失败，会促使获利筹码恐慌兑现，出现放量假阴线，次日大幅低开的概率较大，开盘后要选择冲高止损，尽快离场。**如果反包后形成压力冲高回落，其后大概率也是冲高并在分时图上出现二次探底。只要没有跌破前低都属于二次探底，甚至出现三次探底，第三个低点只要不跌破分时前低，就还有继续持股的预期。但如果击穿分时前低，反包后只要再次断板，就可确认龙头结束反包行情进入调整期并且渐渐地转入衰退，需要尽快卖出。

如果龙头反包失败后不能第一时间离场，在前期调整幅度已经较大而下探空间有限的情况下，可以等到第二波行情。因为强势的龙头股第一波退潮一般不会出现A杀，还未到交易退却的时候。未能及时介入的短线投资者会在龙头调整到位后做低吸继续博弈反弹。题材纯正的龙头股有极强的修复能力，在首次分歧反包失败后，还有机会走出第二波行情。第二波行情的核心在于题材的持续性，配合板块情绪的推动，龙头就很可能走出第二波行情。市场认可的龙头反包后二连板是走出第二波行情的确定性标志。除非题材存在利空消息冲击，龙头的反弹容易遭受兑现，提前结束第二波行情。第二波行情出现首阴坚决不能再进场接力，第二次加速上涨再反包的风险成倍上升，一旦下跌就会连续向下走。第二波行情中龙头如果是一字连板，筹码断层严重，即便高位承接住了，也很难聚集力量再次上攻。

一般而言，只有在第一波主升行情的分歧阶段，我们才能操作龙头首阴反包，因为第一波行情的首阴出现时，会有大量的踏空资金等待机会介入，这样才能保证反包的成功率更高。如果龙头第一波没有任何回调充分上涨，我们就等不到反包机会，直到下跌 20% 后可能会出现龙回头的机会。在经历龙头第一波分歧后，如果次日能快速反包，龙头在随后几日第二波行情中再次面临第二波分歧，此时不建议再次博弈反包，一旦尾盘不能回封或者次日不及预期，龙头可能就进入行情的末端，要及时出局，不做任何留恋。此时龙头的筹码过于复杂，随时可能砸盘，而且资金在第二次分歧时会畏高，市场对于其反包涨停的预期较小。在反包行情的后期，市场往往存在多条主线，市场的资金会被分流，龙头反包的预期就会变小，随时可能被资金抛弃。此时不适合继续低吸，以打板参与反而确定性更高，不能上板就放弃。

四、龙回头交易战法

龙头股在经历短暂调整之后再次拉升，出现龙回头，可以在避免追高风险的同时还能获取第二波行情的丰厚利润。龙头股在短期大幅拉升后资金获利丰厚，股票兑现抛压增多，需要通过打压股价来达到洗盘的目的。以抄底资金为主的潜在买盘在低位买点进场接力。当然不是每只龙头都能回头，前期涨势越强，人气越高的股票越容易出现龙回头。

1. 龙回头的特征与条件

短线获利盘兑现引起龙头短暂的回调，顶部追高的资金被清洗出局致使盘中抛压降低，出现龙头股回调后能够轻松反弹的情况，称为龙回头。因龙头聚焦市场人气，即使断板后也有资金愿意做龙回头，保本是大概率事件。资金持续接力博弈龙回头操作，体现出龙头丰富的炒作价值。龙回头往往有三种特征：

（1）**惯性**。当龙头股出现调整后，之前未能及时介入的资金并不认为个股已经见顶，而是认为还存在第二波主升行情，就会愿意继续博弈，像高速行驶的列车刹车后惯性前冲。板块里的低位补涨个股成功涨停，拓展高度所带动的板块效应能够促使领涨龙头沿着惯性继续上行，走出龙回头行情。

（2）**持续性**。龙回头的逻辑是基于主流热点的持续性，支流热点走不出真正的反弹行情。题材新颖度、资金容量、板块个股容量及涨停数量等因素影响到题材的持续性。热点题材持续发酵，在龙头股的代替品没有被市场挖掘出来前，抄底资金会选择利用龙头股的历史股性来尝试推动第二波行情。

（3）**稀缺性**。短线情绪看重人气因素，短线资金觉察到市场异动后尚未来得及研究基本面选股，首先想到的是辨识度最高的龙头，利用赚钱记忆快速介入交易老龙头的反抽回头。受到大盘的拖累，炒作新题材缺乏上涨动能，短线资金会利用龙头回调到关键技术点位，去重新炒作老龙头。老龙头在辨识度上有着不可替代性，决定市场中只有个别老龙头可以博弈龙回头，体现龙回头的稀缺性。

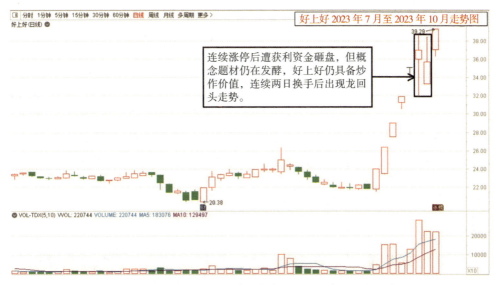

图 5-12 好上好五连板后遭遇集中兑现，仍有龙回头行情

图注： 好上好作为存储芯片龙头，五连板后遭遇获利盘集中兑现，连续两日出现放量换手调整。K线图上出现大长腿下影线拉回，以及大幅低开回升企稳的走势，说明在好上好分歧调整期间，买盘力量仍大于获利抛压。在题材持续发酵的情况下，好上好通过连续涨停获得领先地位与人气，仍具备炒作价值，经过连续两日的充分换手后出现龙回头行情。

龙回头是资金迫切做多的表现，龙头股在未来的数天内回调后再次强势启动，观望的资金将会积极参与。龙头股只有具备充分的内外部条件，才能顺利实现龙回头，一般需要四种条件：

（1）**板块支持**。龙回头的题材最好是主流热点，题材有辨识度，拉升才会有更多的跟风资金，形成的龙头的第二波行情才有保证。主流热点的龙头股是龙回头的最佳选择，当上涨的时间和空间完美结合时，龙头股会形成强大的市场影响力，人气让其具有涨幅大、跨时长的特点。要尽量选择近期的热点大题材，板块容量大，板块梯队完整，有利于助攻龙回头。前期炒作的核心个股涨幅过大，有内在调整需要，板块的暂时分歧只要没有伤及市场情绪，后续龙头拉升时就能快速聚拢人气，再次走出行情反推龙回头。

（2）**市值适当与筹码连续**。流通市值小于100亿优先考虑，过大的流通市值资金难以承接，龙回头的难度比较大。作为龙头不能出现筹码断层，当天上演天地板后，再想回头很难。龙头股在主升阶段换手越充分，出现龙回头的概率越大。而上升过程多次缩量加速会使筹码出现断层，使得大阴线见顶后龙回头的概率大幅降低，直接一路下滑。龙头见顶后依然在横盘上方清理获利盘，重新调整筹码结构减轻后续的抛压，为第二波打下基础，在题材二次挖掘时反包容易成功。

（3）**充分回调**。龙头没经过第一波充分上涨，还具有很强的上涨能力。而龙头第一波涨幅过大，会让散户畏高参与龙回头而信心不足。一旦多方的买盘缺失承接不住抛盘，市场上出现恐慌情绪，龙头的行情就结束了。龙回头的本质是反弹，龙头第一波还没有走完，龙回头更容易实现，如果市场预期过于一致导致回踩深度不够，则不利于形成龙回头。回调的幅度不能太大，否则封板和前高压力位太近会形成砸盘，不仅会对市场情绪造成较大影响，还会降低龙头的人气。回调时间也不能太长，一般超过一周后，题材热度减退，即便后续主力意愿启动，也难以借助板块力量，效果将大打折扣。龙头完成主升后，滞涨断板连跌三日，从顶部最好能够回落20%以上的空间，而且后续始终维持在区间横盘震荡状态。龙头区间震荡后有较为明显的堆量拉升，开始有资金翘板，缩量回踩再拉升，目的是试探首阴上方压力。同时需要有低位的核心个股迅速异动作为响应。

（4）**良好的市场环境**。如果没有股灾和黑天鹅事件的影响，以及监管政策的打断，龙头股的成长空间将在龙回头后继续扩大。如果市场资金不足，资金抱团也容易形成龙回头。当龙头第一次见顶后，跌破五日均线，意味着题材第一波炒作结束，由于大部分龙头都不会一路连板，会出现中途休息规避监管或者进行资金换手，龙头要是有第二次拉升，题材才有可能迎来第二波行情。当题材第一波结束后，板块分歧后的活跃个股继续为题材保留点火的种子来维持板块的情绪热度。只要有活口存在，龙头调整后就容易再带起活口个股。在市场赚钱效应尚未衰退的情况下，板块还没进入退潮阶段，龙头会在顶部平台经过充分的震荡换筹后，走出第二波行情。经过横盘调整会消耗抛压，板块补跌的跌幅也更小，可以大胆在平台吸筹。如果回调幅度过大出现超跌反弹的情况，需要等待龙头出现大阳线后，至少走出换手二连板，二次拉升时涨停过前高才能确认龙回头出现第二波行情。第二波行情的主力资金要是能替换为新进资金，就能为上涨提供充分的动力。龙头二波的高度通常不会超过第一波，第二波行情博弈程度更加激烈，一旦出现断板，尾盘要及时离场。如果板块内个股不能吸引跟风形成梯队护驾，龙头的第二波行情生命力也不会长久。

博弈龙回头需要对板块结构分析更为透彻，对操作能力要求也更高。龙回头的参与方式有两种，一是低吸龙头，是偏向预判的左侧交易。当龙头股出现阴线见顶后，从最高位回落 20% 以上，尾盘低吸部分仓位，等待龙回头的出现。如果超过五天没有出现龙回头再离场。二是打反抽板，确认龙回头。龙头股见顶后处于高位横盘震荡，盘中多次出现小幅拉升，可以判断交换了主力。主力资金的替换会形成新的市场合力，龙回头盘整后的第一次涨停可以视为反抽启动点。当龙头回调盘整一段时间后，会有资金点火拉升去做试探，此时要注意市场情绪拐点，如果次日高开弱转强，即可买入。涨停说明筹码结构健康，具备上攻的条件，可以进行试错打板。如果是次日低开低走，宣告龙回头失败。

2. 龙头反转首阳战法

　　市场龙头股第一波行情见顶后快速连续调整进入下跌周期后，形成第一次下跌。在根本性的反转前任何的反弹都属于反抽形成的下跌中继平台，敏感的短线资金和机构资金开始兑现利润，龙头从快速下跌转变成缓跌。而部分乐观锁仓的资金会随着下跌引发恐慌，当跌破止损的心理价位，开始割肉抛售，导致出现比第一波下跌平缓的二次探底。等到二次探底后，在支撑位置会出现抵抗下跌的快速反弹，出现首根放量大阳线或者涨停。经过连续回调企稳形成拐点后，下跌趋势才能逆转，走出第二波行情。针对该现象我们可以使用反转首阳的交易战法。

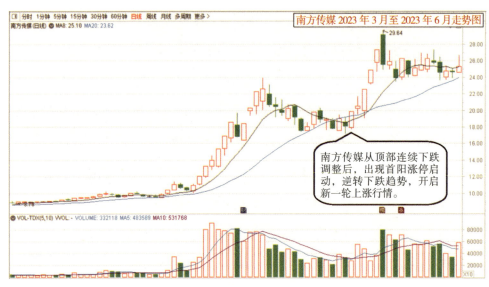

图 5-13　南方传媒连续下跌后的首阳反转

　　图注：南方传媒作为传媒板块的老龙头，第一波拉升见顶后进行连续的缩量调整，在连续下探企稳后，板块再次发酵，南方传媒出现转强走势。我们可以在板块发酵时，找到近期涨幅较大的人气龙头，在充分震荡调整后，在首次出现反转大阳线时介入，参与博弈老龙头的第二波行情。

　　龙头股形成阴线收盘跌破 8 日均线，经过充分回调后，次日出现低开高走或者高开高走的大阳线进行反包，是自高点下跌出现的首个或者是第二个大阳线，我们称该大阳线为反转首阳线。如果高开突破调整平台出现弱转强，标志着第二波连板的开始。龙头反转首阳往往出现在龙回头的关键点位，其后会出现反弹。这个关键点位常常出现在黄金分割线、前高稍低处、支撑线及 20 日均线等处。一旦出现 K 线是长下影线或者十字星形态的缩量企稳，我们可以进行低吸，但尽量避免在大阴线当天介入。龙头高位断板后从高位下跌 20% 左右，在 20 日均线附近止跌企稳进入箱体震荡，20 日均线是突破平台以后回调的最主要的位置，缩量站稳 20 日均线和量能完成匹配后，反弹的确定性更高。龙头股见顶的首日最好不出现巨量阴线，避免主力资金高位出货。一旦开启回调，不能过度缩量，尤其是回调企稳的阳线量能不低于前期放量，因为只有适当放量才能把顶部的套牢盘消化，从而放量启动龙回头。如果回调缩量，就容易形成空中平台整理，短期内难以突破前高套牢盘。

　　通过发现市场拐点的征兆，我们可寻找先于市场止跌的、处于上涨趋势的个股，最好具有成长性和题材性支撑，有良好的形态配合。我们需要在情绪和指数的共振转折点买入，增加成功率。当龙头在反转当日形成大阳线时，我们可以在涨停板上介入。如果失去打板机会，也可在次日个股分时承接有力，股价稳步拉升后再半路买入。如果涨停次日开盘是情绪冰点，可以等尾盘回封。配合板块人气出现二次高涨，龙头大概率会走出第二波行情。

　　反转首阳确认拐点后，个股会在一至两个交易日之内不断地持续向上，我们可以等趋势明确之后再进一步加仓。从大底最低点累计涨幅超过 20%，重新站上 8 日线代表短期资金筹码稳固和中期资金构筑完成，站稳一周以上基本可以确认上升趋势。累计涨幅超过 20% 同时保持一周以上，则可以确定最初抄底的获利资金满足了基本的获利需求并完成了顺利换手，新进场的资金接手下一轮的上涨。在这个过程中要结合市场短线情绪、题材想象力以及热度，来判断龙头第二波行情的持续性和高度。经过平台的调整，龙头能走出第二波行情依赖板块情绪等多方面因素的支持，具有不确定性。

要点：龙头股首阴低吸博弈的是惯性出现的反包，这比龙回头的成功率更大，而首阴反包通常也要比龙回头更强势。可见，反转首阳的操作难度比低吸反包要困难。

五、低吸交易战法

在短线交易中，牛市中追涨和打板都能保证稳定获利，而熊市适合低吸抱团龙头。低吸的期望收益要高于半路和打板，但低吸其实是逆势而为，看似低吸更为安全，其实最难把握，对理解力和判断力的要求更高。从概率上讲，确定性和涨幅成正比，分别以涨停价、红盘以及绿盘买股，最终收盘涨停的概率必然是逐渐降低。低吸龙头成功会带来暴利，并且认错成本相对可控，除非遇到市场黑天鹅的情况。低吸的局限性在于确定性低，条件更为苛刻。

1. 龙头低吸战法

龙头低吸是博弈在龙头股调整后，会有新资金重新介入推升股价。龙头低吸需要关注当资金做切换时，主力是否第一时间介入龙头所处题材，概念是否有进一步发酵的可能性。如果板块能发酵，注重观察短线资金在板块内的流入情况。低吸不能过度追求安全性，安全低位的个股没有资金买进就会被边缘化，市场只追捧上涨的个股，波动过低的个股无人问津。低位买入个股需要具有广

泛的辨识度，包括历史股性活跃和近期多次涨停活跃的人气股，以及板块共振时较为前排的个股。尽量是题材最强的龙头，包括总龙头、板块龙头和换手龙等，不能是没有地位的个股。只有强势股或者龙头股具有足够的活跃度和最高的人气、最强的辨识度，其他个股才会依赖龙头的走势。龙头即使分歧回调后也会有资金拉回反包，在低吸后的数日内有资金愿意介入，任何冲高回落和炸板都能吸引资金承接，持续围绕趋势线前行。而非龙头能够回封或者反弹的概率较低。

利用龙头分歧低吸可以根据开盘情况进行选择，龙头低开高走和平开高走，可以在早盘低吸，若不能在低位介入，超过5%涨幅再追高的风险将加大，可能受到大盘回落的影响。如果是平开低走，等到尾盘低吸最好。因为多空双方在经过一天的博弈后，主力资金会根据市场以及板块情况预测次日龙头的机会或风险，选择提前布局或撤离，从而造成龙头在尾盘的剧烈波动。资金预判板块次日大概率分化，出现资金提前规避风险而抢跑龙头的情况。

龙头股多数经过充分换手接力上涨，只有首阴放量换手后，龙头确认加速才是低吸进场点，做接力的资金越多越安全。但不能出现首阴爆量，爆量则意味着洗出部分筹码而产生过大分歧，后续会降低上涨的信心，次日也需要更多的资金来消化首阴产生的套牢盘才能完成换手接力。次日再出现巨量而不涨停，考虑止盈出局。就算是涨停，也要关注封单和量能情况，随时在板上离场。龙头在高位首次出现分歧，断板当日不能是跌停，最好是带上下影线，代表多空分歧。断板当天收盘价在五日均线上，龙头继续保持强势，首阴当天尾盘是低吸机会，低吸风险大大降低（图5-14）。因为龙头连续换手后首次分歧一般能承受抛压，回调当天充分换手后没有跌停，而是回踩龙头的生命线五日均线，有资金承接在尾盘快速拉升至分时均线，可以选择博弈次日弱转强的预期。如果盘中快速跌破五日均线，不建议再参与。只要市场承接充分及分时稳定，尾盘点火拉升是介入点，属于尾盘放量分歧转一致。尾盘经历放量分歧转一致后，次日市场情绪向上强力修复会出现弱转强，保持龙头股继续上行。次日高位介入的短线交易者不会抛售筹码，而是锁仓博弈下一个涨停。

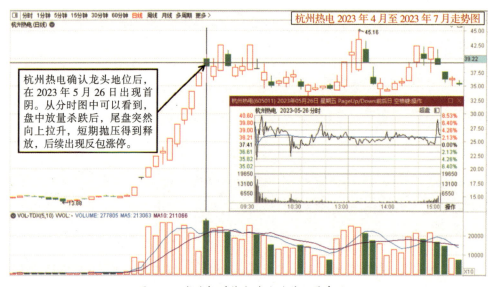

图 5-14　龙头杭州热电连涨后首阴尾盘吸入

图注：杭州热电是电力板块该轮行情的总龙头，由于前期涨停伴随着充分的放量换手，杭州热电能够聚集极强的市场人气，高位出现首阴仍会有大量跟风资金进场。从分时走势可以看出，杭州热电高位首阴仍能放量企稳，说明短线资金还在继续买进，后续大概率会有弱转强的龙回头走势，我们可以在其首阴尾盘低吸介入，博弈惯性上冲的龙回头行情。

龙头出现分歧首日盘中放量下跌后，在尾盘有资金撬动放量突然向上拐头并且缩量企稳维持在高位震荡，意味着主力资金重新关注并能够迅速吸引场外资金进场，资金做多的意愿很强，使得市场对次日有修复预期，次日大概率有高开溢价。此时是介入的良好时机，我们可在首次分歧当天尾盘的分时低点做低吸，这样可以确保先手优势，同时次日可以止盈或者面对突发情况止损。但如果尾盘冲高后快速回落，是主力诱多出货，次日大概率是低开。或者首阴出现尾盘抢筹，但次日竞价不佳，预示后续走势不佳。保险起见也可以在次日竞价阶段买入，因为前一天尾盘的分时有大幅拉升表示资金已经提前埋伏，抛压消耗殆尽，多头进行抄底买入。前一天长下影阴线意味着空方投降，多方取得阶段性胜利，放量下跌后重新缩量掉头发力上攻。如果出现分时二次回踩确认底部，则筹码已经相对稳定，次日进场的风险也大大降低。

　　实施龙头低吸战法需要有板块的情绪作为配合。板块不可能连续上涨，在板块指数阳线时介入龙头可能会面临一次调整。当板块阳线逐渐缩小幅度，经过短暂调整出现板块第一次分歧时再参与低吸龙头换手板，就会乘上板块修复的快车。最好的低吸选择是热点板块指数上升途中的震荡横盘，当板块的情绪火热，板块指数形成超过近期高度的大阳线后，短暂分歧会导致龙头临时下跌。板块没有连续大跌的预期，龙头次日回暖的概率较高，容易反包修复。但弱势市场中低吸很难博弈到回暖预期。如果龙头股在拉升前出现有吸筹动作的阳线，涨停后再出现缩量洗盘，不破主力成本区间，次日翻红的概率将大大提高，可以利用主力连续涨停的洗盘调整在尾盘半小时低吸。次日一旦出现板块指数反包阳线，再把昨日低吸的龙头逢高卖出。如果板块情绪处于弱势，持续性不强，会出现一根大阳线后大阴调整，还需小阴线调整数日再拉升，参与这种板块的龙头低吸价值并不大。

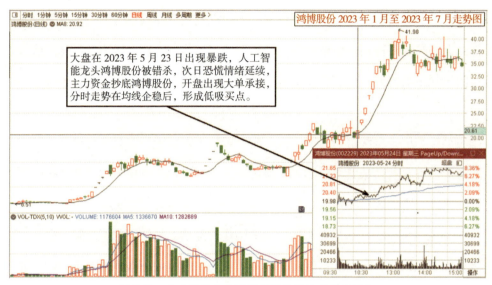

图 5-15　人工智能龙头股鸿博股份暴跌后抄底买入

图注：鸿博股份作为人工智能方向的龙头股，在持续震荡调整叠加大盘恐慌性下跌后，2023 年 5 月 23 日出现修复行情。随着概念板块持续发酵，鸿博股份龙头地位稳固，被错杀后获得资金抄底买入，并在资金持续流入下走出主升行情。在对板块及龙头有持续走强的预期下，我们可以借助市场情绪下跌，尾盘低吸介入修复预期较强的核心龙头股，博弈新一轮主升行情。

市场情绪低落导致大盘大幅调整，上涨数量不超过 1000 个，情绪低落会带动板块个股大面积下跌，市场地位最高的核心龙头在指数大跌中迅速下挫，次日延续恐慌大幅低开的可能性较大，从而出现被错杀的龙头。龙头被错杀低开，出现强分歧恰恰是低吸龙头的好机会。主力通常利用此时的恐慌情绪进行低吸，在分时底部位置出现有效大单承接，是低吸的第一买点。形成分时平台整理是低吸的第二买点。错杀龙头次日早盘预期是低开，可以等开盘后再低吸，第三天反抽离场。龙头出现盘中大分歧急速下跌，只要当日板块还在稳定发酵，可以在逼近跌停时尾盘低吸买入。次日盘中有冲高就卖出，尾盘不能涨停也可以卖出。如果市场出现情绪退潮，市场情绪恐慌会导致龙头在尾盘被动性开板，可以借机直接在尾盘买入做回封。主力在尾盘通过炸板释放抛压，尤其是连续一字加速的个股，次日一旦抛压太大接不住前高压力位的筹码，适当释放压力反而是好事。

2. 尾盘低吸战法

个股全天最活跃的时间是开盘半小时和尾盘半小时，开盘半小时是全天交易量最大的时段，大资金集中在这个时段完成交易，基本决定了当天行情大致的炒作方向。多空双方在经过一天的博弈后，在尾盘半小时可以看清大盘、板块和个股的走势，尤其是涨停个股的方向能大概判断所属板块次日的涨跌，以及主力建仓、洗盘和出货的意图。如果题材次日有高预期，会有资金参与尾盘拉升抢筹。尾盘跳水是由于资金对当前热点题材次日预期不高，应选择止盈离场。读懂尾盘半小时的走势可以预判次日市场的情况，决定尾盘抢跑还是抢筹，抓住次日高溢价的个股。

尾盘低吸有三个优势。一是成本优势。个股经过一天的博弈后，活跃筹码已经完成置换，尾盘的成交量会相对较少，叠加尾盘的短线关注度较低，低吸拉升的抛压也会较少，拉升成本也会低很多，即使冲高回落也不会被套。经过一天的交易可以充分了解主力的意图，避免日内不确定性的波动以及突发利空。二是先手优势。资金在尾盘博弈次日板块的方向和个股的预期，在尾盘提前保有先手的优势。虽然当天尾盘买入会多一次过夜风险，但分歧当天低吸介入有先手优势。当日板块没有得到发酵，个股也没有吸引到资金时，先手优势可以利用次日的板块发酵吸引散户来接盘获利筹码。只要预判的板块没有太大的负反馈，个股也不会损失过大。尾盘低吸试错成本低和风险低，止损的心理负担就不大。三是抬轿机会。如果次日板块方向如期发酵，主力会吸引跟风资金来帮忙抬轿子，可静候连板红利。

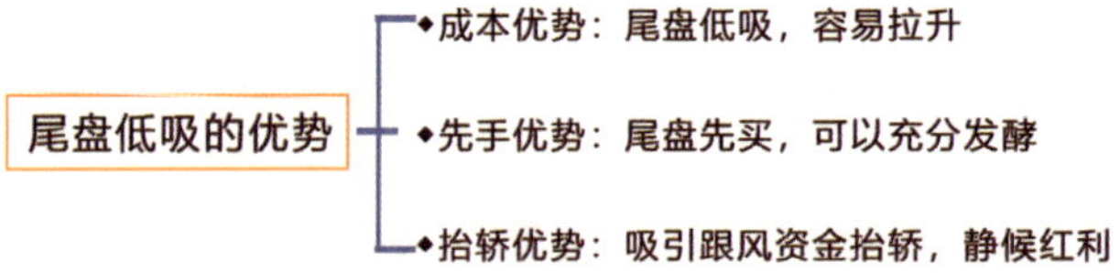

尾盘低吸的优势
- 成本优势：尾盘低吸，容易拉升
- 先手优势：尾盘先买，可以充分发酵
- 抬轿优势：吸引跟风资金抬轿，静候红利

图 5-16　尾盘低吸的优势

尾盘交易要注重预判次日大盘走势和板块氛围，预判要参考大盘情绪、板块地位，板块轮动等情况。从情绪上看，在市场高潮期和恢复期进行尾盘低吸的成功率高，衰退期和低潮期要谨慎参与。从板块地位上看，尾盘低吸最好选择有地位的个股，包括龙头、中军等核心个股，个股有充足的辨识度，资金才愿意选择在次日介入拉升。从板块轮动上看，轮动给予尾盘低吸的预判机会，轮动的存在使得分歧板块出现价格洼地，才有套利的空间。

尾盘低吸博弈有三个方向：

（1）**修复**。对板块的短暂弱势有次日回暖的预期。博弈修复的尾盘只能在板块有较大预期的时候才能参与。板块龙头在市场上地位越高，越容易出现超预期带动板块。板块指数阴线收盘，次日预期是放量分歧，但次日板块龙头一字开盘继续超预期加速，带动板块指数拉出大阳，会给昨日低吸的龙头或者前排个股充足的获利离场机会。板块和龙头的表现尽量具备次日超预期的可能，这是低吸成功的关键。如果预期次日市场向下调整，尾盘也要尽量回避。个股在分歧尾盘先手博弈修复具有预判的成分，并不是所有的分歧都有博弈价值，一般在板块首次分化伴随龙头首次分歧时，潜伏轮动后的活跃个股才具有博弈修复的价值。

（2）**发酵**。预判市场的方向或者个股的走势，从而在尾盘时提前介入高辨识度的核心个股博弈次日发酵。既然存在预判成分，就意味着次日不一定会发酵，最终的结果还是取决于次日市场的选择。尾盘拉升的个股和板块对低吸的方向能起到参考作用，短线资金在尾盘拉升点火来试探次日市场对板块进一步发酵的反应，可以结合短线情绪去判断次日发酵的可能性。次日如果没有大资金来参与发酵，低吸资金在次日就会在竞价期间抢跑，开盘甚至被砸至地板。尾盘低吸需要预判热点发酵来确定次日延续冲高惯性的溢价，预判难度远高于跟随市场追涨打板。如果题材没有较大空间的预期，不建议尾盘操作。

（3）**切换**。情绪有退潮预期导致资金选择从高位向低位转换，包括板块切换和同题材低位切换。当天市场处于退潮后的弱修复状态，资金预判次日市场再次退潮，市场会选择防守板块进行避险。对热点方向的轮动规律和龙头股的资金切换的理解是博弈切换低吸的基本要求。热点周期进入尾声后，仅靠情绪推动龙头高度，赚钱效应难以维持，资金会切换到新题材以及陷入调整的老题材中。如果尝试的新题材并没有得到发酵，资金则会再次切换到其他题材。而同题材的低位切换可以看高做低，通过领涨龙头的表现来决定如何参与低位个股。当板块第一次分歧尚未回暖，市场还没充分重视题材的发展空间，而此时龙头独自上涨，这是切换低吸的绝佳机会。只要领涨龙头还能持续连板，板块内低位个股迟早会被挖掘出来。如果板块已经拉升，那低位个股上升的空间就不足了。因为短线资金强中选强聚集在板块的前排，尤其集中在龙头，只有板块退潮才会高低切换，低吸低位个股才有机会获得较大涨幅。等板块拉升后，潜伏低吸切换的个股可以逢高离场。如果尾盘切换板块多只个股异动拉升，和大盘形成共振，说明资金开始提前布局该板块。可以低吸最先异动的个股或者有辨识度的个股进行试错。一旦次日板块大阳线拉升，潜伏到前排的低位个股涨停，次日继续连板的可能性较大。而缺乏辨识度的后排低位股随板块拉升的，次日多是冲高回落。总之，**切换低吸有两个优点，一是即使个股选择准确性有偏差也不容易产生大幅亏损，二是热点板块的轮动只需要重点研究几个热点方向以及对应的人气股。**

从尾盘的资金态度来分析，低吸分为分歧低吸和一致低吸。分歧低吸是板块出现分歧下跌时低吸前期活跃的个股，博弈题材进一步发酵。当日板块指数大阳上涨，板块个股涨停数呈现爆发的态势。次日板块开始淘汰后排涨停个股，板块指数出现首阴十字星阴线震荡，连续一字板的龙头股遭遇断板或者高位震荡，分时高开低走后在零轴以上横盘震荡，说明资金承接较强。板块内多数个股大跌，而个别前排核心个股并未停止脚步仍在连续上攻涨停，这是强承接的体现，至少没有放量跌停。预判次日板块没有大规模下跌的风险后，核心个股在尾盘出现冲高回落时是低吸介入机会。一旦次日市场情绪转暖反弹，低吸个股容易首先被拉升，要实施逢高出货的操作。尽量回避当天强势的板块，因为当天强势次日预期兑现，核心个股的每次分歧都是低吸的机会。核心个股其内在逻辑足以支撑个股的基本面，并非纯情绪炒作，能在市场环境不佳的时候独立上涨，才可以操作低吸。在板块调整尾盘分歧时低吸多只核心个股，位置不高不会出现较大的亏损。

一致低吸是指近几日出现短期分歧调整的热点题材在尾盘并未大幅跳水，反而出现一致拉升。或者在大盘弱势的情况下，个股在尾盘被题材带动出现了板块内个股一致上涨，说明资金开始布局该题材。该题材是新题材就会高开高走，次日能与大盘共振上涨。尾盘一致低吸尽量要在红盘介入，但尾盘抢筹拉出长下影线的要慎重，因为长下影线意味着当天抄底的资金获得较大的利润空间，次日兑现的意愿较大。而且尾盘过于一致强势抢筹，次日要有更多的资金来承接，板块才能继续向上。

一致低吸要做尾盘分时平稳或者资金加仓震荡向上的个股。我们可以在2:30后开始筛选涨幅排行榜在2%至5%的个股，低于2%的个股当天表现过于弱势，高于5%的个股对次日接力要求较高。再把换手率低于5%的个股排除，此类个股关注度相对较低，排除高于10%的个股避免主力拉高出货。再把量比小于1的个股剔除，保证活跃度；把流通盘高于200亿元的剔除，流通盘太大不利于短期快速拉升。把成交量持续放大的个股留下，个股拉升需要资金来推动。排除上方有套牢盘导致冲高回落的个股，剩下的个股需要满足均线多头向上发散，选择处于上升通道中，多条均线出现多头排列，最好沿着8日均线上行的形态个股。尽量选择多头趋势中回踩重要均线的板块领涨龙头，低吸的位置可以选择回踩到5日均线或者10日均线时，强势股回踩5日均线会有上攻，趋势股在10日均线上基本能企稳。

在题材轮动的市场环境中，个股能实现连阳的概率较低，意味着一致低吸跟买个股容易被套牢。而在尾盘分歧低吸可以博弈次日的回暖修复。轮动题材的人气个股在回调一天后尾盘开始震荡拉升，并且盘口有明显大单买入，快速脱离水平成本区间，拉升后横盘震荡到收盘，可以作为分歧低吸目标，次日大概率有冲高套利的机会。可以埋伏尚未拉升的当下热点题材的人气股，当天分时有量价拉升的，代表有主力介入。尾盘冲高后又快速回落，且冲高的量能不够且回调放量，次日大概率低开低走。个股分歧低吸要在高速上涨的趋势中，最好出现连续涨停，上涨意愿强烈，资金关注度高和潜在买盘量大。

对比而言早盘买股会面临盘中的众多不确定性因素干扰，尾盘低吸核心个股进行潜伏多了一点可预见性。尾盘低吸一般有四种情况：第一，热点题材的个股早盘资金进场后，尾盘出现放量拉升缩量调整，在分时均线上震荡，可以介入抢先手。第二，大盘全天持续调整，但是尾盘有资金进场，题材和指数拉升共振，次日一般是高开高走。第三，短期热点题材回调震荡后，早盘冲高回落，下午开始出现资金拉升，尾盘站上分时均线，可以介入。但是如果接近收盘快速拉升，是资金在偷袭抢筹，是主力实力和信心不足的表现。第四，趋势股在经过两天的高位盘整后没有跌破趋势线，在尾盘出现了明显的资金拉升信号，可以介入。由于午盘的成交量小，主力在尾盘前 10 分钟拉升可以用较少的资金把股价拉起来。尾盘拉升可能是主力在上涨中继续抬高股价进行出货，次日大概率是低开。如果盘中频繁炸板后尾盘涨停，意味着盘中板上分歧大，资金选择尾盘封板，这是弱势的表现，次日溢价率并不高，所以尾盘拉升不高对次日溢价反而是好事。另外，近三天内有放量跌停或者跳空缺口压制的个股也要谨慎介入，阴线的上方会有大量的套牢盘形成抛压。

　　尾盘低吸需要通过量能来确认买点。如果个股处于上升趋势中，短暂回调后尾盘出现大单放量拉升股价，盘口出现较多的大单，是主力抢筹加仓的积极做多信号，次日大概率能高开甚至涨停。尾盘加仓可以选择在近期主力放量吸筹的位置。如果尾盘偷袭拉升，可能是持筹主力营造的抢筹假象吸引跟风资金来接盘，次日大概率是低开低走。还有一种情况是尾盘拉升时量能并没有放大，反而在尾盘竞价阶段放量，也是主力在出货，次日低开的可能性极大。

　　市场早盘交易较为活跃，个股也容易出现冲高回落，尤其是市场弱势时追涨的胜率不大。而且个股有可能会在最后阶段突然崩塌，次日延续走势，而午盘已经把下跌动能消化，套利胜率会更高。只要是处在热点活跃阶段，强势股次日大概率都会有冲高获利出局的机会。到最后阶段确认走势后再进入，后续连续走强的概率更大，而且场内大资金会在收盘前考虑个股次日的承接走势。如果当天板块或者核心个股表现出走弱苗头，那么资金会选择在尾盘兑现，腾出仓位为次日开盘操作做准备。所以尾盘介入的最佳时间是 2：50 到集合竞价临近尾盘的时间段，此时进场较为稳妥，可以规避多数的风险。

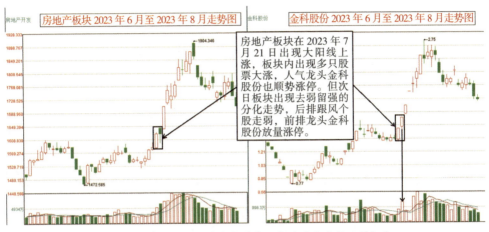

图 5-17　房地产板块持续发酵出现分歧是龙头低吸的机会

图注：房地产板块在 2023 年 7 月 21 日出现集体大涨，人气龙头金科股份顺势涨停。次日板块出现分歧时，后排跟风个股走弱，前排金科股份则是继续放量涨停。对于有持续发酵预期的板块，我们可以在板块大涨过后的调整阶段介入换手龙头，后续只要板块反包修复，龙头大概率能够晋级连板。特别是调整阶段资金承接较强的板块，后续修复走强的概率较大，板块内联动性较强的前排也大概率能够继续走强。

个股连续三天以上温和增量阳线后出现的首根缩量阴线是尾盘低吸的好时机，缩量的首阴对于后续拉升的压力小。首根缩量阴线冲高回落或炸板会导致盘中没有合适的交易机会，或者是低开低走，可在当日尾盘低吸。也可以在次日集合竞价前先确定需要低吸的个股，开盘即可进行操作，避免盘中临时决定。首阴尾盘低吸是第一买点，博弈的是次日的反包，次日竞价弱转强，是介入的第二买点。个股分歧后首次触碰五日均线企稳。此处为首根缩量阴线确定性较高的低吸买点。个股拉升后缩量回调到五日均线后承接收回，围绕均线震荡，代表个股得到短线的多头有效支撑，可以继续走强。如果博弈失败，个股再次放量分歧后反抽无力，或者缩量跌破五日均线，或者板块不符合预期，或者跌破近期分时最低点，则止盈离场。不破则可以继续，由于低吸的成本较低，止损线也可以适当放宽。

尾盘交易可以低吸但不意味着抄底，确定性不高的抄底容易抄在半山腰。在尾盘低吸交易战法中，要把低吸和抄底区分开来，低吸不是要抄在最低点。在市场软弱的板块中寻找机会低吸或者抄底是违反尾盘低吸交易战法基本准则的，寻找拐点并不适合多数交易者。因为一旦低吸个股当天跌停，次日再有更大低开，就会产生巨大亏损。只有在确定性大的位置低吸才能保证安全性，我们不可能赚完所有的钱。

第六章　涨停板交易战法

涨停板交易战法

打板交易战法

确定性：交易的底层逻辑是用更高的价格去追求确定性

打板依据：①当天涨停的依据；②次日溢价的依据

打板时机：出手时机在于有赚钱效应
打板模式：①炒作主流题材；②聚焦核心个股
打板类型：①合力板；②分歧板；③空间板

打板方法：首选主力股打板，打缩量打板，打反抽板

首板交易战法

首板选股方法：要综合量价关系、内在逻辑、市值与形态好的个股参与，情绪高潮时打双创首板是快速盈利的手段

首板交易战法：发酵初期入场，选择量能温和放大、持续性好的个股

首板消息刺激战法：消息刺激与利好刺激

一进二交易战法

一进二选股方法：个股辨识度和地位是一进二接力的核心，找最先涨停的强力个股

一进二选股途径：题材共振、情绪爆发、卡位晋级、叠加属性、超预期、中军表现

一进二买点选择：达到超预期的标准才可以参与，等待个股冲高回落低点时介入

空间板交易战法

只诞生于主流板块，以量能作为成长性的标志

空间板打法：符合市场汇聚人气的最高连板空间

空间板轮换：保住利润，谨慎减仓，防止空间板炸板

炸板交易战法

回封战法：封板是主力资金意志的体现，炸板是主力撤出的标志

烂板：判断烂板的修复，主力未离场是修复的关键

烂板战法：烂板易成妖股，可擒获连板龙头

　　短线寻找确定性的方法是打板核心个股。打板是为了在最后确定的一瞬间买入市场上最强的个股，持有以获取最大的利润。好的行情不打板就容易错失机会，差的行情不打板就会买到非核心股。打板的大局观要好，目的是要买到核心龙头个股，而不是简单的打板套利。市场上很多的打板选手，随便打个板，第二天高开就走，以为这就是稳定复利。恰恰相反，多数的非核心板次日并没有溢价，反而是被套牢。

一、打板交易战法

1. 确定性交易

　　股票交易追求的是成功率和盈亏比，打板是在确定性最高的时候跟随主力资金封板，博弈次日的溢价，底层逻辑是用更高的价格去追求确定性。交易者宁愿在涨停板的价格抢筹，体现了意志和态度。纯粹的打板是股价快涨停还剩最后一档时挂涨停价买入，最后一档的价格体现的是封板的决心，在概率游戏里是最具确定性的操作之一。但盘中也存在炸板的风险，需要结合资金超预期抢筹去扫板，这样封板率更高。既然是打板，必须是涨停买入，不涨到最后一档绝不买入，不要图便宜而放弃确定性。差一个价位回落导致不涨停，对于打板而言都没有意义。虽然买在当日最高价，没有性价比，但确定性最高，打板买入是以价格换取最高的确定性，宁可封住排板也不要半路介入，除非是明牌龙头需要尽早买入。如果首次封板没有买到，可以挂单排队买，或者炸板后再回封，切勿盘中低吸买入。

从竞价到回封，打板的复杂程度在众多的操作手法中是最高的。而且打板操作对判断力和执行力要求较高，是交易中逆人性的集中表现。人性厌恶风险，而打板以涨停价格去买入个股，买入的成本比当天其他人都高，是把本金放在危险的高处，这和交易者内心弱点是冲突的，这需要我们怀有对市场的敬畏之心来打板。低吸在每个人心里是相对安全的，但低吸无法克服内心对于进一步下跌的恐惧。而在资金合力冲击涨停板的瞬间，体现的是市场参与者的意志，宁可在涨停价格抢筹。

打板需要依据，否则打板就是盲目赌博。一是当天涨停的依据，即涨停所依赖的逻辑，包括题材逻辑、板块梯队、个股地位等。二是次日溢价的依据。在封板后的短时间内，涨停封死的资金惯性或者抢不到涨停的资金次日用更高的价格推动个股冲高，就会有溢价空间，这是打板的利润所在。涨停溢价成为大概率的事件后，打板就是短线交易者确定性最高的交易。而涨停板让套牢筹码和获利筹码出现卖出的欲望，浮筹会趁机抛出兑现，所以打板对隔日板块走势的理解要求甚高，尤其是对量价关系和热点持续性的理解，寻找题材低位起爆点是跟随游资做打板的首要任务。

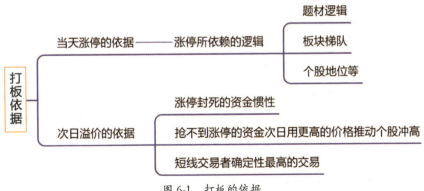

图 6-1　打板的依据

打板要关注涨停的成交量。涨停板的封板成交量越大越好，但涨停后成交量越小越好。个股当天涨停成交量稍微比昨天最大分时成交量大，且小于昨天成交量，让前一天盈利的资金兑现，从而减少上行抛压。个股最好达到昨天三分之二左右的成交量再去打板，让筹码能够相对充分地换手。由于昨日过大的换手量面临兑现压力，当日出现平量或者小幅度缩量会固定一部分获利筹码，有助于后续拉升。但不能极致缩量，否则次日的抛压会更大。而非核心个股的短期成交量大幅度超过前一日，此时打板风险较大，因为非核心个股的辨识度不够，放量涨停意味着次日有更多的资金才能实现换手，否则容易产生大面积兑现。

2. 打板的时机

不是任何阶段都适合打板，打板的出手时机要建立在赚钱效应的基础上，短线情绪较好时打板事半功倍，否则成功率会非常低。在题材的重要情绪节点上，市场出现多题材并存的繁荣表现，这是我们选择打板最好的确定性机会之一。不要在市场情绪拐点处打板，由于市场情绪还处于低潮末期，群体合力还相对分散，缺乏走成主流的板块。可以等市场选出龙头股后，我们再去参与打板。

情绪恢复期和高潮期对打板资金友好，而市场短线情绪不佳的时候，不要对抗市场来打板。所以低潮期的涨停股尤为珍贵，按热点分类收进股票池，在市场气氛回暖时，其中的人气龙头股就成了打板的首选。在指数大跌即将企稳的时候，在情绪与资金共振的拐点可以打板逆势龙头。强势市场进行充分回调后，市场有返回上升通道的内在需求。赚钱效应发酵后，市场出现多波题材轮动行情，可以做新老题材交接，并做板块内高低切换。

打板所需要参考的技术指标最为重要的是昨日涨停表现和昨日连板表现两

个指标，可以有效地反映短线市场情绪。如果两个指数的 K 线是突破的阳线或者连续阴线后开始出现向上的阳线，往往代表当下短线情绪正在由弱转强。而两个指数涨幅较低往往代表当天情绪较差，指数 K 线出现连续的阴线代表打板环境较差，需要控制仓位。

在平稳的市场环境中，个股涨停时间越早越好，越早涨停主力需要用更多的资金消化收盘前所有的抛盘压力，更能体现主力的实力和信心。率先封板个股涨停能够更好地吸引跟风资金，利于吸引踏空资金次日去接力，次日会有高开上冲动作。当大盘出现大阳，涨停炸板的概率会大幅降低，次日冲高的涨幅也会更大，此时涨停板越早越好。所以日内打板尽量选择当日市场上最早涨停的个股，越早涨停越能吸引资金关注。

刚开盘时所有资金都在注视最先上板的个股，涨停会对市场的基调、板块的方向产生重大影响。开盘 5 分钟内涨停容易引起市场的高热情，开盘半小时之内涨停的个股大部分是跟风，适合套利。10:00 后早盘收盘前的涨停板，主力拉升的意愿不坚定，比较依赖市场的赚钱效应，只有对市场热情高的个股才可以出手，反之当天空仓等待。所以打板高手到 10:00 都没有合适目标，当天都是空仓。个股封板尽量在上午 10:00 前完成，越早上板，资金态度越坚决，次日溢价越高。早盘打板优于午盘，下午涨停大概率会沦为跟风股，要避开打板涨停时间较晚的个股，特别是下午涨停的后排个股，涨停价反而是卖点。因为午盘的后排个股就算能够涨停也会面临次日的弱势溢价。除了总龙头尾盘 2：30 后烂板回封可以介入，大部分的烂板在收盘前回封要放弃，尾盘涨停属于主力缺乏实力和信心的表现。只有在市场弱势，板块上午分歧较大而下午转一致时，午盘才可以打反转板。或者对于午盘突发消息刺激的题材龙头也可以打板，其他打板基本没有参与的价值。

选择打板早盘涨停的个股，最好是主力一鼓作气大单持续进场消化涨停封板盘口的大卖单，封单量较大，不易炸板。卖方最后一档急剧减少，说明资金合力很强，往往能封死涨停。早盘一旦发现核心个股有大单从涨幅 3% 左右的位置直线拉升，持续流畅快速完成拉升、回踩、再冲板的三个步骤，可以跟随主力在板上买入。个股能够出现在早盘冲板，越早越能代表主力的决心，这样可以挂涨停板位置等待成交。盘口出现小单买入以及封单较小，说明主力态度不坚决或者资金实力不足，往往冲到 9% 附近就会犹豫不决，二次冲击涨停失败就离场，更不能跟进。对于打板个股而言，次日封不住涨停，就要离场，因为打板博弈的是连板溢价，封不住涨停说明个股失去了龙头或者补涨地位，而跟风的个股股价可能不断回落，只能及时止盈。

板块处于不同阶段，打板的时机也有所不同。我们尽量在板块的上涨初期

图 6-2　光洋股份的打板时机

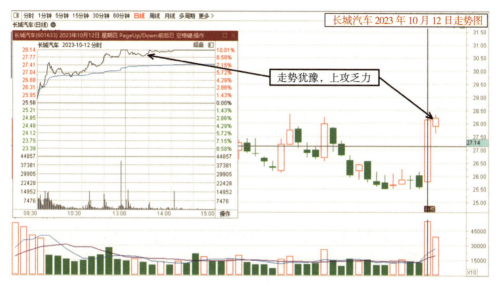

图 6-3　长城汽车的打板时机

　　图注：光洋股份在 2023 年 10 月 12 日开盘后，分时图出现流畅的拉升、回踩和冲板的走势。而同一板块的长城汽车则是在涨停时间上落后于光洋股份，并且拉升过程的分时图也表现出犹豫不决的走势。涨停时间更早、分时走势更流畅的光洋股份次日一字涨停，而相对较弱的长城汽车次日出现上攻乏力的表现。

进行打板确认龙头，在板块发展的中后期在打板非核心个股会面临次日的获利盘兑现冲高回落。当板块开启主升浪时，板块内打板的成功率会大幅上升，所在板块的涨停板更具有前景。在板块分歧的节点会出现落后的个股卡位的情况，卡位的胜者打板确定性更大，是打板介入的良好时机，次日会加速上涨。当板块进入高位震荡阶段，甚至见顶下跌，此时打板的成功率就会出现断崖式下降。只有板块强度和题材够大，连板股高位震荡才比较安全，只要不放量跌破 8 日均线，会在均线附近缩量形成空中加油行情，往往是我们利用资金中途休息打板的机会。

3. 打板的模式与标准

纯技术打板和情绪打板是大忌，仅仅选择技术面的个股在短线打板交易中未必有效，而情绪打板容易受到市场情绪的直接影响。打板并不是盲目地跟风在板上买入，而是要结合题材、个股逻辑等方面综合考虑是否出手。我们要避免随意跟进资金操作的打板。打板的热点最好交给市场来选择，构建打板模式有两大原则。

（1）炒作主流题材。打板需要聚焦当天具有赚钱效应的热点，对大盘和热点的内在逻辑要思考清楚，这需要对行情以及题材具有较强的理解力。利用题材热点短时间的趋势来追求次日的冲高惯性，打板封板率和隔日溢价率将大幅提升。冷门板块的打板，在次日容易被市场资金抛弃，昨日的获利筹码在冲高时就会兑现离场。而缺乏板块支持的个股走独立逻辑，封板强度会更差。我们要评估情绪周期以及题材级别，然后再确定市场结构，包括主流、支流、次主流、新题材、非主流的结构。主要选择主流和支流题材，优先从主流的板块里选择龙头，较高的人气更容易支持封板，而且出现炸板也更容易回封。当主流题材出现时，紧盯主流板块的涨幅榜，先打排位靠前的核心个股。支流题材的合力弱于主流，但在强势市场中，支流的龙头也是总龙头的竞争者之一，可能成为市场龙二，所以主流板块的龙头和次主流板块的龙头也都存在打板的套利空间。

（2）聚焦核心个股。打板优选股性活跃、具有市场情绪共识，符合题材热点和市场逻辑充分的个股。选择跟随题材异动爆量拉升的个股，在板块中率先拉升起到领涨作用。打板尽量选择当前主流题材的前排个股或者龙头，打不到前排而打后排跟风的风险并不低，跟风个股都容易冲高兑现。如果在题材深度足够和市场情绪活跃的情况下，龙一没能及时打板介入，还可以选择龙二和龙三。后排个股就不用再冒险打板，要选择弹性较大的主动上涨个股进行打板，上板时间越早，打板的成功率和溢价率越高。连板数量多、涨停时间早的板块龙头股引领板块市场情绪，同板块内高度板越高，人气越足，尤其是率先一进二、二进三的个股。也可以打题材内的大市值的中军股，次日通常有溢价。

具体而言，可以按照以下标准来选择个股进行打板。

（1）**选择低市值低价的个股，避开大盘股**。个股流通市值不超过80亿元，不小于10亿元，市值过大封板难度大，市值过小容易出现A杀。流通市值100亿以上的个股，除非强势龙头，一般不考虑在7%以上追涨打板，因为大盘股的市值高，主力拉升所需要的资金更多，推动涨停难度会相对较大，次日溢价有限。尤其是板块进入中后期后，市场参与的资金有限，市值小的打板优势就越明显。

（2）**首选T字板个股**。优先在主流题材内筛选T字回封换手的个股打板，分时上会出现V形的弱转强的态势。尤其对于新手打板，T字回封板形态上容易确认，而且回封后难以开板。而一字板过于强势，散户难以介入，会导致筹码成本跳空，一旦下跌会出现瀑布式暴跌。

（3）**选择历史股性活跃的个股**。股性对于打板比较重要，个股经常炸板且次日没有溢价，则直接放弃。优先选择股性好、经常连板涨停后有溢价的个股，因为股性活跃度高的个股不注重逻辑也能涨停，资金记忆会让多次参与赚钱的个股获得青睐。而股性活跃度低的个股要有较强的上涨逻辑才能吸引资金介入。

（4）**选择形态健康的个股**。打板个股处于均线多头排列，且在形态上没有拉升到筹码密集套牢区，可以避免承受过大的抛压。不同市值的个股会表现出不同的涨停分时形态，小盘股容易异动直线拉升秒板，中盘股常见放量震荡拉升缓慢上板，拉升过程中有量能跟随配合，分时承接强势。在分时上已经走出台阶形态，出现翻倍放量的个股打板成功率更高。

（5）打板游资股。 尽量选择打游资股，市场连板个股大部分属于游资主力推动。而机构股以低吸为主，机构股大涨后会调整再上涨，形成趋势走势，连板较少。

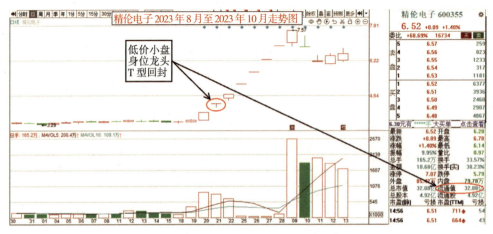

图 6-4　精伦电子二板 T 型回封时介入打板

图注：精伦电子的流通市值小于 50 亿，属于易拉升的小盘低价股，在市场弱势期的炒作行情中占优。精伦电子在新型工业化板块发酵前涨停，通过身位优势占据板块龙头地位，在新型工业化持续发酵过程中获得龙头溢价。具体操作上，我们可以在精伦电子二板的 T 型回封时介入，启动初期出现弱转强的换手板，有介入机会，底部筹码也更为稳定。

打板主要瞄准几种类型的涨停板，这样次日溢价更高。一是合力板。各路资金共同参与接力并推动的涨停板。汇聚多方资金力量进行封板，会对板上的空方形成打击，次日溢价更有保证。二是分歧板。各路资金出现买卖意愿不一致之时会形成巨大的换手涨停板。分歧板换手充足代表交易活跃，在卖盘放量下还能封板，是接受住考验的标志，而且买盘资金充足，不惧分歧强势封板。

而没有经过充分放量的个股在拉升上板的过程中抛压大，封板率较低，容易冲高回落。三是空间板。市场中最高涨停板数的高度板，具有涨幅大，连续涨停数最多的特点。空间板能创新高更好，因为没有太多历史负担，不容易被套牢筹码砸盘。但打空间板要注意龙头见顶，尤其是在情绪退潮，龙头股出现高位无量或者连续缩量加速涨停时，锁仓时间较长的游资随时会出货，出现天地板。四是加速板。在加速阶段主力利用持筹者锁仓和持币者抢筹的一致性对市场的人气股进行加速缩量拉升封涨停板。打加速板大部分可以用排板方式，偶尔扫板，是高风险高收益的交易战法。

注意：由于打板具有炸板和冲高回落的风险，一旦失败会面临较大的回撤，需要慎重对待，有如下几种板不能打。一是股性差的个股不能打，资金没有活跃度会导致大概率开板。二是带融券和转债性质的个股不能打，防止机构做空，在板上狙杀。三是最后半小时涨停板不能打，尾盘拉伸的个股有偷袭的成分在内，资金决心不大。四是涨幅过大以及处于下降趋势的非龙头股不能打，容易遭到资金兑现而炸板。五是分时均线较低的个股不能打，封板牢固的涨停分时均线至少是涨5%以上，太低的分时均线往往意味着筹码成本过大，容易被兑现。

4. 接力打板的方法

最强的涨停板不是看封单金额和涨停时间，而是看次日接力资金能否获利，没有持续性的涨停是不能跟随的。接力要看人气的持续性，资金的接力决定龙头最终的成败。只有资金愿意在更高的位置去接盘，形成资金共赢的涨停板，个股才有持续性和长久的生命力。打接力板主要考虑买盘力量，要对板块热点持续性有充分的预判。接力的个股首选主力股，主力资金推动力强，游资换手后容易实现平稳的交接棒。要谨慎选择情绪股，情绪推动的涨停在次日待情绪冷却后难以有资金愿意接力。我们可以通过观察封板率和炸板率，根据连板晋级数量、晋级率及连板高度，来判断接力情绪，决定是否进行接力。

打接力板选择中低位个股较为安全，高位板的接力需要结合市场情绪和连板竞争等多方面因素来考虑。打中低位的接力板选择换手拉升的形式相对保险，至少冲高回落出现的时候不至于大幅度亏损。连板中高位板的断板率较高时，要谨慎高位连板个股的接力。当个股连板后回调再涨停突破前高，说明主力已经成功吸引各路资金实现良好接力，此时可以大胆地执行高位的追涨接力。

由于接力涨停使得价格偏离主力成本区，主力往往借助涨停带来的人气进行出货，早盘容易出现冲高回落。打接力板前要留意之前涨停买入的主力的态度，以此来决定接力的形式是换手还是分歧。换手并不完全等于分歧，换手是个股主动走强产生的筹码交换，量能主要来自资金主动买入，分时呈现向上攻击的承接形态，产生的良性分歧。换手板的高位承接多来自追涨资金而不是低吸资金。相反，分歧板的量能主要来自筹码兑现导致的资金分歧，分歧后承接较弱。个股在分歧涨停前放量最好与前期最大量持平，最大程度释放前期的套牢盘。两者区别在于资金的意愿不同，是主动换手和被动承接的关系。主力资金选择主动换手会让个股获得更好的持续性。

短线接力最重要的是确定性，出手的机会并没有那么多，尤其是新的热点板块需要有活跃游资去参与接力，如此才能吸引散户参与。而做龙头接力的确定性机会更少。最为保险的方法是等待龙头涨停开板后再做回封板，因为真龙头会有源源不断的卖盘被资金抢筹，直到空方卖盘衰竭，这是多方群体合力的体现。而非龙头就算打板成功后，也会面临次日缺乏资金接力的问题。只有持续的接力资金才能消灭空方的卖盘，次日才能高开继续上涨。市场已经走出来的龙头都是由游资主力去先手试错，资金对情绪氛围进行综合判断，个股成为公认的龙头后，我们再去接力更为保险。而在板块刚刚启动的时候，选择市场的核心个股进行接力会面临板块确定性不足的风险。只有形成了以龙头为核心的板块梯队后再去接力才会更为安全。

　　接力板的确定性可以通过审视市场的容错度来判断，情绪火热的时期市场的容错度高，做对了可以有高额利润，做错了也只是小亏。容错度低的时候不适合进行接力。在市场存量资金不足的情况下，容错度更低，难以支撑大金融和大蓝筹的连续上涨，此类股票不适合打接力板，市场缩量尽量参与小盘连板股的接力。在同等市场情绪和量能的情况下，市场上同时出现的涨停板越多，次日继续上涨需要的资金越多，反之涨停板越少，接力后次日溢价越高。

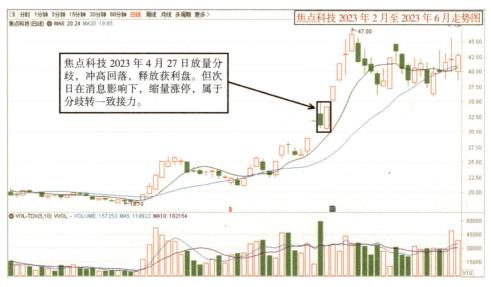

图 6-5　焦点科技打接力板的时机

　　图注：焦点科技作为当时的核心人气股，资金接力意愿较强，连续涨停后虽在 2023 年 4 月 27 日出现放量分歧，但次日资金继续进场接力封板，我们可以在确立分歧转一致后跟风买入。在做接力板时，应该注意市场情绪是否配合，若市场追涨情绪较好，打接力板的成功率会大大提高，而在市场追涨情绪较差时，对接力板要保持谨慎操作。

打接力板需要从宏观上思考市场目前的风险偏好，不同的情绪周期打接力板的方法有所不同。情绪衰退期炸板率较高，多数打接力板都面临着当日难以封板而且次日继续下跌的大幅亏损。低潮期打接力板失败的风险是最高的，只能选择高位板进行接力，因为在弱势行情中，资金热衷于抱团，只有高位板的辨识度最高，更容易吸引有限的资金前去接力。在熊市接力是大忌，这决定接力的安全性。情绪恢复期中，只有当市场情绪有所修复，龙头股才有晋级的空间，重新获得资金的接力。我们需要耐心等待情绪恢复和市场回暖，不要过度预判操作左侧交易。进入情绪高潮期后，指数有积极向上的信号会推动市场预期，增加短线做多的情绪，打接力板成功率逐渐提高。此时可以更多地选择一进二的个股，首选板块龙头进行接力。但情绪高潮的次日不适合做秒板的个股接力，高潮次日往往是以分化和兑现为主。

5. 缩量打板的方法

买在一致，打在缩量。缩量加速板的核心要素买在一致，因为加速代表着资金的高度认可而锁筹意愿强，缩量涨停表明当天封板坚决及筹码抛售较少，而且经过分歧后的缩量加速往往跟随的是继续加速，并推动资金在板块内的发散。缩量板可以分为情绪刺激和利好刺激。市场短线情绪火热会为连板梯队的接力注入新的动能，情绪刺激的缩量板对板块有带动效应，可以跟随介入板块前排。而隔夜的利好刺激会对个股次日开盘起到缩量拉升作用，往往在 10：00 前能够涨停，否则代表市场不认可该利好。

打缩量板对判断力和执行力的要求较高。不同位置的缩量板都存在一定的打板难度。涨停板首板和二板缩量一字板持续性不强，都适当放量较好。二板以上缩量加速板连续加速，缺乏资金的换手会出现一家独大的情况，到了高位的缩量板就容易出现换手承接乏力，会出现筹码断层，下跌后多方将没有力量承接，导致加速恐慌。原则上对待缩量板要以观望为主，接力情绪不高时尽量不要打缩量板，尽量打回封板，回封换手释放抛压后，留下的是坚定看多的资金，次日才能有更高的溢价。

市场人气龙头缩量上涨的过程中可能会有陷阱，但首次缩量仍然可以介入。首次缩量往往是加速上涨的标志，当天新进场的交易者买入的筹码持仓成本站在同一起跑线上，次日将形成一股强大的群体合力。如果次日大幅低开，新进场者都会被套牢，主力一般会自救推动个股进行反抽解套。如果次日大幅高开，新进场者也不会着急兑现，个股往往能缩量加速上涨。龙头刚启动缩量加速能继续涨停，甚至走出连板形态。到了龙头的末期要远离高位缩量板，尽量选择人气高的换手板。

连板个股往往是换手板和缩量板交替轮换，一般会先放量后缩量再放量，直到最后爆量分歧见顶。一旦个股次日加速冲涨停，每一次资金出现分歧转一致的缩量都是参与的时机，是标准的打缩量板入场点。但要注意的是连板个股缩量上涨过程中，一旦再次放量，要注意是否主力出货，谨慎操作可以及时止盈。换手板的安全度和持续性高于缩量板，因为个股筹码经过充分换手，多数看空资金都已兑现，只要新入场的筹码能够获利锁仓，就有后续资金跟随介入，个股加速走强。尽量选择充分换手后的个股作为打板的选项，适当放量会让次日风险降低，筹码交换比缩量的更充分，获利盘的成本差距更小，次日高开后的抛压相对低。而且换手板比直接顶一字更具有人气，只有大家都赚钱才能捧出龙头。而缩量板没有经过分歧考验，真强假强并没有经过市场检验，大部分的缩量板加速并不是真强，而是恐惧抛压不敢换手锁定筹码。特别是多数没有板块梯队支持的公告板走出独龙的连续上涨趋势，更容易直接崩溃。虽然缩量一字板可以触发做多情绪，但多个热点轮动会分散资金导致一字板面临兑现筹码的风险。虽然前排龙头以及核心补涨都是缩量加速，但对板块而言需要充分的换手才能保证持续性。

缩量加速板是情绪最强的涨停板，加速往往代表场内资金一致认可，资金惜筹不愿意卖出，些许买盘就能让股价涨停。大幅高开和连续一字板的个股容易成为资金锁仓的对象，一字板大幅度高开会导致之前锁仓获利盘兑现冲动更大，而锁仓金额大的个股存在游资砸盘的风险。连续缩量加速的个股接力风险较大，没有经过换手的一字板涨停筹码结构会出现筹码断层，见顶后容易直接暴跌，连反抽离场的机会都没有。尤其是缩量新高的个股累积了大量的获利盘，次日不适合做接力。只有市场总龙头才能买盘充足不惧筹码断层，无视底部的获利盘进行连续加速，即使首阴也有资金去博弈低吸。

缩量一字涨停多是有重大利好刺激，一般没有机会介入。只有确定是龙头或者补涨龙的地位才相对安全，普通个股连续加速的缩量板是缺乏后续接力资金的，容易被腰斩，有机会介入却很难承接。虽然主力吃独食能保证明天的高溢价，但独食一字板容易出现瀑布式下跌，造成好股买不到，一旦排队买到就开板。而且独食一字板不仅影响到赚钱效应的打造，还促使板块难有持续性。保险起见可以等开板后再次回封买入，形成 T 字板。除非在赚钱效应发酵初期，打缩量板后次日获得良好的接力涨停，能获利走人。所以我们打连续的缩量板需要谨慎。如果遇到非市场总龙头连续加速，基本可以断定是助攻的一字龙或者补涨龙。这种情况一旦断板都是放量后直接 A 杀。

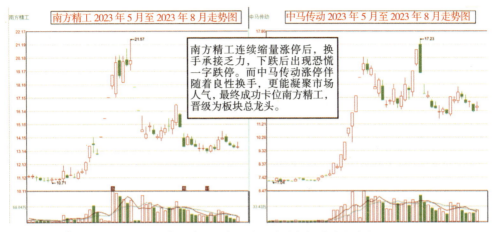

南方精工连续缩量涨停后，换手承接乏力，下跌后出现恐慌一字跌停。而中马传动涨停伴随着良性换手，更能凝聚市场人气，最终成功卡位南方精工，晋级为板块总龙头。

图 6-6 南方精工与中马传动缩量打板的节点对比

图注：同样是减速器板块中的人气股，南方精工连续缩量涨停后出现筹码断层，而中马传动则是一路放量上涨，最后成功卡位南方精工成为板块总龙头。操作上只能在缩量拉升初期介入南方精工，连续缩量一字后缺乏持续上涨的动能，高位震荡期间介入容易出现大幅下跌。而中马传动在放量涨停过程中，每天置换一批新资金，高位积累的获利抛压较小，资金高位接力意愿更强，做多动能更为充足。

6. 反抽打板的方法

反抽板多出现在核心个股下跌中继和超跌反弹两个阶段。当市场刚进入弱势时，亏钱效应首次大规模覆盖赚钱效应，局部板块存在个股的反抽。尤其是主流热点板块的核心个股容易反抽。因为市场还没受到大范围亏损的冲击，场内资金会认为热点尚未结束，从而选择进攻前期的热点板块延续赚钱效应，形成主流热点的反抽。主流热点反抽是弱势行情中为数不多的资金承接，能延续较为弱势的赚钱效应。只有主流热点中少部分个股在反抽中形成新高，大部分个股冲高回落之后继续延续调整态势。只要市场延续下跌趋势，反抽的个股在完成中继平台的调整后，会继续下跌。由于反抽缺乏持续性让短线资金在竞价阶段就开始谋划撤离，短线交易者会把握为数不多的机会兑现。随着各个热点反抽和反杀反复进行，市场亏钱效应逐渐加剧，继续延续下跌趋势。参与缺乏持续性的反抽，以隔日套利作为主要的操作手法。

超跌反弹时，反抽板是博弈市场见底的重要信号，具有左侧交易的性质。当大盘指数持续下跌时，超跌板块个股的技术指标处于超跌与钝化状态，会在大盘修复时低位出现无量反抽涨停板。指数完成修复后，超跌的反抽板会形成辨识度，前排第一个最有人气的龙头有可能成长为逆势龙头带领市场反攻。由于市场底部的存量资金不足，资金要更为集中才能拉动龙头涨停，我们只能操作个别龙头的底部反转。值得注意的是，毕竟反抽不是市场的主流，市场有板块主升的时候尽量少做龙头的反抽板，打反抽板不是短线交易的优先选项。

反抽板中最为常见的是V型走势的T字板，其形态非常考验操作的手法。由于市场弱势影响，个股开盘即刻暴跌，意味着左侧上方有大量的套牢盘，虽然当天能封住形成T字板，但次日容易被套牢盘大幅度砸盘。而下方有大量资金介入抄底形成V形底部，抄底筹码变成获利盘在次日随时可能卖出。针对V形走势的反抽个股，主力所面临的前后压力非常大，一般会选择次日进行洗盘，把上下方的筹码清除，导致打反抽板次日很容易被主力洗盘出局。

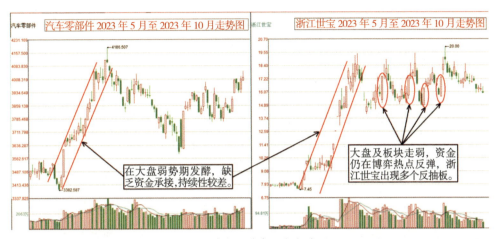

图 6-7　浙江世宝打反抽板走弱

图注：在 2023 年 6 月至 7 月期间，大盘指数处于弱势震荡格局，汽车零部件板块在消息面刺激下获得反弹机会。但由于弱势行情缺乏资金承接，汽车零部件板块的炒作缺乏持续性。板块龙头浙江世宝虽出现连板行情，但整体走势并不流畅，赚钱效应也较弱，短线资金认为炒作尚未结束而出现反抽板，参与时不能盲目进入。

二、首板交易战法

妖股也得从首板中走出来，市场上每天都会出现很多首板的介入机会。做首板非常考验临盘反应能力，基本没有时间进行思考和研究，更依赖盘感和运气，并且要对消息面有较高的敏感度，结合各个方面因素综合筛选。做首板虽具有弹性好、安全性高的优势，但也有判断买点难和选股难的劣势。

1. 首板选股方法

任何龙头都是从首板走出来的，而二板过后符合逻辑的个股直接加速一字板而难以买入，首板成为最好的买入机会。首板具有位置低和相对风险小的优势，受周期影响较小，且盈亏比更高。首板产生后会增加市场对其的关注程度，后期空间更大，也能抓到潜在龙头。但相对于连板股，其稀缺性不足，首板选股范围从 5000 只股票中选股，二板的个股只需从昨日首板中选取，降低了选股难度。由于首板的可选范围过大，选中强势股的难度较高，对题材挖掘能力要求较高。首板事发突然，交易者缺乏预案，难以快速了解个股上涨逻辑以及判断题材持续性等，盲打的偶然性因素更多，大多数会因为板块分歧的原因让账户持续回撤。而且首次涨停往往很难判断个股后续的发展情况。相比较首板，交易者有更多的时间去分析二板股的上涨逻辑和题材强弱等，理性思考后会排除弱势的首板股。虽然二板放弃了首板 10% 的上涨空间，但位置相对较低及风险可控。而且资金上涨具有惯性，二板连板概率比首板的涨停概率要高。所以打首板的难度比追涨连板更大，在短线交易中直接买入首板，是经验丰富的交易者的操作手段。

首板的选股要综合量价关系，把内在逻辑、市值和 K 线形态等因素多方考虑，选择形态好、逻辑强的个股参与。尽量选择主流板块中有高辨识度的龙头或者核心个股，更容易获得接力资金青睐。一是流通市值不能太大，一般在 50 亿以下，主力拉升容易封板。流通量大对次日的接力要求较高，涨停次日大多数是冲高回落。二是 K 线形态最好是突破前期的高点压制，上方抛压更小，连板概率更大。三是开盘后主力抢筹，成交量快速放大快速拉升。四是个股在题材内有涨停记忆，最好曾经跟题材共振涨停。尽量选择一周内出现过涨停板的个股，涨停代表强度和人气，历史上连续涨停说明个股股性活跃、人气足和号召力强。人气累积的买盘是需要时间去发酵的，涨停记忆会产生大量增量买盘，涨停过的个股容易吸引主力再次尝试封板。五是分时调整最好不能跌破开盘价，跌破也能快速拉回。六是可打可不打的不打，要打就打龙头，而不跟风。

具有市场资金聚焦的合力、资金主动性和市场地位的首板不容易炸板。个股如果是没有市场地位的被动跟风板，一旦板块出现风吹草动就会率先炸板跳水。此时有地位的龙头就算炸板也会有资金愿意承接封涨停。结合以上条件打首板的成功率将大幅提升。

首板博弈的是次日接力意愿，结合短线情绪、题材预期、市场定位、龙头及对核心个股的判断，可以尽量以下面七种方法来打首板，效果显著。

（1）**打前排最先涨停的首板**。前排首板在次日的溢价较高，最先涨停的个股是前排股。主力有计划地去点火前排，会优先选择形态和筹码结构好且换手充足的个股，可以小仓位试错热点板块前排个股的首板。核心前排个股能带动市场节奏时，在风口出现的时候以打板的方式介入，或者在开盘集合竞价时就挂单买入。题材情绪高涨的时候，打同梯队最早上板的个股，封板时直线或者 N 形快速拉升的涨停质量更好。如果首板打不到最先涨停的个股，核心个股出现一字板或者秒板不给上车机会，要尽量在前排个股中考虑筹码结构良好的个股去低吸或者套利。

（2）**打补涨切换的首板**。预计龙头分歧或者板块高潮的当天，板块内部出现高低切换或者高潮首板，此时打首板大概率可捉到补涨龙头。当主线龙头封住涨停板后，出现看高做低的确定性机会。资金会选择挖掘板块高潮中当天跟风套利的首板。

（3）**打新方向试错的首板**。首板基于具有想象力的大题材，才能更具持续力和爆发性。当突发消息出现引起板块出现高潮，会有资金开盘即刻拉出首板，此时打创业板或者科创板的个股套利的空间较大。一旦新方向发酵后，龙头会诞生在首板中，尤其是能够和指数共振上涨的主流板块中。

（4）**打板块情绪支持的首板**。板块情绪决定资金是否愿意跟随封板，首板所处的板块尽量是当前主流热点或者次主流题材，题材是科学技术突破或者国家政策利好，具有想象力、爆发力和持续性。首板基于主流题材较为安全，没有板块情绪和大题材支撑的个股单独涨停和小题材个股通常是一日游行情，博弈这种涨停极易被套牢。

（5）**打板块轮动的首板**。资金踏空市场主线题材，会选择拉升低位补涨的延伸概念的支线题材，此时也可以选择支线题材的核心个股作为打首板的目标。当主流题材滞涨时，会有资金尝试切换到其他板块或者支线题材，此时首板往往可以获得主流热点大分歧外流的资金。

（6）**打龙头节奏配合的首板**。龙头上涨过程中会出现分歧和一致相互交错的情况，一致涨停的节点往往是板块内出现确定性首板的机会。只要龙头的地位稳固，在一致节点出现的助攻个股和后排的跟风补涨首板确定性高。但此类首板没有地位，大部分是套利性质，次日不是高开秒板或者一字板，都需要卖出。

（7）**打符合周期的首板**。打首板首先要注意短线连板环境与情绪周期，首板需要资金与情绪周期共振，一般在情绪弱势下打低位超反弹的首板，情绪强势下打底部突破的首板。在题材行情打小盘股，在赛道行情打大盘股。尽量选择处于情绪刚开始发酵的周期阶段进行打首板，新题材的核心个股有效突破或者回调到支撑位的点位都可以打首板。

打首板的目的在于博取次日的溢价，日内打板期望的利润不能过高，多数日内首板是一日游，能连续板的概率不超过20%，短线资金也是次日开盘后就逢高离场。如果是强首板还会给到冲高机会，而弱首板介入的风险比较大，一旦低开有反抽机会即离场。以下有几种首板属于弱首板，尽量少打。

一是午盘直线拉升的首板少打。早盘板块的效应较好，龙头没打上还可以打龙二龙三，但午盘直接拉起来的跟风板多是没买到前排又不想踏空才买入的，跟风资金会选同题材后排个股进行首板套利。午后的首板直线拉升导致筹码未经过充分交换，次日获利筹码容易被兑现。

二是高位放出天量的首板少打。个股经过一段时间的持续拉升已经处在高位，意味着下方有较多的获利盘，在高位的首板可能只是最后的一次加速，为吸引散户进去打板接盘。次日可能会出现获利资金出逃的低开或者炸板。

三是活口首板少打。首板一般是跟随板块爆发而出现的，如果板块出现较大分歧导致只有少数活口出现首板，此类首板往往是后排涨停。一旦板块分歧继续延续，活口首板也会跟随板块补跌，博弈的性价比并不高。

四是小盘股烂板炸板少打。个股封板后开板可能是主力在板上换手吸筹，后市比较看好，但反复烂板意味着场外资金很容易买到筹码，不存在封死涨停板不给机会介入，说明封板资金不坚决，对次日的溢价不看好。显示封板资金的信心不足，连小盘股都封不住。由于烂板和炸板导致新进的资金在涨停高位附近买入较多，次日接力的压力较大，个股能在次日出现弱转强的概率较低，往往出现直接低开。还有可能是有潜伏筹码在板上高位出货，此时散户在高位接盘，次日失去主力的承接，开盘后就可能直接崩溃。

五是尾盘偷袭的首板少打。个股在尾盘偷袭拉升是信心不足和资金不强的表现。主力可能担心前期抛压太大导致涨停板封不住，才会在尾盘最后的时间段去偷袭封板，让抛压没机会出逃。如果次日的板块情绪不好可能直接低开低走暴跌，风险很大。

六是封单犹豫的首板少打。主力持续一鼓作气大单吃掉涨停价前的大卖单，给人一往无前的气势，表明主力对个股的后市强烈看好。个股拉升到涨停价或者前几档，出现小单慢慢买进，或者是多次冲到八九个点，但是没去封单，说明主力实力或者信心不足。如果封板位置的卖单不断涌现，买单犹豫不决导致涨停反复打开，甚至尾盘有资金逃跑，收盘才封停，这样次日的溢价空间往往不佳，不是大单抢筹的首板一般不考虑。

七是触碰压力位的首板少打。尽量规避短期内可能触碰压力位的个股，前筹码密集区和放量分歧区都容易形成压力位。触碰压力位不仅会导致首板难以封住，还有可能在次日遭遇抛盘，因为首板的溢价来自次日一进二的接力资金，如果介入遇到抛压打击，接力的资金多会选择观望。

八是一字首板少打。一字板多数是受利好消息刺激，主力资金抢筹，正宗的一字首板是很难买进的，而不正宗的一字板一旦开板都难以回封。除非受到当日指数错杀的开板，才有回封的可能。

九是缩量首板少打。缩量意味着资金锁筹，更容易走强，但如果首板没有有效放量，说明个股包含了大量的获利盘，前期的套牢资金容易在次日兑现，接力资金难以高位接盘。在没有充分换手套牢盘前，首板的次日风险隐患就没有被清除。

在情绪高潮的时候选择双创首板是快速盈利的重要手段。选择题材发酵后，溢出的资金会去创业板或者科创板寻找同板块的首板机会博弈更大的利润空间，一般同一板块至少会有一个此类个股被选中，如此选股的范围将大大缩小。由于双创的首板 20% 的涨幅要高于普通连板，40% 的涨幅会推动股价接近高位，这决定博弈首板性价比最高的是双创个股。整个市场中双创首板每天平均有两个，一般不超过四个，意味着打双创首板的目标较为明确，基本上在总涨幅排行榜的前列个股中选择。只要是当天市场情绪较好，板块指数能够持续上涨，该板块至少会有一个创业板个股能封板。而且只要次日市场没有大规模的兑现行情，双创首板的溢价率比主板个股还要高，连板率也更高。

2. 首板交易战法

首板的出现意味着原来的行情将要变化，敏锐的短线资金会首先关注首板带来的蛛丝马迹。首板多是主力试盘，而散户是缺乏合力封住涨停的。散户只有信心充足才会去参与打板，封板的大单才能吞没抛压盘。打首板最好在10:00前，越早封涨停板，代表主力资金需要花费更多的资金去承接涨停后的抛压，体现主力资金打造龙头的决心。涨停早和封单金额大的首板个股往往受到资金青睐，大部分游资选择在10:30之前封涨停板。坚决不打下午再涨停的跟风股，越后面的越没有参与价值。除非午盘题材突发消息点火板块，或者市场弱势板块分歧较大，上午分歧到下午转一致，可以打转势板。

首板买入要注重成交量，首板成交量与近期相比不能太大，也不能太小，至少要超过前几天成交量的一半。题材支撑的换手个股出现首板后可能会成长为领涨龙头。如果个股在连续的缩量下跌后，首板适当放量，并没有遭受大范围的筹码兑现，资金锁单欲望较强，次日可以大胆介入。若昨天已经放量，那今天的量最好是与昨天的量持平，如果超过也不能超过昨天太多，放大量的涨停，次日难有溢价。而且个股缩量长期阴跌后出现高换手率爆量首板，说明套牢筹码急于兑现，大概率主力还需要继续洗盘释放抛压，所以尽量要回避爆量首板。一旦进入二板就需要出现比首板更大的成交量作为换手支撑。如果首板温和放量，二板开始缩量加速，三板如果不能放量覆盖筹码断层就会前景不佳。首板适当放量最好，首板一字的个股不容易走远，成交量能达到昨天三分之二左右再打板。

要点：我们在板块发酵初期选择介入首板时，应选择量能温和放大，日内抛压较小的个股买入。首板量能过大，后续潜在的做多力量也会被消耗殆尽，持续走强的概率偏小。

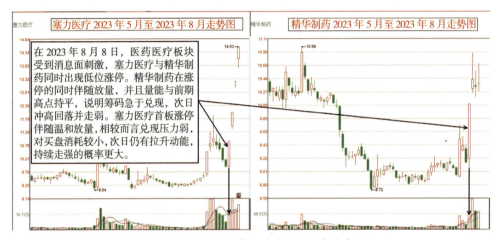

图注中文字：在2023年8月8日，医药医疗板块受到消息面刺激，塞力医疗与精华制药同时出现低位涨停。精华制药在涨停的同时伴随放量，并且量能与前期高点持平，说明筹码急于兑现，次日冲高回落并走弱。塞力医疗首板涨停伴随温和放量，相较而言兑现压力弱，对买盘消耗较小，次日仍有拉升动能，持续走强的概率更大。

图 6-8　塞力医疗与精华制药首板交易的对比

图注：在医药医疗板块发酵初期，塞力医疗与精华制药同时涨停，但精华制药首板就出现明显放量，说明套牢资金急于兑现，不利于走出连板行情。而塞力医疗则是出现温和放量，在消耗部分抛压的同时保留了潜在的做多力量，在板块持续发酵的情况下，后续大概率能走出连板行情。

　　打首板要注重仓位，既然首板是试错，那就要根据封板成功率来决定仓位，尽量不高于三成去打板。不能满仓去打首板，要留出资金去追二连板的龙头种子。次日等卖出持仓再打二板股可能已经失去介入的机会了。如果三成仓位买入首板，在二板股涨停前再加三成仓位，可以保留当日操作的机会。如果板块核心龙头竞价表现不佳，说明市场氛围和板块情绪不强，要做好撤退的准备。保守操作是至少卖出三分之一仓位后继续观察，避免错过后面出现的强势机会。

　　打首板的买点尽可能选择最后一档，即将涨停的时候打板介入，或者上板后主动排板。直线拉到八九个点后持续震荡的，说明主力不主动消化涨停附近的挂单，而是让跟风散户消耗空头力量，说明主力对于涨停持观望态度。一旦走势不及预期，主力可能就会选择放弃进场。如果个股出现大单托底不主动成交，说明主力上攻意愿不强，吸引散户接力出货的可能性更大。

首板的次日卖点主要观察次日开盘价和分时方向的强度。零轴是强弱分界线，低于零轴开盘是弱势，可根据反抽强度来决定卖点，个股反抽不过开盘价立刻卖出。如果个股高开一两个点，10:00前冲高不涨停则卖出。如果高开3%以上，容易出现兑现，最多压价到零轴附近，不能上冲就卖出。如果首板炸板，需要通过量能判断次日的操作，当日量能较小且封板时间不长，次日有反包机会。多数情况下首日炸板次日应无条件出局，次日个股开盘分时上冲至昨日收盘价位附近时可以卖出。首板次日涨停炸板后不能及时回封，炸板即卖出。一般而言，打首板的次日不连板则要寻找分时高点卖出。除非是首板涨停前有资金介入较深，可以适当等待。

3. 首板消息刺激战法

首板交易要对新闻保持敏感度，大多数首板是由利好事件激发推动的，根据题材的强度和新闻的热度来发酵。我们要重视能影响行业的政策和消息，特别是板块处于政策风口，在市场低迷时提振公众信心的政策格外重要。利好消息的影响程度需要结合当前板块情绪和个股在板块中的地位来分析，行业性的消息刺激能形成板块的异动，激发板块内个股大规模涨停以及有地位的个股出现持续的连板。一般而言，消息刺激很难有持续性，贸然追进大概率有被套牢的风险。

市场通过价格传递的信息准确性是最高的，高开越多和涨停越快表明资金对消息的认可度越强，次日溢价更有保证。上午10:30前涨停的个股最好，因为首板多是事件驱动，游资热衷打板消息刺激的个股，前一夜的消息发酵会在次日 10:30 前完成筹码的交换。消息刺激对首先涨停的核心个股效果较好，尤其是在市场缺乏持续性题材的震荡市和熊市里，往往在题材受消息刺激以后，游资会在首板点火，板块内出现多只个股一致性涨停。此时可以选择出现地量超跌后第一个上板的核心个股，第二第三都要放弃。因为消息刺激的首板中只有最为正宗的才能在次日晋级，如果次日市场情绪不佳出现兑现行情，首日的多数首板都会低开。

消息刺激的首板往往由消息的强度决定溢价，重大利好消息促使首板一字涨停，甚至推动明牌个股连续涨停而难以开板，没有买入的机会。消息影响较小时，以冲高回落为主，尚未证实的利好消息或者只针对个股的消息难有板块效应，持续性并不强。其中包括定增重组、高送转、业绩披露、增减持等消息，此类消息参与的难度大。长期横盘或者阴跌的个股面对此类利好消息会出现开盘大幅冲高的情况，但如果不能封住首板极有可能冲高回落。因为利好消息并不会全面传导到每个套牢筹码，对于多数套牢盘而言，冲高就意味着是解套的机会。特别是在大熊市里高度板较少，主力资金会围绕消息刺激低位的首板股进行欺骗，熊市中的利好往往是被拉高用于出货的机会，板块高位滞涨时出现利好消息，资金有可能就借助这个机会兑现，这是利用散户在熊市中容易被救命稻草蒙蔽的心态而冲动接盘。尤其是大资金离场难度大，只能在上涨途中逐步寻找接盘侠。针对此类个股不能操之过急，需要等待市场情绪发酵。

受到消息刺激影响，个股出现快速从零轴直线拉升涨停，如果板块未能配合拉动，封住的概率很低，多是套牢筹码借助消息进行兑现。但板块大部分个股出现联动上涨，前排个股多数涨幅超过 5%，个股能封住的概率相当大，甚至能成为板块龙头。开盘前已经出现利好消息未能促进个股涨停，或者个股开盘迅速拉升到涨停后却烂板，说明市场对该消息并不算认可。如果个股受到消息刺激而竞价高开，可以根据量能来确认强度。因为市场资金是利好消息的最终确认者，放量的涨停板最终确定方向才是资金介入的时机。被市场资金认可的首板个股要体现出封单力度和强度，后续才能享受资金追逐的高溢价，后期的炒作才具有安全性。如果首板涨停尾盘开始漏单，意味着资金对首板的消息并不认可，预计次日将出现分歧，提前进行兑现。尾盘抢跑会使场内资金产生危机感，打板资金也会谨慎或是撤单观望，次日不能一进二买入，而是要尽早冲高离场。

三、一进二交易战法

一进二和高位接力相比，位置低、风险小并且向上空间大，强势股晋级二板后会出现加速上涨。在连板模式中，一进二的盈亏比最高。相较于打首板，打二板捕捉到大牛股的概率更大。但如果板块内有更高的连板个股，那么一进二属于后排补涨，会被率先淘汰。一进二优选热点主流题材的前排有辨识度的个股，在题材有持续发酵可能的基础上，要跟随近期市场资金的方向去打板。

1. 一进二选股方法

个股辨识度和地位是一进二接力的关键，市场中做一进二接力的资金在复盘时会筛选辨识度和地位更高的个股作为接力的首选。由于个股首板涨停的次日不超过二成能继续连板，大部分的首板涨停是踏空资金所推动，陪跑的后排跟风股没有接力价值。而且首板数量越多，晋级率越低。首板数量多代表短期低位情绪进入高潮，次日分歧会导致情绪急转直下，一进二操作难度加大。

潜伏龙头需要进行广撒网，从低位一进二开始关注辨识度高的核心个股以及能对短线情绪和板块具有带动性的个股，不断去弱留强找到最终龙头。只要选择的板块方向不发生偏差，把握每日板块轮动所带来的人气股暴涨机会，就可以博弈到龙头崛起。具备龙头相的个股往往在前三板不给买入机会，率先二连板的个股是板块竞争的胜出者，具有成为板块龙头种子的特质。**一进二是博弈的关键节点，由于二板的涨停一字板或者开盘秒板都代表着主力志在龙头，关注最先涨停的板块内最强的个股往往能在二板擒获潜在龙头。**

板块爆发时鸡犬升天，首板个股的涨停更多来自消息的刺激，辨识度尚未表现出来，涨停逻辑并不是很充分。如何从中发掘出一进二个股？要尽量在首板中做好充分的考虑和预判，可以通过首板封单量和成交量来判断辨识度，根据热点题材和市场情绪，提前选择好的个股进入股票池，待次日竞价再作判断。次日早盘判断昨日首板涨停股中哪一只连板概率较大，在板块启动的当天要对板块内的涨停股进行比较，通过流通市值、股价、位置等综合判断，具有涨停迹象的异动股在竞价分时上会现出端倪。在竞价阶段确定方向，在盘中等待接力的信号，如竞价成交量持续增加，价格同步上升等。具体可以通过以下步骤来选股。

（1）**判断题材强度**。做一进二接力最重要的是个股要契合当前市场热点，可以通过板块涨幅和市场资金流入动向来判断第二天资金回流的题材能否成为主流板块。一般而言，板块涨停板数量至少大于五只个股才能成为热点，主流板块的涨停家数大于十只最好。只要是符合主流概念，竞价排单不多的个股都能在开盘后板块效应发酵的情况下推向涨停。如果板块首次高潮的次日出现持续性发酵，板块中军和首板都能实现高开共振上涨，说明该题材有大资金愿意接力，选择题材内的个股介入，一进二晋级的概率更大。尤其是完成主力吸筹试盘洗盘动作的个股经过首板确认，次日继续涨停的概率更高。新题材首次强势发酵当天，板块会出现超过五只的涨停股，板块指数超过 4% 以上，可以把最先涨停或者形态较好的个股作为自选股，分仓打板前排的三只涨停股，博弈次日的持续性。反之，如果在竞价时市场氛围与板块情绪不强，总体表现低于预期，多数首板个股一进二失败，说明题材不具有持续性，要做好及时止损的准备。

（2）**筛选市值适中的个股**。尽量选择总市值 50 亿至 200 亿元、流通市值 30 亿至 50 亿元的个股，个股流通市值越低越容易拉升，主力所需要资金越少，成本也越低。股价不超过 20 元最合适，最佳日成交量介于 2 亿至 5 亿元，并且不带融券性质，主力容易拉升，盘子太大或太小不利于资金接力。近期有过涨停或涨停回落的个股，历史连板优先，市场关注度高。新股叠加当日热点，并且附带新属性联动的个股最佳。可以在龙虎榜上榜后的次日，选择买入主力资金净流入的涨停股，尽量在个股中寻找主力建仓的痕迹和排除突发拉升的情绪股。如果在每日的涨停板上出现涨停原因不明的个股，尤其是能够顺利一进二的个股可以多加注意，因为个股能够一进二涨停说明具有充分的理由，只是多数人还不知道。这个涨停逻辑从不为人所知到广泛认可的过程，是信息不对称带来的最佳买入机会。

（3）**尽量从趋势延续的角度筛选个股**。趋势决定了炒作的深度，情绪决定了炒作的强度，一进二晋级有中线趋势的个股，情绪会助推晋级率。其中中线趋势有整理的个股往往会急剧爆发，出现一波连板行情。横盘调整越充分，爆发的力度越大。个股在横盘震荡调整阶段涨停很少，但是一旦行情启动就能迅速涨停打出强度。个股在调整阶段是在积蓄力量使场内的筹码做多意愿倾向于一致。而个股没有经过整理而突然涨停，次日容易遭受集中兑现释放的抛压，对个股拉升损伤较大。

（4）**选择封板强度大的个股**。选择封板强度大和时间早的个股，个股首板上板力度越大，分时均线越陡峭说明辨识度越高。尤其是经过前期盘整的首板当天适当放量最佳，充分把松动筹码清除。首板率先涨停的个股需要重点考虑，尽量选择早盘开盘 5 分钟内涨停的个股。个股上板时间越早辨识度越高，主力无惧日内的抛压，做多的决心更加坚定，人气也更聚集，热点持续发酵才能促进连板。而下午封板往往会失去在板块地位中的优势。不仅首板封板早比较重要，而且在次日一进二时，也要做板块内最先冲板的二连板，且封单越强，封板越早，地位越高，在 10:00 前封死涨停的个股大多是主力一致看好。二板的涨停时间不超过开盘 5 分钟更好，最强的是一字板，次之是开盘高开秒板，最后是低开高走弱转强。尽量选择高开个股，其承接力较强、市场合力大。直接放弃低开个股，低开代表抛压较大，即使盘中有冲高也容易被兑现。涨停前分时均线至少都是在 5% 以上，分时均线过低的个股是平均成本过低的表现。开盘半小时内波动不能低于开盘价，体现个股承接意愿。选择经过回踩有效承接的个股进行半路买入或者打板确认，有补涨潜质的个股可以买在加速缩量板或者加速一字板的位置。

但值得注意的是，早盘的缩量加速个股在弱势行情下容易冲高回落，而且次日溢价不高。选择午盘后出现的分歧，一进二打板的确定性更高。因为早盘个股容易在午后大盘弱势时跟随分歧回落，在早盘接力一进二面临陡增的市场弱势抛压，反而风险更高。我们可以根据当天的大盘分时走势来预判当天的收盘情况，再确定午盘介入一进二的介入时机。

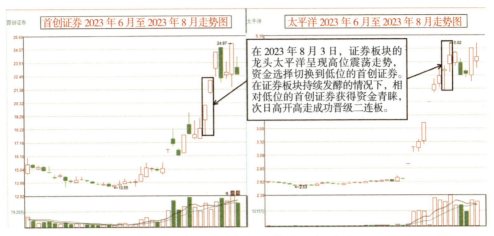

在2023年8月3日，证券板块的龙头太平洋呈现高位震荡走势，资金选择切换到低位的首创证券。在证券板块持续发酵的情况下，相对低位的首创证券获得资金青睐，次日高开高走成功晋级二连板。

图 6-9　高低切换时关注低位的一进二机会

图注：证券板块持续发酵，炒作情绪趋于高潮后，资金开始产生畏高情绪，龙头太平洋出现高位滞涨走势，而低位的首创证券则是出现连板补涨行情。说明板块持续炒作过后，资金有高低切换的行为，一方面是资金不愿意放弃热点的炒作机会，另一方面是龙头涨幅过大，高位调整的风险加大。我们可以在主流板块发生高低切换时关注低位的一进二机会。若板块龙头能够保持高位企稳，不释放亏钱效应带崩板块，低位强势的补涨个股大概率能够实现连板晋级。

一进二特别考验次日热衷短线接力的龙头选手是否来接盘，提高一进二成功率有多种因素，归纳如下：

一是题材共振。一进二的强度可以初步判断题材的强弱，在题材上涨期间，题材中的首板大部分强势晋级二板，说明该题材强势，受到资金的追捧。从集合竞价去观察首板个股和板块指数的联动性，两者同步高开说明题材和个股都有资金接力。在题材氛围配合下，一进二连板成功率较高。

二是情绪爆发。一进二打板操作要把握市场的节奏点，尽量选择在情绪的特殊节点试错进场，在次日去弱留强后再进行加仓。在情绪主升阶段，题材全面爆发，低位一进二成功率将会提高。新龙卡位晋级成为题材龙头的节点，板块的跟风个股会得到发酵，此时做低位的一进二的胜率高。或者在龙头首阴断板或者即将断板的节点，博弈低位补涨龙的资金也会提高一进二的成功率。上一轮短线周期的末期和新题材周期刚开始的节点是一进二胜率最高的位置。主线题材分歧后，新题材周期启动时，在次日的一进二中至少有三只个股竞争二连板，还有后排跟风个股普涨。其中迅速封板的个股资金关注度较高，此时题材的强度可以配合一进二成功。而在板块退潮的节点出现板块跌停家数超过五家、短线投机的情绪低迷时，就不适合使用一进二打板。

三是卡位晋级。在空间个股卡位成为题材龙头的时候，所属题材的跟风个股得到发酵，低位同属性的一进二可能性大。在龙头首阴断板或者即将断板时，资金有高低切换回避高位下跌风险的需求，资金试错低位首板或者一进二会获得资金的关注。在板块内核心个股卡位晋级龙头时，板块内跟风个股会得到发酵，博弈低位同属性和补涨龙的资金也会提高一进二的成功率。

四是叠加属性。成交金额排行榜前十只股中重叠属性最多的一般是当天的热门人气股。叠加次新属性以及多概念共振的个股一进二的成功率大大提高。

五是超预期表现。如果前排个股开盘后弱转强出现超预期的承接、龙头持续晋级、板块核心个股超预期加强、助攻中位连板股竞价等，说明整个板块情绪继续加强，后排个股的一进二也会被资金强推封板。个股竞价符合预期，开盘后有主力资金放量拉升，一进二成功概率大。不及预期要观察开盘后的资金承接、拉升力度以及抛压情况综合判断成功率。首板是烂板，次日竞价弱转强高开，成功率更大。

六是中军表现。题材中军能实现高开，说明大资金愿意做接力中军，一进二概率会更大。

七是逆势走强。在情绪冰点出现的昨天的涨停股中能够继续高开走强，尤其是在大盘逆势中最强的个股，打板的成功率更高。当市场大跌的时候，能逆势走强涨停的个股甚至能使资金抱团而成为妖股。

一进二最好是打板买入，以最高的成本换取最高的确定性。一进二有如下几种情况尽量少打，尤其是投资新手别贸然操作，防止钻入主力的圈套。

一是首板为一字板尽量少打，一进二要么买不到，要么当天冲高就回落，实在要买就在涨停板上确认排板。二是流通盘大于 300 亿的大盘股尽量少打，大盘股对接力的资金需求过大，拉升难度高。三是创业板和科创板的个股尽量少打，首板涨幅过大，在一进二的时候也会面临过大的兑现压力，不是一进二的首选个股。四是次新股尽量少打，虽然次新股没有过多的套牢盘，理论上适合后续拉升，但在注册制的环境下持续性较之前减少，也不是一进二的首选。五是带有港股通、沪股通的个股尽量少打，有做空动力随时砸盘。

2. 一进二买点选择

板块在不同的发展阶段，一进二买点的操作并不相同。板块发酵的前期，二板承担推进板块发酵的重任，可以等板块分化出前排核心再进行一进二的操作。板块主升阶段，核心个股已经三板定龙头，出现竞价一字超预期继续上攻，或者同身位助攻个股一字涨停都会对整个板块有所加强，此时一进二的资金也更为大胆，愿意博弈低位的一进二。板块进入后期阶段，作为补涨龙头的竞争个股都值得尝试一进二，激进的操作者可以在竞价阶段挂单买入。核心个股在一进二出现一字涨停难以介入时，我们可以稍作等待观察开板回调是否出现良好承接再作决定，优先选择低市值的个股操作 T 字回封。打回封板强度虽然没有秒板高，但是炸板后高位震荡释放了分歧，确定性反而更大。

板块情绪分歧的当天，资金会在板块中做高低切换，低位首板的跟风个股会被选中作为一进二的潜在标的。但跟风个股一进二面临获利筹码的抛压，而且首板是主力低位试盘，一进二极有可能失败。所以二板不要去打首板的跟风股，而是要把握二连板的龙头种子，寻找板块内最强的个股晋级成为龙头的机会，瞄准前排个股来博弈龙头的成功率更高。把握只打前排核心二板的原则，尽量不要打跟风个股的二板。但如果二连板股出现一字板买不进去，就不要去打板块的首板股，而是要把重点放在二进三上。

打板一进二要关注启动的量能信号。在竞价阶段可以做好准备，集合竞价能反映市场的承接意愿和抛压大小。一进二个股集合竞价的涨幅大小，要与成交量匹配，竞价涨幅越高，对量能要求也越高。二板的竞价量能越大越好，代表主力消化所有筹码的决心。如果个股换手率达到 10% 高开，往往是主力抢筹的表现，开盘后放量拉升快速涨停，则可以挂涨停价买入。竞价出现一字板时，个股涨停排量逐步上升且排单多优先，上方和下方量柱红色最好。竞价符合资金预期，开盘后会有主力放量拉升，则一进二成功概率大。一般竞价量能大于昨天总成交量的 10%，不低于昨日封板量的 30%，当天往往可以涨停。

次日在打板一进二的时候通过成交量和首板进行比较，符合温和的高换手成交量更能保证个股的成长空间。如果在盘中涨停成交量比首板小，则代表短线浮筹还未清除，砸盘风险依然存在。一进二能放量突破箱体和压力位最好，放量代表有主力资金进入，并且优先选择最近 20 日内有过涨停的个股，发现有主力建仓后准备拉升的痕迹即可入手。所以首板涨停时需要充分换手，有换手的涨停才有持续性，否则容易一波到顶后直接炸板。首板和二板都是一字涨停的个股介入难度较大，除非是具有补涨龙头潜在地位的可以排板买入。多数一字涨停首板是突发消息刺激，后续个别可能会延续连续一字缩量涨停，但一旦开板会面临巨大的兑现压力。

个股首板次日的开盘情况会影响一进二的买点。如果个股不超过 3% 小幅高开，则可以半路打板。次日高开 3% 以上，反映市场承接抛压，开盘后堆量推升快速上攻，要结合市场热点和逻辑进行介入。个股超过 6% 以上大幅高开后缩量上涨，往往能封板。一进二的早盘开盘时进行半路追涨博弈连板的风险较大，最稳妥的方法是在直线冲板时最后一档进行打板，或者大单拉直线半路出现良好承接时，通过拉升的强度来决定是否介入。次日大幅高开后下跌，一旦跌破当天的开盘价，意味着失去了资金的青睐，要尽快离场。如果开盘后缩量下跌再快速拉回开盘价，可以买入。如果次日是平开或低开，需要等待分时均线走向清晰后再选择操作方法，尾盘不能继续冲板则放弃。个股低开代表抛压较大，即使盘中有冲高也非常容易被砸。针对低风险的一进二买点，可以考虑在低于开盘价的位置填单，等待个股冲高后遇到分歧回落的相对低点成交。

图 6-10　一进二的买点在午盘放量冲板时最佳

　　图注：在好上好 2023 年 9 月 27 日晋级二板的过程中，虽出现竞价低开，但分时走势迅速拉回并企稳在零轴与分时均线上方，随后再次出现放量走强的情况。我们可以在午盘放量冲板时介入好上好，充分换手后再次冲击涨停并成功封板的一进二个股，次日大概率还会有溢价。

打板和排板都是为了在板上做一进二时有确定性，一进二只有达到超预期的标准才可以参与。当个股首板次日开盘后，板块出现集体性一字涨停，走势超出预期，可以根据个股地位来决定买入顺序，提前填好涨停价委托订单或者及时进行排板。如果不能顺利实现二板，当日就会冲高后遭受兑现而回落，昨日的筹码会加速兑现。只要次日开盘半小时内没能涨停，一进二大概率会失败，不用再等待。一进二虽然每天都会有个股成功晋级，但时机不同，板块情况不同，很难保证成功的概率。尤其是板块运动规律呈现 A 字形态的，一进二淘汰分化快，个股晋级成功率低。

四、空间板交易战法

空间板具有领涨核心股高溢价的优势，叠加聚焦市场最多的目光，打空间板是市场最暴力的短线模式。空间板解决了选股难的问题，目标基本就是一到两个，都是继续加速有希望成为市场总龙头的种子选手。多数市场总龙头出自空间板，与此同时市场上最大的亏损也源于空间板，如果操作得当很快可以翻倍，盲目博弈空间板也很快会被腰斩。

1. 空间板打法

打板的确定性要高于低吸等操作，就要围绕成功概率最大的个股进行打板，打最高板有最大的确定性。参与打板试错最高空间板是短线交易者的必修课，只选择确定性较高或者性价比较高的个股进行博弈，及时止损和确认加仓是操作的关键。在短线高位的空间板交易中，我们冒险参与高度板的目标是大波段收益，博弈预期空间不高的空间板是缺乏性价比的，要尽量少参与。重点仓位围绕最高板才能博取最大的利润，盈利后要坚定持股信心。

选择打空间板主要有以下几个原因。一是难度。试错空间板相对打首板的标的更少，难度也更小。二是辨识度。最高空间板高度会有最高的辨识度，往往是市场的核心，是复盘和盯盘的重点。最高标弱转强涨停是极具辨识度和地位的，也是跟随打板或者在板块内套利的最佳选择。当市场情绪火热出现多个一字板时，踏空的资金会去抢市场上最有辨识度的空间板，可以借助利好情绪去打板市场中排除一字涨停的换手连板的最高空间板。三是唯一性。强者恒强的惯性会推动资金追求连板个股高位的唯一性，只要涨成市场最高连板，总会有人跟随。个股首次冲击市场空间最高板成功后，市场唯一性和高辨识度会给予次日的溢价。所以唯一最高空间板需要甩开其他竞争对手，如果还有并排个股会导致稀缺性和辨识度下降，后续拉升的空间有限。四是安全性。高位的股票并不意味着高风险，最高空间板次日会有资金来博弈预期差，即使次日不能弱转强，也会有反弹的机会，即使跌停也会有资金翘板，毕竟代表着市场的短线情绪。而且空间板较少被封杀，尤其是主升浪第一波尚未结束。但跌停封死会对市场短线情绪产生负面影响。

打空间板与市场短线情绪和大盘指数紧密关联，需要结合题材情绪的阶段来判断。当短线情绪较弱时，市场的最高板是短线交易者的第一选择，也是最安全的选择。只要短线情绪没有结束，最高板当天没有跌停都可以直接低吸。把握好短线情绪发展的市场节奏，参与板块启动和发酵的主升阶段的空间板，就可以最大限度地降低参与空间板的风险。

由于低潮期市场缺乏高效的炒作题材，个股在弱势行情的走势表现得犹犹豫豫，并没有在广大的交易者中形成大范围的认可。相对低潮期的个股普跌而言，空间板持续的拓展高度让我们介入的风险相对较低，尤其是在低潮期末端介入空间板的风险相对可控，可以博弈退潮后幸存的空间板连板。在情绪低迷的时候资金容易抱团，反而容易促使空间板成为妖股。一旦市场回暖，空间板反而因为资金的分流而失去上涨的动力。

　　空间板龙头能够诞生需要有逻辑充分的题材为基础，一般只诞生于主流板块，以量能作为成长性的标志。只有出现最高空间板连续一字板难以介入的情况，此时才可以轻仓去次流热点中选择换手空间板试错。通过成交量来确认空间板成长的空间，一般至少有两次分歧爆量的机会，出现充分的换手，次日的缩量加速板是买点。当空间板由前期的放量涨停转为缩量涨停进入缩量高潮时，空间板地位得到巩固，资金锁仓意愿强并带领市场情绪转强。放量是由于个股试图冲击空间板造成市场分歧，而缩量是因为市场已经确认空间板后，资金开始锁仓。

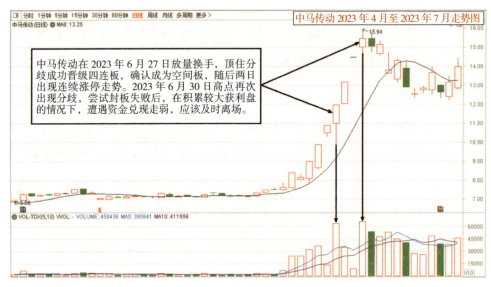

图 6-11　高位空间板的卖点

　　图注：中马传动连续涨停，成为市场空间板，在前期启动与发酵阶段不断出现换手分歧，日内有足够的机会低吸介入。随着连板高度不断推升，高辨识度给中马传动源源不断的人气与追涨资金，也给次日继续冲高涨停带来较大的确定性。但高位出现缩量加速，放量断板后需注意兑现风险。随着板块炒作进入尾段，追涨资金逐渐减少，高位放量板意味着大部分获利盘选择兑现，愿意继续炒作的资金极少，回调风险增大。

2. 空间板轮换

　　空间板是市场汇聚人气的最高连板，代表着短线情绪的方向，市场的空间板超过七板，是短线情绪好转的表现。空间板能否突破关键七板需要出现超预期的发展。如果空间板连板上涨但并没有体现出预期差，诞生的节点既非情绪低点，也没有带动市场赚钱效应回暖，说明市场还没达成共识，就不可能开启新的空间高度和短线周期，从而空间板还是从属于原周期，无法脱离原周期的压制。就算空间板个股独立突破，也无法推动赚钱效应进一步打开。

　　打空间板要观察市场第一波空间板高度压制位，结合市场情绪切换到新题材的空间板去轻仓试错。一般空间板高度不能突破七板，尤其是在周期退潮的节点，市场会在三到四板之间杀空间板。空间板在四板是一个重要的分水岭，是常见的短线股高度。市场的高度空间常常被压制在四板以内，套牢盘会在市场的高度空间限制下借机解套，同时会限制板块其他个股高度难以超过四板。低于四板的最高板当日放量分歧，但尾盘能封住涨停。次日板块情绪回暖产生助力，回流的资金会首选最高板，促进继续封板。如果当日尾盘没有封住，次日没有板块情绪发酵帮助度过关键的第四板，往往是大幅度低开。当个股突破四板的位置，晋级五板即可重新打开市场高度空间，市场的高度和情绪再提升一步，成为市场空间板。我们可以通过统计每日空间板的高度曲线判断市场情绪以及寻找轮动规律，进一步在四板位置决定是否参与空间板的拓展。

　　当空间高度达到近期的空间限制，或者前期空间高度压缩限制新龙头的空间高度，容易引发退潮从而导致市场压缩高度。短线资金周期退潮与市场空间高度的限制产生共振会引起空间龙头的暴跌，空间板的转换最好在良好的周期环境下进行。如果龙头空间已经获得较大扩展及空间高度过高导致高位个股已经连续两天跌停，说明市场在压缩空间板，就不能再去买入高位股。此时短线资金被吸引到中位个股，在板块活力充足的情况下，中位个股会获得连板的溢价。只有中位股由于题材逻辑不够充分导致扩展空间不足，才会使资金次日接力失去信心，中位股会丧失成为空间板的机会。

空间板短期涨幅过大之后，面临调整是大概率事件。尤其是纯市场情绪推动的空间板当天即使封涨停，次日也面临大量获利盘兑现压力。极端情况下，市场情绪过度亢奋容易产生转折，空间板开盘后快速杀向跌停，亏钱效应推动市场空间高度不断向下，高标股的退潮会极大影响市场的情绪。短期之内市场情绪个股都难以获得资金的追捧，特别是缩量加速或者连续一字板的人气个股。此时接力空间板大概率会冲高回落面临大幅度亏损。只有板块有完整梯队助力空间板，次日资金才会有意愿继续接盘实现连板，龙头空间板才具有充足的辨识度为后续连板做准备。断板再续对板块情绪要求更高，断板接盘是风险较大的博弈行为。一旦我们介入最高空间板，连板失败出现断板，次日不能高开冲板，或者连板后中途炸板并且尾盘未能回封，尤其是出现天量天价，则要减仓，随时准备离场。可以在强势放量分歧中卖出止盈，继续执行追逐空间板的策略。市场唯一的空间板一旦不再连板，就算修复后也会继续下跌或者震荡。博弈最高空间板要想保住利润和控制亏损，就要保证操作错误后放弃幻想。

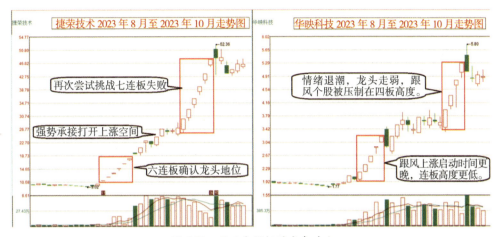

图 6-12 两只空间板的竞争对比

图注: 捷荣技术第一波六连板确认空间板及龙头地位, 但在晋级七连板时受到高度压制, 出现分歧调整走势。捷荣技术的强势表现成功调动情绪跟风, 断板后出现极强的资金承接力度, 经过充分换手调整后, 再次出现连板行情。华映科技作为捷荣技术的最强跟风补涨股, 连板高度受到捷荣技术压制, 并且在捷荣技术走弱, 情绪进入退潮期时, 华映科技的连板高度被压制在四板。

当市场空间板炸板时, 市场内出现新的高度板卡位前空间板。卡位本质上是对标杆个股的超预期超越现象, 多出现于板块内部的同涨停梯队弱势个股卡位强势个股, 属性相同的人气股之间的卡位以及次高涨停高度卡位最高个股。其中弱卡位强是同题材同身位的个股相互竞争, 昨天走势较弱的一方次日率先上板成功卡位, 强弱地位发生了互换, 一般出现在龙头达到一定高度后。当后排卡位前排的个股, 后来居上打败强者形成了鲜明的对比, 赚钱效应会凸显。次高空间板卡位最高位是在龙头已经断板走弱或者预判龙头次日断板走弱的节点, 板块在出现负反馈的情况下, 次高空间板逆势走强上板, 并接力龙头继续带领题材走强, 成为补涨龙头。所以在空间板跳水阶段容易发生卡位现象。空间板开板当天切换到换手率高的次高板, 次高板突破市场空间限制, 这时参与容易实现卡位成功，成为新的空间龙头。板块内部的卡位可以重整板块情绪，带动题材的下一波炒作。

卡位的原因在于在板块前排有一定高度以后，两只及以上的个股并列竞争，但是题材吸引的资金不足以容纳前排同时晋级，需要淘汰较弱的个股。由于资金需要聚焦于核心龙头，对于龙二龙三，如果不能超预期加强，次日会被短线资金判定为弱势而淘汰。个股竞争失败后再度博弈反卡位非常困难，连板梯队竞争比较激烈时，个股的前排地位被同时走强的个股卡位取代后，会形成完全相反的走势。所以卡位会导致卡位股和被卡位股相互争夺资金，进而影响板块走势。当个股首次竞争超过其他空间板成为最高板时，会再次吸引市场上的资金，仍然有一波上涨的行情。而同题材、同涨停数梯队之间的空间板被卡位后会不及预期渐渐走弱，出现个股走势与板块情绪背离。

五、炸板交易战法

炸板回封可以释放抛压，同时测试主力做多的坚决程度。炸板会让浮筹提前离场，减轻短期拉升的压力，成功回封会对后续的回调有强力支撑。股性差的个股容易出现冲高回落，可以采用回封板的方法规避，股性好的个股在短线情绪好时可以直接买，但在短线情绪差时可以打回封板，二次确定会加上一份保险，更为稳定安全。

1. 回封战法

并不是所有的个股都能顺利封死，炸板是短线交易者最不想遇到的突发情况之一。个股涨停是主力资金做多决心的体现，而炸板是主力放弃承接高位抛售筹码的压力，放弃继续做多的策略。个股炸板的概率可以通过板块情绪和封单金额来判断。如果当天板块情绪衰退，就容易引发龙头股炸板。板块热点突发利空或者发生转移会使得炸板的概率急剧增加。封死涨停板的量能越大表明主力涨停的信心越足，封单达到流通盘的 3% 以上，封死涨停的可能性较大。封单金额大和封单坚决代表了资金的态度。个股涨停以后封单的资金越多，次日溢价越高。涨停的最后一档的分时成交量越大越好，涨停后成交量越小越好。涨停成交量越大说明主力已经在扫货，抢筹的越多，涨停后成交量越小，说明涨停板上卖股很少，抛压小，洗盘干净，不坚定的筹码已经被清除，资金一致锁仓，次日更容易拉升。如果涨停前成交量由大变小，缩量封板说明套牢和获利都已经清空，也有利于次日拉升。个股封单金额与流通市值的比值大于 10%，一般不会炸板。而首次封板的封单量能较小会导致次日出现砸盘隐患。原则上个股涨停的时间越早越好，并且能够带动板块上行的领涨龙头股在次日顺势惯性冲高。但封板时间越早，留给炸板的时间就越多，也存在一定隐患。

个股一旦炸板后，能否回封成为短线交易的热门研究方向。封板是主力资金意志的体现，而炸板是主力撤出或者不作为，一般为了洗盘或者高位出货。主力为了达成吸筹或者洗盘的目的，第一次炸板会解放套牢盘和获利盘，释放出大量筹码，主力可以快速拿到足够的筹码，同时把不坚定的筹码快速清洗出去。因为很多龙头在刚刚启动时，消息面发酵过快会导致主力来不及吸筹，只能先拉到涨停板再炸板，让获利盘和恐慌盘把筹码交出来达到吸筹的目的。也是主力为了后面拉涨更轻松，把不坚定的筹码给清洗出去。如果个股处在中低位，炸板是主力洗盘的标志，可以试探压力和跟风盘。个股只要不出现天量，大多数还会涨停回封。洗盘类型的炸板个股早盘直接冲击首板，随后炸板自然回落寻求换手，洗出不坚定的筹码，但买单量能较大，说明主力强烈做多的意愿。

如果个股在四板以上的高位炸板，拉涨停是为了吸引散户跟风便于出货。因为主力以连板的形式激活股性，吸引散户去高位接盘，遇到放量炸板，危险程度高。而炸板成交的是大单，则大概率是主力在出货，小单还有可能是主力洗盘。炸板隔日开盘不及预期离场，要尽快卖出。

个股开盘冲涨停 5 分钟后，出现较轻抛盘或者炸板，但下方的绿柱明显小于红柱，说明抛压很小，没有大资金砸盘，持筹者一致看好；再次快速回封，表明主力和散户的惜售心理浓厚，筹码锁定程度良好，后市还有上涨的空间，次日转强的概率很大，所以早盘快速涨停的个股能经过适当炸板后全天封住涨停板，次日溢价相对有保障。早盘快速涨停的个股当天的筹码交换不够，会有很多潜在的抛压。特别是打板跟风助攻个股的目的是套利，大多数非龙头股基本在二板见顶，直线上板的方式容易封不住，在首板后高开秒板容易炸板，被主力或者获利盘砸盘。一旦次日市场有风吹草动或者买盘不足，也可能导致失去承接而下跌。而整体环境太差会导致人们兑现的欲望加强，此时抛压加大，就算早盘再次涨停也容易炸板。所以早上快速涨停的个股要有一定的换手才能有利于后续的拉升。

在涨停价的大单彻底被消化，所剩部分浮筹被清洗出局后，我们可以进场排板。排板是个股已经封上涨停后，利用涨停板上的抛盘抢筹，可以随时撤单，灵活性强。排板要跟着大资金走，大资金撤单也得跟着撤，排板和撤单考验关注力和应变力。我们可以根据前面的订单抛压数量以及龙头涨停后板块情绪发酵状况去排单，在买入和避免炸板之间搞平衡，提高打板的确定性。成交量换手不足的个股在涨停后打开是排板进场的时机。因为成交量低的封板没有清洗浮筹，出现炸板的可能性较大，此时的排单具有优先级，虽然不会马上成交，但板上换手及炸板回封更为保险，确保封单的安全。炸板不回封是没确定性的表现，回封确认了才能买。即使排板也有可能买不到，但也比冲高回落好，毕竟打板追求的是确定性。炸板经过资金排板后在涨停板处出现大单抢筹封死，次日的溢价确定性会更高，我们博弈的是买入后出现更多的活跃买盘进场。可以排板快速封板的个股，封板时间最好在 10：30 之前。当个股在涨停价格位置形成单峰筹码，此时的确定性较高，可以排板介入。

炸板后离场主力的筹码能否被资金承接是关键，个股炸板下跌后能震荡拉升回到均线，分时强劲可以继续锁仓，有可能被抢回涨停板。只要筹码锁定而卖盘稳定，买盘充足维持不破均线，我们还可以继续锁仓或者介入回封。如果能迅速拉升突破分时均线，说明主力做多意愿充分，可以作为买点参与回封。炸板震荡阶段，倘若超过 15 分钟尚未回封，并且分时线在均线以下，可能会走出大阴线。尤其是跌破主力成本位时，会有大量的前期套牢盘卖出，导致抛压更重。

个股回封意味着空头的力量在炸板的时候削弱了，再次回封后想卖出的筹码相对少，风险也小。如果个股盘中炸板后资金出现抢筹式的回封，主力经过二次封板或者三次封板充分释放抛压后再入场更为稳妥，避免获利筹码首封炸板出货。但第二次炸板的下跌幅度要比首次小，回封封单不低于首次封板单量，说明另有主力进场换手主动回封且买方力量充足，所以二次炸板下跌时介入比首次收窄的情况下介入风险更低。但涨停后不能多次反复炸板，尤其不能在尾盘反复炸板，炸板次数多会引起看多资金提前兑现。炸板后可以适当回撤，不能跌太多，炸板后回撤幅度最好控制在 3% 左右，不会打击市场人气，跌幅太大会导致人气涣散，难以回封。如果盘中涨停板被砸开后回落幅度超过 5%，回封次数超过 3 次，临近尾盘才封住的个股，就比较弱势，可能是主力临时起意，大部分的松动筹码还没被清除，次日可能没溢价。而且一而再，再而三的炸板会使买方崩溃，资金做多的信心会下降，次日个股接力更少。

散户没有机会参与连续一字板，一旦高位进场很容易变成接盘侠。个股开盘一字封板后反复炸板的是大分歧，很难承接，除非是具备充足人气的龙头。如果龙头股早盘高开一字板出现炸板，要稍微等待不能回封再卖出，并不是炸板就意味着必须离场。只有龙头具有这样的特权，有序地换手是次日龙头溢价的保证。非龙头的连续一字板个股涨停当日炸板后无法收回的，不论其收盘价是多少，都要当天卖出，更不能介入。除非板块的利好具备持续性，可以等次日冲高。

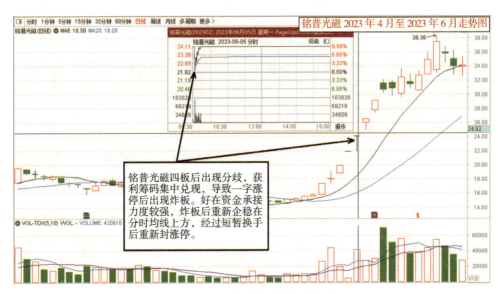

图 6-13　龙头股炸板后的回封概率

图注：铭普光磁在晋级四板时遭遇获利盘兑现，开盘一字涨停后炸板回落。好在资金承接较强，分时走势回落至零轴附近迅速拉回，在分时均线企稳后震荡上行，最终也是成功封板。炸板回封说明铭普光磁仍有炒作预期，前期踏空资金愿意高位接盘，依然可以继续看多做多。我们可以根据龙头股炸板后的分时走势判断回封概率，像铭普光磁迅速拉回并企稳分时均线的表现，大概率能够回封涨停。若炸板后无法拉回至分时均线上方，日内回封的概率极小，不适合接盘买入。

打回封板成功的前提是接力的资金对后续个股关注度高，如果个股的逻辑清晰及辨识度足够高，抢筹扫板回封涨停概率较大。其中最高板龙头、新题材龙头以及老龙头回封成功的概率高。因为涨停是主力的行为，但是单独的力量是有限的，任何龙头的产生都是合力推升的，炸板回封可以让更多有信心的资金和主力一起参与涨停。

市场最高板龙头一旦炸板容易引发资金围观，出现抢筹回封。最高板龙头盘中炸板回封的时间和空间都要少，时间不超过5分钟和空间不跌破分时均价线，时间越短表明买方回封态度坚决，买方力量依旧很强。只要炸板时缩量和快速回封，那么市场预期较好，会推动一致性走强。最高板龙头回封越快，市场情绪越强，次日才有溢价参与的价值。龙头抢筹式回封盘口的确定性较大，一旦出现直线拉升以涨停价抢筹，我们可以跟随打板，或者在涨停板的价格上排单抢筹，博弈次日的溢价。

新题材龙头往往在四板附近会出现分歧，获利筹码兑现引起分歧炸板。但新题材具有一定的想象空间，会有场外资金愿意去冒险尝试回封，博弈新题材的持续发酵。即使新题材龙头的涨停板被砸开后在分时高位出现分歧烂板，也不能轻易放弃，需要观察资金的承接力度，观察主力是否愿意继续推进分歧转一致。

老龙头的生命力顽强，炸板回封的概率较大，可以耐心等回封。因为资金关注度高，原来没能介入的资金会借助该机会扫板入场。但如果时间过长或者幅度过大，比如炸板超过半小时或者调整的幅度超过5%，资金会逐渐没有信心去做回封，空头的力量会重新占据主导位置，不适合再去介入。炸板后3分钟内不能回封的，至少要减仓，无条件先挂低档卖出一半仓位来减轻压力，不能回封就只能清仓，心存侥幸再次回封可能会损失掉仅剩的利润。

炸板后股价最好能稳定在 7% 以上，炸板成交量尽量不超过封板，这样再回封安全性比较高。如果板块退潮导致核心领涨龙头炸板后不能回封，板块内的个股尽量不要做回封板。

2. 烂板战法

个股盘中开板后经过多次反复封板，而每次的封单量并不太大，随着卖方抛压越来越大，却没有出现大买单消化抛压，此时空头占据上风，最终被空方资金打开，形成烂板。面对涨停板，散户希望得到次日的溢价而不愿意出货，而且小资金也很难撼动封板，开板往往是主力出货的表现。如果开板后没有实现良性的换手并回封，就意味着该个股已经失去主力的青睐。如果涨停后开板次数很多，说明资金分歧大，次日一般溢价较低，这种炸板次日最好竞价卖出。除非个股放量高开有弱转强的迹象，大概率会继续连板。

低位的首板炸板回落形成烂板，但次日早盘半小时内快速冲过前日的涨停价，成功进行了修复。这种炸板是主力快速试盘洗盘的操作，次日冲高过顶能快速解放前日的打板资金，意味着主力资金拉升坚决。其冲高回落的分时支撑位就是半路买点。但个股进入高位之后，面对烂板要有不同的交易战法。当板块情绪退潮后，市场将产生恐慌情绪，跟风个股盘中纷纷下跌，恐慌会导致持筹者抛售板块内的高位个股，早盘快速封板的高位个股也会引起持股者的抛售而频频炸板，最后成为烂板。如果高位个股尾盘顶不住抛压，在涨停板位置不断跑单甚至炸板，再次回封基本宣告失败，次日只能尽快离场。除非板块情绪还在高涨，高位的放量烂板个股也存在次日走出弱转强的可能。

烂板的买入难点在于预判次日修复的程度以及溢价的空间。并不是所有的烂板次日都能顺利兑现，只有面对主流题材的核心个股，资金才愿意冒风险接力烂板进行修复。修复可以分为强修复和弱修复。判断修复的程度可以通过烂板个股次日的集合竞价，结合抛压力量的来源和板块情绪综合考虑，主力是否已经离场是修复的关键。昨天烂板个股次日应该低开，如果次日竞价超预期高开，说明前一天的分歧弱转强转一致，情绪的恢复蕴藏着机会，可以消除多空的分歧和资金对烂板的疑虑，再结合板块题材的消息发酵和大盘情绪的走势，就能初步确定主力尚未离场，出现强修复的预期。反过来如果个股次日低开，昨日的高价筹码将被套牢，拉升难度更大，我们最好放弃介入个股。就算资金对其会有惯性修复出现一波上冲，大概率也是弱修复，会成为个股由强转弱的前奏。当天修复行情出现强转弱，会被市场资金理解为不及预期而直接抛弃，资金恐高导致冲高回落的可能性较大。只要再跌破均线，就可以卖出。如果能守住分时均线，还有博弈低吸的机会。烂板后的强修复还能恢复上涨，而弱修复可能导致日内直接退潮，风险较大。烂而不弱的核心个股在板上不断放量开板，抛压在逐渐变小，就算持续到收盘阶段最后没能封住，也值得轻仓参与，大概率次日板块情绪转好会带动个股弱转强，实现强修复。因为昨天大量筹码是高价成交的，那么次日高开会产生大量的获利盘，从而筹码锁仓的意愿更大，便于后续拉升。

要点：我们可以在判断板块次日继续发酵，并且个股日内有机会封板的情况下介入。由于烂板期间消耗部分抛压，可以进场博弈次日惯性高开的溢价。

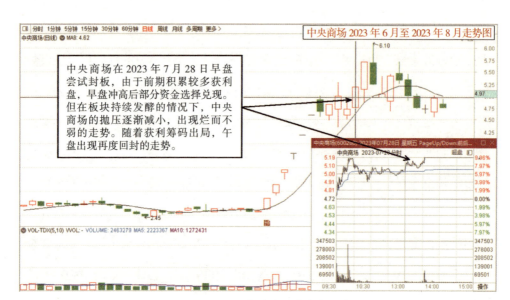

中央商场在2023年7月28日早盘尝试封板，由于前期积累较多获利盘，早盘冲高后部分资金选择兑现。但在板块持续发酵的情况下，中央商场的抛压逐渐减小，出现烂而不弱的走势。随着获利筹码出局，午盘出现再度回封的势头。

中央商场2023年6月至2023年8月走势图

图6-14　烂而不弱的走势有后续资金继续回封

图注：中央商场连续涨停过后出现高位滞涨，在2023年7月28日早盘再次尝试拉板，但由于前期涨幅过大，遭遇获利盘兑现，封板以失败告终。好在板块持续发酵，冲高回落后资金承接也较强，随着午盘抛压逐渐减少，中央商场出现烂而不弱的走势，最后在资金合力下再度拉升并成功封板。

如果能准确把握到烂板的交易精髓，很容易在烂板中擒获连板龙头，甚至妖股。俗话说烂板易成妖股，这句话蕴含着烂板不断地超预期发展是走出妖股行情的道理。能成妖股的烂板一般具有以下四个条件：

（1）**热点题材**。烂板必须是当前热点题材中较有辨识度的个股，利用板块效应才能吸引更多的跟风资金进场接力烂板。没有热点概念，烂板在高位容易遭受狙击，出现A杀。

（2）**较轻抛压**。烂板能持续涨停代表短线资金对后市强烈看好，一旦出现分歧无法封住，就会直接跌停。所以涨停位置上方不能有过大的抛压突破烂板箱体前期的高位，需要克服重重抛压而保证封板。

（3）**量能充足**。烂板的抛压多数来自套牢盘，一般会选择在涨停附近离场，形成大量的抛压。如果主力资金能扛住分歧，承接放量抛压就能有效突破，是烂板封板的关键。经过反复开板后，主力只需少量的封单就能把涨停板封死，此时锁仓的筹码看好后续走势，就能成功跨出关键的一步。

（4）**不伤人气**。烂板往往反复开板，开板后不能跌超过五个点或者跌破分时均线而伤及人气。因为烂板开板往往是主力为了达到吸筹目的，选择在高位洗盘进行反复开板，把不坚定的筹码洗出去。烂板是由消息刺激而快速涨停的，主力并没有足够的时间收集筹码，就会放任开盘自然回落进行吸筹。烂板开板后能快速拉回均线上方，才是比较安全的开板吸筹。而一旦跌破分时均线或者重要支撑位，就会引发恐慌抛盘，此时人气消散后就难以再聚集。

六、补充知识：涨停的类型

判断涨停次日是否有溢价主要看个股是主动涨停还是被动涨停。前者往往具有更多的上涨动力，次日容易产生溢价。后者依靠环境因素，溢价率往往不高。其中主动涨停分为情绪推动涨停和逻辑推动涨停。情绪推动的涨停要观察涨停梯队身位和个股人气，偏向于投机炒作，游资主力会利用消息进行点火，板块情绪走弱即结束行情。情绪推动的涨停以一字板最强，或者高开后一波封涨停板也较强势，次日大概率有高开溢价。如果多次封涨停板，强度会差很多，体现不出情绪推动的力量。逻辑推动的涨停注重市场认可的炒作题材逻辑，需要题材具备深度和广度，体现在题材的纵向和横向发展上。主动涨停的辨识度高，更容易获得资金的青睐，赚钱效应容易发散带动板块内个股涨停。核心个股在盘中表现为直线大单封死涨停，板块出现批量涨停个股，并反推龙头。

　　被动涨停也分为题材带动和趋势惯性两种。由于市场存在多题材板块的共同表现，轮动接力出现多波炒作，新老题材交接出现高低切换，题材推动较为偏被动，主要适合套利，次日不连板即卖出。题材带动的涨停主要看成交量，只有大规模的资金涌入，板块才能高涨。

　　题材带动的涨停板在封板的一瞬间，成交量越大越好，抢筹的资金越多。题材带动的涨停首板封板后开板次数很多，说明题材吸引力不够。连板个股开板代表资金出现分歧，如果次日弱转强大概率会推动题材的龙头诞生。趋势惯性的涨停个股次日低开大部分也能收回来，持续性较好，但机构推动的大盘趋势个股爆发力较弱，涨停以后溢价不高。游资合力的小盘惯性涨停个股相对而言溢价更好。

　　趋势惯性的涨停后劲较强，适合反复介入，往往是机构主力从中主导。趋势惯性的涨停板往往是流通盘较大的个股，这对封单资金要求较高。封单的资金越多，代表机构和游资主力合力封板的意愿越强，但需要留意撤单情况。往往在游资拉高之后，机构乘机兑现，如果撤单不多，次日大概率会有连板。

第七章 龙头趋势交易战法

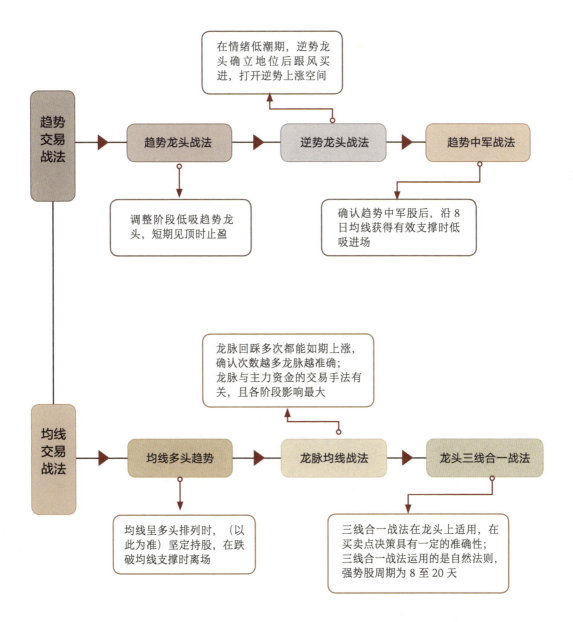

趋势交易战法

趋势龙头战法
→ 调整阶段低吸趋势龙头，短期见顶时止盈

逆势龙头战法
→ 在情绪低潮期，逆势龙头确立地位后跟风买进，打开逆势上涨空间

趋势中军战法
→ 确认趋势中军股后，沿8日均线获得有效支撑时低吸进场

均线交易战法

均线多头趋势
→ 均线呈多头排列时，（以此为准）坚定持股，在跌破均线支撑时离场

龙脉均线战法
→ 龙脉回踩多次都能如期上涨，确认次数越多龙脉越准确；龙脉与主力资金的交易手法有关，且各阶段影响最大

龙头三线合一战法
→ 三线合一战法在龙头上适用，在买卖点决策具有一定的准确性；三线合一战法运用的是自然法则，强势股周期为8至20天

学会顺势而为，市场最大的主力就是散户，得散户心得天下，主力也要顺势而为。突发的利好消息只能改变市场短期走势，影响程度取决于发酵后形成的市场合力，个股整体的运行路线取决于大趋势。

一、趋势交易战法

1. 趋势的作用

交易的本质是所有参与者的多空博弈，而趋势是博弈的过程中形成的群体多数人的一致性意见，趋势一旦形成，向上的动能是短期不可逆转的，没有根本性外在力量改变，股价会沿着原有的趋势运行。趋势会克服价格随机运动带来的恐惧感，而一旦趋势发生根本性变化，短期内是不会再次改变的，需要尽快离场，选择死扛会让心态崩溃而错失更好的机会。为了避免大幅度的波动，尽量只做上升趋势中至少是横盘震荡的个股，远离下降趋势中的个股。个股长期处于下跌趋势，即便出现反弹，也容易被套牢资金兑现，而且反弹利润有限。但是一旦做错，下跌空间较大。同时也不要做反抽，抄底下跌趋势的个股会面临亏损风险以及丧失仓位被占用的机会成本，每次换仓都可能延误战机。如果采取逆势抄底的策略，即使偶尔能成功，也会最终将利润还给市场。下跌趋势级别越大越危险，相反上涨趋势的个股即便做错也不会有机会卖出，安全性和盈利机会兼备。趋势交易是相对确定性的交易，我们无法预判个股未来的走势，只能跟随趋势在中段主升浪中交易，避免逆势而行，才能在长期的交易中生存。

从中长期来看，趋势是稳定和持续的，偶然因素引起负面情绪会造成趋势发生调整，但炒股不是短跑而是长线的马拉松，一旦确立趋势后，偶然的利空带来的波动或者主力的洗盘不会影响到持股的信心，短期的利空无法改变长期的走势。但震荡向上的趋势股往往是靠散户合力上攻，一旦上涨动能枯竭，潜伏的大资金砸盘，就会快速跳水，散户是难以承接的。高位持续缩量的趋势个股分歧较小，市场没有足够的跟风资金愿意跟随推升，存量资金相互抬轿，容易被砸。而经过震荡阴跌的趋势股，一旦遇到题材共振，容易出现快速拉升，因为主力往往会等多数松动筹码失去持股耐心后再拉升，缩量到地量后该卖的筹码都已经卖出，拉升的阻力会非常小。

资金的长期流向对个股形成趋势性行情至关重要，资金偏好和态度会影响趋势的持续性和运动规律。趋势不是由个别大资金决定的，主要由主流资金主导的市场合力共同完成，其中主流资金是趋势的主要推动力。主流资金选择个股要有行业和公司良好的基本面逻辑作为基础条件，题材热点和基本面共振所激发的想象力配合资金的发酵，才促成趋势的形成。主力资金会选择市场最强合力来集中，对市场上的资金出现虹吸效应。在热点题材还未确立方向时，多数短线资金处于各自为战的状态，热点题材多头出击。但当最强的题材确立后，会放弃原有的热点往市场已经选出的最强题材方向倾斜，被淘汰的题材走弱，短线龙头强者恒强。股票强者恒强是有原因的，趋势自我的强化功能促使赚钱效应吸引新的资金加入，产生虹吸效应，市场短线资金先知先觉会替我们选择具有辨识度的板块趋势龙头。

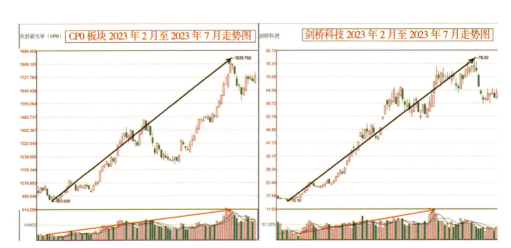

图 7-1　成交量放大的趋势特征

　　图注：CPO 板块在 2023 年 2 月至 6 月走出持续上涨行情，由于概念题材不断发酵，吸引主流资金持续流入，形成市场合力，推动板块走出长期上涨行情。板块龙头剑桥科技概念逻辑正宗，获得资金高度认可，走出强者恒强的走势。成交量持续放大说明资金持续进场，剑桥科技的上涨趋势不断得到强化。

　　上升趋势的高点比前一个高点高，低点也比前一个低点高。上升趋势中多关注支撑，忽略压力。上升趋势中个股涨到前期的高点或者压力位时出现过多次冲高回落，往往是以涨停或者大阳线的方式突破，而且突破往往伴随着主升浪。可以等待出现这样的阳线再考虑卖出，提前规避压力位容易卖出。上升趋势中的每一次技术面支撑，都是加仓的机会。只要没有出现趋势拐点信号，可以一直持有，并向上调整止盈位。操作趋势股的完整主升浪的利润幅度要大于短线震荡区间的日内交易。操作趋势股不能有盈利就卖出，这样主升浪的大块利润就抓不到。上升趋势中大阳线或者涨停阳线的开盘价是新进资金的进货成本，具有较强的支撑力，可以作为止盈价格。连续涨停的第二个涨停收盘价是打板资金的获利生命线，也可以作为止盈价格。只要个股在尾盘不出现有效的跌破，就持续持股，从而忽视盘中的分时波动。止盈价格可以随着上涨趋势向上同步调整，如此可以较为完整地获得主升阶段的涨幅，不被震荡轻易甩下。

下降趋势的高点比前一个高点低，低点也比前一个低点低。下降趋势中多关注压力，忽略支撑。在一段明确的下行趋势中，支撑位大概率都会被大阴线跌破，每一次反弹的压力位都是逃命的机会。正是由于趋势的存在使得在下跌的趋势中抄底变得非常困难。因为下跌趋势何时结束难以预测，如波浪理论里的 C 浪延长是否形成子浪是难以预知的。当我们相信市场跌到底而采取抄底的策略时，交易就很危险了。处于下跌趋势和没有走出底部的个股不能买入。不要盲目抄底，错误往往发生在交易者急于抄底时。底部通常是由主力决定的，等底部出来再做跟随。所有的底都不是一两天形成的，所有的抄底只能抄对一次，而抄底抄在半山腰是常有的事。尤其是熊市难以抄底和低吸，低点后仍有低点，盲目抄底和低吸只会越陷越深。不能轻易地预测顶底去做抄底动作，远离抄底行为是对本金的负责。跟随趋势，等到走出主升浪，再去参与趋势行情。只要踩对主线和踏准节奏，就能把握资金合力的趋势和方向。同样，趋势也让顶部逃脱难以奏效。

大资金是难以在顶部离场的，只能提前离开，否则在顶部资金无法被承接。俗话说会买的是徒弟，会卖的是师父，卖比买难。股市是财富的分配机制，所有的上涨之后需要存在利益兑现，所以每一轮赚钱效应达到高潮之后，利益的兑现和分配必然带来亏钱效应。一波趋势行情最后会走到一个高点，赚钱效应高潮结束的时候，说明趋势阶段性的顶部快来了。只有理解趋势才能适时全身而退。短线投资者是不能赚到最后一枚铜板的，我们当不了先知，只能相信市场趋势而不去预测指数顶部和底部。让市场来证明顶部与底部的位置，我们只需要更多地追求趋势的过程。原则上，不能违背长期趋势去做长线交易，违背中期趋势去做短线交易，在交易周期选择上，要选择大一级别的趋势作为交易的保护，不能没有退路。

2. 趋势龙头战法

趋势龙头股上涨是由机构资金所推动的，必须有被市场公认的逻辑才能吸引资金进入。趋势龙头股依托重要均线上涨，相对指数有独立的运行轨迹。虽然趋势龙头股的分时形态不强，但在大盘弱势时回撤较小，一旦指数反弹，又能强势进攻，适合长期持有。趋势龙头股往往流通盘及成交金额较大，适合在市场放量万亿元以上时参与。只要不跌破重要均线和保持量能充沛，操作趋势龙头股持股时间可以超过数周来博取大波段利润。

机构主力会建仓洗盘，整理筹码，满足技术形态再进行拉升，这是趋势龙头的健康走势。趋势龙头股启动过程中，配合MACD快慢双线的底部逐渐抬高，这是主力在建仓整理的走势。我们还要关注历史平台的上方，尽量没有筹码压制，趋势龙头一旦放量突破，上涨的空间没有压制，就能形成一马平川不断创新高的形态。成交量放大突破，代表充足的动力和主力资金拉升的决心，体现了健康的量价关系。流通市值较小的趋势龙头会先通过二板引起市场关注，后构筑平台进行充分换手，等题材热点发酵后启动主升行情。此类龙头一般在首板前出现低位爆量的阴线来收集筹码，随后主力进行锁仓缩量突破，通过二连板激活股性，一旦题材发酵，迅速开启主升势头。

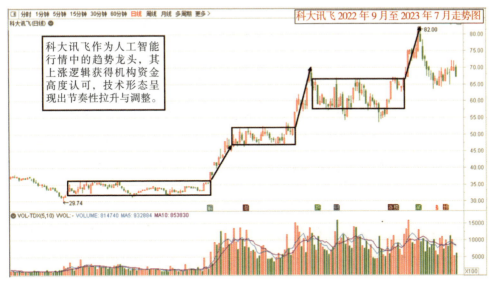

图 7-2　趋势龙头科大讯飞的整理与上升

图注：科大讯飞获得机构资金认可后，被选为人工智能行情中的趋势龙头，其基本面很好，在技术面套牢抛压较小的情况下，科大讯飞持续放量突破，不断打开上行空间。虽然市场情绪来回波动，但科大讯飞在调整阶段有较强的资金承接，并在主升阶段有跟风资金买入，整体保持震荡向上的长期上涨趋势。

要点：若题材板块能够持续发酵，我们可以在调整阶段低吸介入趋势龙头，在短期见顶时止盈，不能轻易看空趋势龙头的长期上涨行情。

趋势龙头股拉出大阳线后或者连续大涨之后，再封一个涨停板会导致短期涨幅过多，容易让获利资金提前离场。等回调到位以后，我们可以再入场。如果在调整的过程中出现上下影线过长，意味着筹码不稳定，多空争夺激烈会把多方的动能消耗殆尽。主力稳定控盘可以使得股价调整波动较小，温和式的调整会有长远的扩展空间。在龙头上升的过程中小阳线越多，表明多方实力越强，信心越充足，承接力越足。持续小阳线攀升代表有资金持续介入，先手资金开始建仓。启动前主力会做一次洗盘动作，清理空方筹码，后续再开启趋势行情。

尤其是已经突破的个股确定回踩在趋势均线上，立刻开始强力上攻，走出行情的可能性较大。

市场环境稳定时，趋势龙头股呈现波段性单边趋势上升，需要坚持锁仓耐心跟随趋势或者采取逢低做多的交易原则，忽略短期波动和分时波动，忽略盘中出现的涨停炸板及烂板等不利形态。专注K线的上升形态，沿均线主动做T低吸。由于趋势股有上涨的动能，在市场错杀的情况下，市场合力会进行强力修复封涨停。对待趋势龙头股需要尽量放大格局，不出现板块崩塌和趋势反转尽量要拿住。分时交易和短线交易容易在趋势龙头股上涨过程中被主力洗盘出局。针对趋势龙头只需要顺势而为，不然将踏空整个上升行情。操作趋势龙头股只要跟随板块的主升浪就可以大胆进攻，要避免趋势向下的个股。只有趋势龙头出现股价放量滞涨，表现出上涨动能乏力，才需要警惕见顶的到来。一般而言，趋势龙头会有第二波反抽，拉到前高附近震荡，如果不能突破前高则会形成双头结构，跌破双头平台后可以判断趋势结束。或者出现连续两个以上跌停，主力资金远离题材时，才能判断行情结束。

3. 逆势龙头战法

大盘大跌进入末期后，当情绪退潮至低点时，市场需要新周期启动带领赚钱效应逐步回暖，会打造逆转市场情绪的涨停板，往往伴随指数分时图的反转拉升。此时市场出现趋势逆转的领头强势股，走出波段主升行情，该类型个股称为逆势龙头股。逆势龙头股注重短期套利，基本面的支撑起到锦上添花的作用。而趋势龙头股注重中长期运行，在技术面满足的基础上仍需要有基本面的支撑，才能实现中长期的运行。有主升趋势龙头在强势上涨，尽量少做逆势龙头。

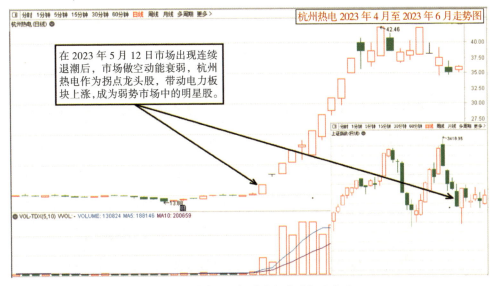

图 7-3 逆势龙头杭州热电带动板块上涨

图注：在市场连续退潮后，出现情绪转好的拐点，杭州热电抓住契机，带动电力板块率先走强，成为弱势行情中为数不多的人气股。由于大盘指数持续下跌，短线资金的做多情绪被压制，杭州热电持续走强，重新点燃市场的做多情绪，带领电力板块走出一波较强的赚钱效应。

要点：我们可以在情绪低潮期，等待板块转强以及逆势龙头确立地位后跟风买进，压抑已久的做多资金会不断跟风买进，可以打开逆势龙头的上涨空间。

逆势龙头是弱势市场闪耀的明星，崛起于情绪崩塌之时，个股和指数的分时会出现背离逆势而上。指数大跌企稳之时，出现逆势龙头超预期被抢筹，前排连板个股逐步升温，市场返回上涨通道，在资金与短线情绪的共振中出现情绪拐点。既然是龙头就必须涨停，涨停代表市场的资金做多意愿较强，封板确立龙头地位后，能够带动情绪彻底改变整个大盘的氛围。情绪逆转成功需要的是前期龙头股不能出现跌停以及板块有持续的发酵来助力情绪，此时可以参考逆势龙头的表现。逆势龙头通常是热点板块中的历史人气股以及小盘股。个股的市值小而且筹码结构简单，容易拉升。如果个股在一年内从未有过连板溢价，以后再连板涨停的概率较低。我们可以通过历史涨停次数和历史首板后次日溢价来筛选个股。

逆势龙头股往往诞生于强势板块的超跌反弹过程中，缩量均匀是反弹的标志。当强势市场充分回调，个股经过缩量下跌之后，出现了放量涨停板止跌企稳，预示着个股经过前期充分的下跌，做空的动能已经完全释放，目前增量资金开始介入。个股出现在市场大底或者阶段性底部，同时受市场情绪影响经历了短期的缩量下跌。一般而言缩量只能证明抛盘很弱，但不代表买盘进场。由于在市场趋势的转折点中各方力量对后市分歧逐渐加大，只有从缩量到放量发生转变，新资金才能进场，甚至持续放量才能使趋势发生逆转。对于阶段底部的判断，缩量和放量缺一不可。只有确认了个股超跌缩量转变为放量形态的阶段底部才能断定拐点的到来。

逆势龙头股在长期的下跌中创新低，然而当大盘和板块下跌的时候却拒绝下跌，先于指数和板块走出独立的赚钱行情，表现出与指数相关度较低的特性，既能够带动大盘和同板块内的跟风股上涨，还可带动上下游产业链联动，同时后面存在跟风上涨的补涨股作为梯队。市场连续大跌导致情绪低落，逆势龙头经过资金点火上冲后，后续资金接力封板扭转了板块向下的趋势，带动跟风上涨封板，成为板块从分歧到一致的导火线，是市场出现拐点的标志。逆势龙头股快速涨停带领指数和板块止跌企稳或反弹甚至会扭转大盘，尤其是经过分歧博弈之后的涨停对指数和板块的带动更强。当逆势龙头股在下降的趋势中出现反转的形态后，还需要一根幅度大于 3% 以上的放量的阳线或者阴线来确认反转形态的可靠性。形态当日的大阳线的最低点是股价下跌的必经之路，也是止损点。

指数大跌后即将企稳，充分回调后市场返回上升通道，此时情绪拐点是介入逆势龙头最好的时机。因为前期指数下跌导致资金抱团情绪高涨，容易诞生大题材的逆势龙头，此时市场需要共振指数走强。逆势龙头对板块和弱势情绪具有很强的带动性，往往被资金快速抢筹上板后带动整个板块走强，掀起涨停潮。逆势龙头股通常出现在指数的小周期即将结束和新周期启动之时，是市场情绪由冷到热转折的表现，伴随着资金共振带动板块和指数上涨。在小周期里，市场的弱分歧一般不会超过三天，逆势龙头会带动板块强烈地反弹。和指数共振的逆势龙头需要大盘极致低潮时才能孕育而出，往往越是冰点越能产生逆势龙头。上个大周期的退潮让情绪压抑到了极致，当第一根阳线共振开启下一个大周期，超跌板块的首板里就会孕育出大龙头。

在低潮期选股，逆势龙头股是很好的选择。因为市场大跌时能屹立不倒的股票，在市场反弹的时候，大概率会成为市场的领头羊。在指数经历半个月以上持续下跌的情况下，题材强度大且有跟风个股出现拉升配合，我们可以考虑参与打板最先上板的龙头股。持续低迷的市场情绪会把空间高度压缩到三板以下，龙头股会在当天反包涨停，超预期地打开市场空间，引起资金跟进。当出现连续三个交易日之上的退潮时，做空动能在连续释放后会逐步衰竭，人气股重新获得涨停是情绪恢复的信号，我们可以博弈新的情绪周期的逆势龙头股。

我们要利用市场情绪效应发酵的机会，把握短线市场底部的转折点。市场情绪低落致使指数大跌，逆势龙头股在尾盘逆势上涨显示资金的抗跌能力，我们可以先手试盘，因为大跌后次日早盘短线情绪会有回暖冲高的预期，弱转强的概率会更高。但尾盘承接拉升过高会透支次日的预期，一旦次日低开不能弱转强，先手试仓就失去价值。所以大盘大跌后的反弹可以作为试探，越是敢于在早盘逆势封板，表示资金做多的决心越强。逆势龙头股会成为资金关注的目标而产生套利溢价。由于逆势龙头股抗跌所需的市场合力更大，往往出现巨大的换手率，如果能够实现放量反包或者烂板回封，就能开启一波主升行情。

4. 趋势中军战法

选择中长线趋势股时，需要考虑政策环境、公司业绩、技术变革等基本面因素的配合，通过观察量能伸缩变化发现长线资金进场的信号，与短线游资和散户等各路资金形成合力共同炒作。首先要选近期趋势向上的热点题材板块，板块成交金额大，且有想象空间。其次选出趋势强于板块向上的个股，能跟随板块新高，持续温和放量，股价沿着五日均线强势上升。趋势股首选逻辑充分的板块中军股，只要题材够大，热点板块会有至少一个趋势中军。处于高成长赛道中的核心趋势中军股具备高成长的预期，大概率后续会反复炒作，因此持有处于趋势中的优质中军股长期获利比较具有确定性。

板块中军流通盘相对短线情绪股而言较大，上涨速度也慢于前排个股，但具有稳定上涨的趋势。小盘股虽然更容易爆发，但热点题材只有在中军股持续支持下才更容易走强。因为板块中军的上涨多是大资金的行为，大资金掌握较多的市场信息，散户多是执行跟随策略。形成趋势后，基本面逻辑充分的中军能不断推向新高，带动板块整体的赚钱效应，不断吸引增量资金入场。长期上涨的板块中必须有中军稳定板块，我们可以通过板块中辨识度最高的中军股判断题材的持续性。趋势中军一般爆发性不强，只有在板块持续发酵时才能爆发上涨。板块高潮后次日领涨龙头会继续一字板，板块的持续性将得到扩展，可以在涨停股中选择低吸市值最大的中军。如果板块内二板的晋级率较高就说明题材持续性好，可以继续持股趋势中军。相反，领涨龙头不能连板，那中军也会出现一定程度的调整。买入趋势中军股不需要追高，只要市场指数稳定，把握低吸机会或者做 T 即可。需要在板块的上涨初期先手低吸介入，后期高潮时再去追逐中军股的性价比并不高。

交易趋势中军股的原则是不强势不买，不冲高不卖。只要题材逻辑够正宗，趋势的力量会推着中军股反复上涨，表现出足够的强势，这是买入的价值。而强势个股往往是已经涨了很多的优质股，被大部分人认为股价太高并涨不动，下跌的可能性更大，不敢大胆介入。人们反而过于偏好低价股，认为股价低上涨空间大，更有机会上涨。但市场选择趋势中军往往都是强者恒强，与大部分人的想法相反，一旦出现堆量上涨就可以大胆介入。而趋势中军堆量形成市场辨识度后，上涨趋势就算被打破，也会有合适的冲高机会卖出。低位长期横盘以及放量突破后回踩不破趋势通道的中军股会选择特殊的节点进行启动，一般以特定的热点或者消息面作为驱动，市场的跟风力度才能达到最大。大板块爆发会带动大量个股涨停，大资金在买不到前排个股时，踏空的资金可能还会合力打造趋势中军。到了板块的末期，一旦补涨龙确认加速，也难以买到，可以买入板块核心中军作为最后的套利手段。板块炒作离不开中军的持续支撑以及龙头股与中军的联动配合。

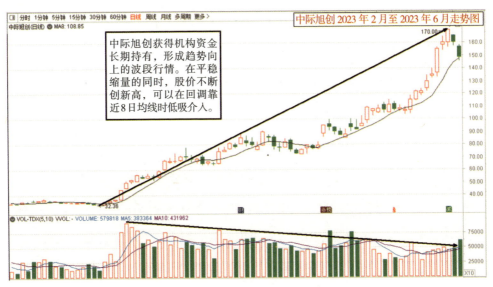

图 7-4　中际旭创成为趋势中军持续上涨

　　图注：中际旭创在板块中的概念逻辑正宗且流通盘较大，获得机构资金认可，被市场选为趋势中军股。在 2023 年 3 月至 6 月的走势中，由于机构资金的介入，大部分持筹者锁仓持有，中际旭创才能长期保持平稳的缩量上涨。

要点：在操作策略上，我们可以在其确认成为趋势中军股后，沿 8 日均线获得有效支撑时低吸进场，并且出现短期调整时不轻易看空，只有放量跌破 8 日均线或重要支撑位时再考虑离场。

长线资金长时间的锁仓才能维持趋势中军股平稳新高的上升趋势，所以机构重仓趋势向上的中军股比较适合波段交易。一旦机构长期持仓的趋势股进入主升浪阶段，我们操作波段交易可以在如下几个节点进行买入。一是在涨幅大于 3% 的阳线后，选择在阶段性回踩 8 日均线支撑位时进场。二是在上升趋势的首阴买入，即前三到五个交易日连续的阳线后出现第一根阴线时介入。三是在趋势中军调整时出现单日最大成交量的三分之一以下地量止跌信号，地量成交寡淡说明筹码已经清洗完毕，伴随长下影线也是确认信号，往往是阶段性底部。四是在机构成本价长期横盘后拉升再买入。因为机构长期锁仓，当价格回调到成本价附近时，机构会继续加仓来维护成本线。如果多个机构参与同一个股，也能较好地支撑股价持续上拉。

兼具波动性和稳定性的趋势中军可以持续到板块的后期。趋势股一旦形成趋势后会沿着 8 日均线运行，继续维持沿线上升趋势，直到跌破 8 日均线再卖出。由于机构主力以趋势波段为主要操作，价格沿着 8 日均线往上移动，代表着趋势持续上升，只要 K 线不破 8 日均线都可以继续持有。趋势中军股大跌次日会出现超预期快速修复，当稍微回调时，多数人会选择持股不卖，甚至在关键均线附近有资金愿意逢低买入。出现趋势中军股靠近均线的成交量减少，对上涨的预期较一致。趋势中军股在上升过程中的风险通过短暂的回调能得到释放，对后续的上涨是有利的。但是当成交量异常放大时会改变原有趋势，只要放量跌破 8 日均线或者重要支撑线，预示着整个板块行情的结束，我们就不能再抱有侥幸心理期待股价反弹。趋势中军的走势对板块行情的影响巨大，破线离场是止损的规则，主力是不会轻易让持仓趋势股随意破位的，一旦破位意味着主力已经离场或者无力回天。尤其是出现板块性的崩溃导致亏钱效应扩散，表明趋势可能出现逆转，我们要在第一时间坚决离场。

二、均线交易战法

短线强势股的重要特征就是均线多头排列，处于上升通道的股票。5 日均线＞ 10 日均线＞ 20 日均线，敢于不断创新高的股票，才是强势股的标准。处于上升通道的股票，犹如坐在上升中的电梯中，更容易获得上升机会，除非正好在顶层进入，但概率较小。

1. 均线多头趋势

趋势形成以后，均线是惯性的呈现，是趋势势能的表现，而且不同级别的均线会对相应趋势形成支撑。股价即便是跌破了均线，以后也会有一次修复，修复后未能再次站上才算是有效跌破。突破也是如此，必须确认回踩而不跌破，才能认定为有效突破。均线还有牵引作用，股价短期偏离均线过多，会导致抛压加强和承接变弱，受均线牵引而回踩。

可以利用均线计算平均成本，有利于在短期筹码博弈中快速决策。中长线趋势股的长期趋势要看 30 日均线，30 日均线大级别趋势回踩不破，短暂调整过后行情可以继续。短期趋势以 5 日均线为代表，不跌破行情继续走强，以 10 日均线作为短线划分标准，短期涨幅过多会回踩蓄力，跌破代表短期行情即将结束。个股 K 线在 30 日均线之上，10 日均线之下运行，代表个股长期趋势向上。K 线在 30 日均线之下，10 日均线之上代表趋势股在下跌阶段中出现了暂时的反抽回暖。K 线在两者之下运行则代表市场看空，风险大于机会，需要空仓来控制风险。反之则市场处在上升周期，可以大胆做多。250 日均线为年线，代表多空头反转线，年线上方是多头行情，年线下方是空头行情；并且年线也会对股价构成强压力或者强支撑。一般突破年线以后，再度回踩或者黏合以后突破，爆发力更强。出现均线多头排列，不仅仅代表短线资金获利，也代表了中长线资金获利，筹码更容易稳定。

趋势股呈现均线多头排列时，股价往往会沿着 8 日均线向上运行，每次回踩 20 日均线后就向上涨，然后再回落到 30 日均线再反弹上涨，并重新被拉回 8 日均线附近，形成 K 线低位长下影线，每条关键均线都得到有效支撑。这种均线多头排列是经得起考验的，可以保证买错回调时能够重新走上原有的趋势。所以趋势股较为稳健，可以长期持有。如果市场环境较好，至少选择站稳 30 日均线的个股，市场低迷也要站上 20 日均线。个股进入上升通道后，持续维持在 60 日均线上方，趋势不断走强。我们寻找趋势龙头需要选择完成技术性修复并已经启动的个股，比如处于下跌通道的个股均线排列逐渐由杂乱无章转化为有序排列向上。当 K 线站上 8 日均线和 20 日均线，成交量由地量逐渐放量上涨，双线完成横 8 字金叉向上放量突破箱体或者历史平台，这是启动的信号。

个股呈现均线多头排列的上涨趋势时可以采用均线通道战法。即利用日均线形成的趋势通道，寻找 8 日和 20 日均线向上发散形成多头排列形态的个股，优先在高开突破重要阻力位或者箱体上沿的时机介入。我们不参与行情的前期和后期，只参与中间的主升阶段。中间地带可以通过 3 日和 8 日均线金叉和死叉所形成的封闭型通道画出来。即 3 日均线上穿 8 日均线形成起涨点，最好是形成突破型阳线，3 日均线下穿 8 日均线形成止损点。突破型阳线最好是呈现流畅的持续向上的分时形态，回避冲高回落的形态。只要通道不被封闭，可以一路持股到高位死叉处。如果需要更多的个股，可以适当放松条件，选择 5 日均线和 20 日均线的组合也较为有效。

均线压力和筹码压力不相同，均线压力是心理压力，本来均线位置没有压力，但交易者的心理暗示形成了压力。个股往往是在均线的压力和支撑下运动，主力资金通过均线可以承托股价和经受抛压的洗礼。比如个股在长期下跌的过程中反弹碰到 20 日均线时就会承受压力回调。由于散户难以具备强有力的承托能力，这是主力吸筹的表现。一旦跌破多条关键均线，预示着之前的大幅拉升行情行将结束，可以部分止盈，或者等待反弹达不到均线时，作为第二卖点。虽然在第二卖点止盈损失部分利润，但可以防止主力资金洗盘出局。第一次止盈后，可以耐心地观察走势。若未能有效跌破长期均线，后市可以持续关注。

利用均线在震荡或单边下跌行情中判断压力位以及在单边上涨行情判断支撑位较为准确。长期均线的压力大于短期均线，多条均线重合处的压力比单条均线压力大。单边下跌行情中，如果 8 日均线经过多次尝试都不能有效向上突破，说明多方力量薄弱或者缺乏主力资金进入。当个股在重要均线压力位附近徘徊，尤其积累大量获利盘时，市场走弱容易出现快速崩溃的走势。大盘低开甚至会对已经处在关键均线压力位的个股形成负面压制，保险起见可以挂低挡确保尽快卖出。上方的压力均线靠近时尽量先不买进，观察其继续穿越企稳均线再作考虑。

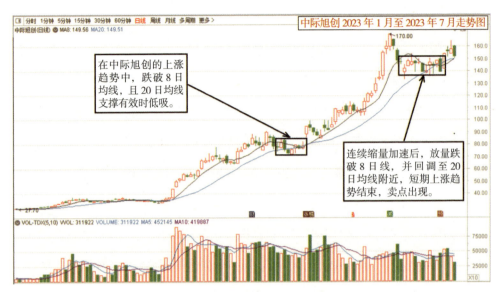

图 7-5　中际旭创均线多头排列的作用

图注：处于上升趋势中的中际旭创，均线大部分时间均处于多头排列，而当短期缩量调整结束，出现 K 线放量突破并站上 8 日线以及 20 日线时，即为分歧转一致的启动点。

要点：操作策略上，我们可以在缩量回调企稳 20 日均线附近介入，在均线呈现多头排列时坚定持股，最后在顶部出现放量有效跌破均线支撑时离场。

2. 龙脉均线战法

股价的运行离不开均线的影响，在上升趋势中上涨和止跌会和某条均线有关。往往随着盘面调整到该均线附近的点位即为买点，同样放量下跌到该均线附近，也会形成卖点。所以趋势股低吸或者卖出往往和某个规律性的均线有关，或者是 5 日，或者是 10 日，该规律和主力资金的交易手法有关，该均线我们可以称为龙脉。不同阶段影响最大的均线成为当时的龙脉。每次股价回调到龙脉时，股价立刻反弹，可以沿着龙脉进行短线低吸。回踩多次某条均线后都如期上涨才可以成为龙脉，确认次数越多龙脉越准确。只要不买到最后一次回踩，从概率上看都是可以获利的。

市场情绪稳定的情况下，趋势股下跌后一般都会有反抽动作。因为趋势股上升一段时间后，形成了市场辨识度，但踏空资金不敢贸然追高。一旦第一波回调踩到 5 日均线大概率会直接反弹，踏空资金就会把握住机会进场。强势股往往不会给予 10 日均线买入的机会，而是在 5 日均线处就完成反弹。尤其是第一次机会的风险不高，非常珍贵。高位人气股第一次大跌触碰到 5 日均线的次日是确定性的买点，日内分时的急速拉升都可以买进。在个股加速段 5 日均线多作为龙脉，较缓的波段以 20 日均线作为龙脉居多，第二波回调则是在 20 日均线实现反弹的概率较高。趋势龙头阶段性回调之时，如果股价横在 20 日均线上缩量整理数天还跌不破，可以在破 8 日均线碰 20 日均线支撑位时轻仓先参与低吸，等待后续向上突破放量拉升。回踩 20 日均线附近埋伏继续跟随龙头是较为稳健的选择，尤其是首次回踩 20 日均线的成功率要比第二次回踩要高。

在个股的不同发展阶段，龙脉并不相同，但在一个主升期内是不变的。在个股加速主升浪时，股价往往在 5 日均线上运行。如果股价缓慢向上，龙脉可能是 10 日均线或者 20 日均线。K 线贴着龙脉移动，同时避免上涨过快引发均线的引力作用。趋势龙头涨幅过大，龙脉会产生引力把价格拉回，进入相对横盘阶段。只要 K 线沿着龙脉均线上行，远离前期套牢压力位，趋势基本可以延续。当趋势龙头连续放量两根阳线，可在首次收阴回踩龙脉当天的尾盘买入。个股沿着龙脉完成一个波段后可能还会继续走下一个波段，可再次沿着新的龙脉把握低吸机会。

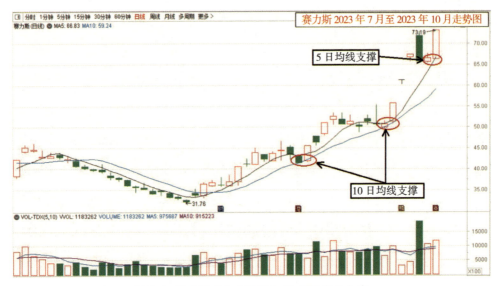

图 7-6　赛力斯在 5 日均线和 10 日均线的支撑

图注： 赛力斯走趋势行情期间，10 日均线起到支撑作用，10 日均线成为赛力斯趋势行情的龙脉均线，我们可以在缩量回踩 10 日均线时吸介入。但在赛力斯开启主升行情，连续缩量加速上涨后，龙脉均线变为 5 日均线，我们可以在股价回调至 5 日均线附近，出现缩量企稳态势时低吸介入。

股价在速率方向改变时会切换龙脉，比如从慢涨加速到快涨，龙脉可能由 10 日均线变成 5 日均线。趋势改变会导致股价下跌切断龙脉，后续的下跌趋势中尽量不要操作。趋势龙头经历连续缩量加速之后，如果放量跌破了龙脉属于剧烈震荡，当天跌破 10 日均线，尾盘不能收回的，则当天止损，最多等到次日 10:00 也不能收回就无条件止损。一旦调整到 20 日均线附近达到中期趋势多空分界线，即确定告别短期趋势。因为 20 日均线是趋势股的生死线，即使跌破也要迅速收回，才能维持趋势。跌破不能收回，意味着趋势被破坏。其中龙脉支撑位或者趋势通道下轨是卖点。

3. 龙头三线合一战法

在龙头低位启动的初期，我们发现 8 日均线上穿 20 日均线，且两者由重合到发散，当 K 线以涨停方式站上双均线交叉的位置，成为上涨趋势的起爆点，往往是低吸机会。在龙头主升的过程中，双线重合的点位出现抛压较小及承接稳定的节点，主力会在换手后继续拉升，形成空中加油行情。在上述点位上，结合资金和情绪的共振，双线金叉会大大扩展其成长空间。除非做多资金在该点位面临抛压太大而承接乏力可能反手做空。我们称具有该交易特征的交易战法为三线合一战法。

该战法是建立在结合情绪预期上涨的条件下的龙头股交易战法，非龙头股运用该法效果不显著。三线合一战法运用的是自然法则的交易逻辑，强势股从启动到回调的周期一般不超过 8 天，到题材结束一般不超过 20 天。均线代表价格的平均值，也有平均成本的含义。5 日均线偏重短线，能够在快速上涨中继调整时提供支撑；10 日均线是短线交易的生命线，属于平台调整后上涨或者下跌的关键判断位置；结合 5 日均线和 10 日均线的特征，我们选取中间值 8 日均线作为短线趋势的支撑均线，兼顾超短和短线交易的需求。8 日均线是过去 8 日进场筹码的平均成本，该周期内资金的成本是有红线的，所以龙头在强势中的回调不能抛掉这条成本线。选择 20 日均线作为中线交易无条件离场的警戒线，20 日均线是中长线多空力量的分界线，适合作为中线反抽的临界点。如果强势股突破 20 日均线下跌，说明其不再具有强势的特征，意味着行情很可能面临调整或者结束。值得注意的是，三线合一适合把低位低吸和首板结合来先手介入龙头，并不适合高位追逐涨停。

如果中长期趋势股下跌超过 30%，并在底部出现地量，即单日最大成交量的一半以下，而且此时回落 8 日均线止跌收复后，可基本确认是底部。因为主力不会让控盘的个股随意破位，一旦破位第一时间要坚决离场。个股回调时间不能超过 3 天，回调不能破掉 8 日均线，8 日均线企稳放量再度启动之时是介入的时机。如个股突发利空或者大盘崩盘等导致早盘快速跌停，恐慌情绪让主力资金放弃主升，反向割肉出逃造成个股连续下跌，一旦跌破 8 日均线，随即止损卖出。所以 8 日均线是低吸买点也是持股底线。

我们可以选择在 8 日均线与 20 日均线重合的当日结合量能突破底部，产生起爆点时介入。如果同时伴随长下影线，是双重信号，此时进场把握最大。随后 8 日均线和 20 日均线快速远离，说明短期拉升较急，可能会开启一段主升行情。而 8 日均线和 20 日均线拉开距离较远时，一旦 K 线跌破 8 日均线，20 日均线的巨大引力会破坏短期趋势，使得双线快速靠近，说明短线趋势将面临变化，要及时离场。直到资金中途调整加油，在缩量调整的位置不跌破 20 日均线进行休息，再次拉升至 8 日均线上方才可以买入。只有在行情趋于平缓时，8 日均线和 20 日均线距离缓慢靠近，此时跌破 8 日均线可能是箱体调整。股价向下调整时波动越小越好，代表着主力控盘越稳定，情绪变动越小。但早盘放量跌破 8 日均线有可能产生主力失控的状况，只要能快速收复战线，还可以继续介入。如果不能收复继续缓跌向下调整，是典型的走弱的迹象，说明趋势已经不受主力控制，我们要继续观望。向下跌破 20 日均线或者箱体下沿，意味着龙头股失去了主力资金的支撑，可以减半仓甚至是清仓了。龙头股经过长时间横盘箱体震荡后，可以耐心等待上穿 20 日均线再次形成三线合一时买入，避开双均线纠缠整理的阶段。

三线合一战法除了在龙头上适用，在大盘技术分析和对市场的趋势判断上也具有较强的指导价值，在买卖点决策具有一定的准确性，对情绪周期的判断

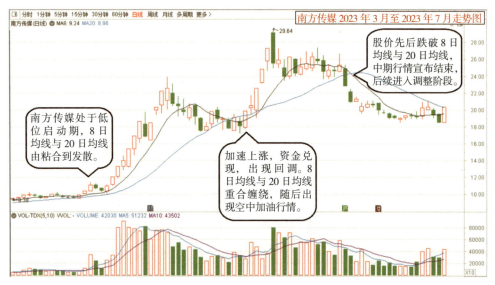

图 7-7　三线合一战法的标准买点

图注：在传媒板块竞争成为市场主流板块后，南方传媒连续涨停确立龙头地位，其走势非常符合三线合一的战法特征。南方传媒在 2023 年 4 月中旬试盘后启动，8 日均线与 20 日均线由重合到发散，其走势表现为连续放量连板。随着股价不断推升，获利盘的兑现抛压增大，出现持续回落调整。但由于板块持续发酵以及南方传媒确立龙头地位，调整结束后 K 线再次以涨停的方式重新站上缠绕的 8 日均线和 20 日均线，随后出现分歧转一致的空中加油行情。其中 K 线上穿两条均线的转强点，即为三线合一战法的标准买点。

能起到补充作用。在三线合一向上发散排列的时候，股市进入技术性的上涨阶段。值得注意的是，大盘的周期比龙头股的资金周期要长得多，我们用 8 周线和 20 周线代替日线，上证指数的日线变成周线。K 线站在 20 周线上代表处于多头市场，反之处于空头市场。发生双线合一时，指数处于小转折；发生三线合一时，指数处于大转折；三线反复纠缠时，大盘往往处于箱体震荡阶段，可以结合 MACD 的快线判断是否出现背离情况。一旦三线合一穿越箱体上下沿的时候，基本可以断定趋势的方向，向上突破箱体平台则是强势的标志。两个周线越向上发散，上涨的幅度越大，反之亦然。

三、补充知识：MACD 背离分析

成熟的交易者不注重各类技术指标，主要看重 K 线、成交量以及板块情绪。选股不能够过于迷信指标，指标的形成是量价关系的一种延伸，具有滞后性，对股价未来走势的前瞻性不足。比如当 MACD 发出信号时，股价已经出现很大的波动，是相对滞后的。只有个股形成趋势，利用趋势的延续性才能对交易形成辅助作用。但技术指标形成的吸引力对散户有一定影响，比如 MACD 金叉会提升个股的买入意愿，即便买入错误也有冲高出局的机会，生存概率增加。所以 MACD 指标可以指示股票运行的趋势方向以及运动速度。MACD 指标中的 5 分钟、15 分钟周期可以预判盘中的高低点，30 分钟、60 分钟周期可以预判日线级别的走势，日线周期则对应中线级别的趋势。所以 60 分钟的顶部结构对应日线级别的调整，顶部背离对应大一级别周期的调整。MACD 的 60 分钟快线下穿 0 轴进入空方市场，在风险期要谨慎操作，以轻仓防守和空仓为主。反之 MACD 的 60 分钟快线上穿 0 轴则是多方市场，可以果断出击。

当 MACD 指标顶部背离，即股价创出新高，而快慢线不能创新高，快慢线与价格出现背离是对趋势即将结束的提示。底部背离是股价创出新低，而 MACD 快慢线指标却并未创出新低。在形成顶背离结构之后，可以控制仓位或者调仓进行节奏轮换，避免买入情绪股。背离结构对判断大盘比较有效，对情绪股作用不大。值得注意的是，顶背离或者底背离结构并不能完全判断大盘顶底，价格的运动速度过快转过慢会出现钝化现象，股价震荡盘整导致指标失效。当背离不断钝化之后，股价随时存在大跌的风险。

第八章 主力资金交易战法

主力资金交易

市场资金主力分析

主力资金分类
长线主力资金：公募、保险、券商、私募等
短线游资和散资：符合长期逻辑和短线情绪的大题材

涨停股票分类
操控型涨停的个股——靠资金
情绪型涨停的个股——靠人气

主力操盘方法
主力资金收割散户：①吸收筹码；②兑现筹码

主力选股方法
机构主力选股特征：①成交金额高；②日内上涨幅度不高；③抗跌性强
游资主力选股特征：①小盘股；②低价股；③合力股

主力资金交易战法

跟随主力战法
沿着对主力资金有利的方向买入，比较稳妥
游资的本质是博弈游戏、击鼓传花，制造形态和消息去吸引跟风

卧龙加速战法
卧龙加速战法中的两次加速节点，都是确认龙头地位的关键点，两次机会均可介入

主力试盘洗盘交易战法

试盘的信号
试盘量能换手在 10% 左右，可以坚定筹码，加上有板块性量价配合

上影线试盘战法
上影线有两种意图：①主力试盘；②主力撤离

伸缩洗盘战法
①主力通过横盘震荡让散户交出带血的筹码，把不坚定的筹码给洗出去；
②通过洗盘让筹码实现换手，以减轻后市的抛压，后续的拉升空间更大

双阳试盘战法
双阳试盘具有上升形态，多用于龙头起步初期的底部博弈，规避大回撤的风险

箱体试盘战法
箱体试盘三种形态：①双阳箱体形态；②上方箱体形态；③凹型箱体形态

大阳突破洗盘战法
①两个大阳线突破出现后，缩量调整洗盘再放量突破，拉升确定性更高；
②流畅向上的双大阳线是资金入场的标志，两天的成交额叠加到 10 亿元更好

龙虎榜交易战法

涵盖市场上最热门的方向，反映了风险偏好，通过龙虎榜找热点事半功倍

炒作股票是主力讲故事卖给信故事的散户。散户最好的策略是跟随主力交易，时间是散户最大的敌人，不能参与长期调整的个股。被套后不硬抗，做错后坚决果断出局，重新投入新的战斗，让资金流动起来。只要跟随主力，做错也不会妨碍资金做大。

一、市场资金主力分析

1. 主力资金分类

根据资金的交易逻辑，我们把主力分为两类：

第一类是长线机构主力。主要是由公募基金、保险资金、券商资金、私募资金等资金群体构成，是股市里的主力部队和正规军。由于需要对投资者负责，受到监管的机构资金重视长期业绩并避免市值出现过大波动。机构资金往往注重投资标的财务报表，秉承价值投资的理念，对稳定股市至关重要。同时机构资金不能犯原则性错误，宁可少赚也要符合政策大局。机构资金对短线交易不太注重，往往在市场情绪下降阶段表现不佳。只有市场情绪上升时，赚钱效应才会吸引大量资金进场，配合新基金发行注入，机构会抱团推高价值个股，业绩才能显著上升。机构会热衷于赛道股，包括具有成长性、可持续发展、国家政策支持的行业，例如新能源、汽车、新科技、半导体、锂电池、白酒、医药医疗等。赛道股适合中长线的投资，资金需要几个月的建仓和出货的过程。机构资金通过上市公司的业绩寻求价值投资，重仓优质的蓝筹白马股，注重企业的长期成长。由于市场上符合价值投资的标的较少，市场情绪上涨会导致白马股被机构蜂拥抢购，不断的业绩增长推升股价上涨，会让赛道股出现波段趋势性行情。而且公募基金体量大，也最适合重仓赛道股。

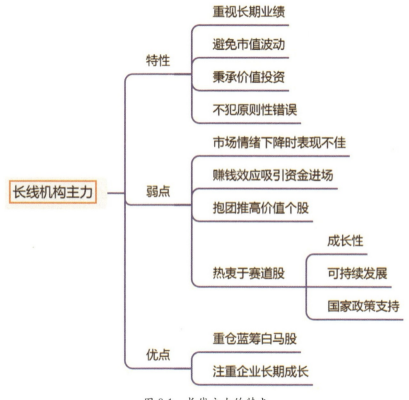

图 8-1　长线主力的特点

　　第二类是短线游资。游资是追逐短线利润的大资金散户群体，多是职业的短线资金散户。游资是市场中最活跃的资金群体，起到了引领的作用，是市场重要的组成部分。游资的资金多是自有资金或者是杠杆资金，为自己赚钱动力最充足，其交易方式也最灵活。游资注重短期套利，在市场中沿最小阻力的方向去寻找有利因素炒作人气。由于市场最大的力量是散户，游资为了实现群体合力也要顺势而为迎合散户的需求，通过吸引资金不断地扩展个股的上涨空间。游资善于利用情绪去炒作广大投资者认可的题材热点，短时间内借助热点事件快速拉升个股。妖股就是主要靠散户蜂拥的资金才能推上去。而机构重仓的个股会因为游资主力的拉升选择兑现，游资反而成为接盘侠。游资热衷的题材股是热点概念股，多是受到消息面、炒作概念影响和政策支持，以短期资金的预期为主，难以持久，而不用看重上市公司的业绩。股价大幅上涨之后往往是一地鸡毛，没有任何格局可言。

要点：符合长期逻辑和短线情绪的大题材才能使得机构和游资联手，机构资金在牛市中随着基金的发行获得大量的资金，与游资主力相互接力，轻松地拉升大题材中的趋势中军股。

2. 涨停股票分类

由于个股在涨停时受到不同的市场作用力，导致涨停的方式不同，大体分为两类：第一类是操控型涨停，主力提前潜伏吸筹题材逻辑充分的个股，经过洗盘试盘等动作后拉升封板。第二类是情绪型涨停，突发利好消息刺激主流题材的个股，吸引市场游资、机构、散户等资金点火接力，形成市场合力推动涨停。

第一类是操控型涨停的个股。往往是由主力完成建仓、洗盘后才拉升并形成趋势的股票，称为主力股。操控型涨停意味着主力推动涨停板的位置放出大量进行突破，才能把前期的套牢盘和获利盘全部释放出来，后续才能够轻装上涨。尤其是出现在箱体突破之际，或者前期的高点附近的涨停更加具有辨识度。主力股的走势受到主力资金的控制，相对板块具有自主独立性，有明显的吸筹建仓的过程，在关键的技术位出现试盘和洗盘的动作，分时具有连贯性。主力股是由主力资金进行系统性操作的，每一步都具有较强的预见性，参与的风险相对较低，反而凸显了性价比，确定性交易最好选择主力股。

前期经过主力吸筹建仓后，刚脱离成本区首板启动的主力股，是短线资金最热衷参与的，容易形成市场合力。如果已经大幅远离成本区再参与主力股，一旦换手失败，容易面临主力出货下砸的风险。主力股在主力出货之前都是安全的，判断是否放量出货是主力股的卖点。只要主力还没有放量出货，主力股都具备持股空间。只有在主力不顾一切想要出局时，才会在高位放量出货，此时不会考虑形态上的美观与完整性。主力股短期见顶之后往往意味着主力已经出货，短线选手可以不再关注。短线选手最重要的复盘工作之一就是观察当天板块的资金流动情况，并寻找板块逻辑，在板块中寻找有主力建仓的主力股。

第二类是情绪型涨停的个股。往往伴随着题材追涨下跌，由市场短线资金合力推动的，称为情绪股。情绪股参与的主要是短线交易者，跟随市场的题材情绪而运动。情绪股的走势多是大阳大阴交替，跟随板块冲高调整，由于没有主控资金，在走势上并不流畅。情绪股跟随板块运动，冲高和下跌的走势和板块指数保持一致。情绪股跟随龙头被动式运动，往往出现板块内集体上涨与下跌。由于缺乏主力前期的建仓过程，板块启动后被动接受资金涌入拉升，在板块内相互争抢资金，经常出现前排涨停而后排冲高回落的现象。次日题材降温后，情绪股容易出现低开低走。只有题材继续发展，情绪股才能继续高走。情绪股次日的情绪合力程度是决定是否卖出的关键。

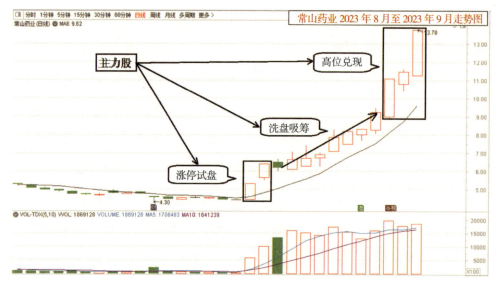

图 8-2　主力涨停股的特点

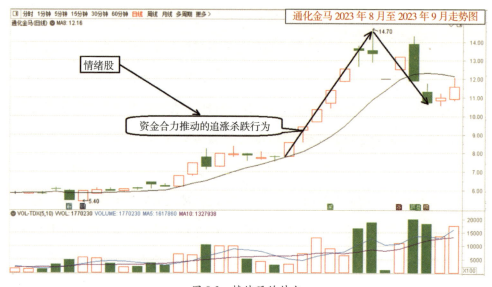

图 8-3　情绪股的特点

　　图注：图 8-2 中，常山药业在 2023 年 9 月 11 日连续涨停启动后，主力资金不断进场，常山药业出现较强承接，能够在板块调整时保持小阳上涨。经过连续震荡吸筹后，主力资金在板块及利好配合下再度涨停，说明常山药业是有资金操盘的主力股。图 8-3 中，通化金马同样在 2023 年 9 月 11 日涨停启动，由于资金合力推动，出现连续涨停的走势，说明通化金马是由合力推动的情绪股。

情绪股由市场的短线资金合力推动，依靠人气支撑。情绪股的资金出现多元化，由当日的题材热度汇聚。如果当天市场合力不敌抛盘冲高回落，次日短线资金很难形成合力，甚至相互踩踏。除非题材延续热度，才能有资金来为昨日的筹码接盘。情绪股合力成功的标志是涨停，只有涨停才能吸引资金接盘，枪口才能一致对外。合力成功是朋友，失败则是敌人。情绪股的放量波动难以判断是吸筹还是出货，因为情绪股并不是由单一主力操盘，而是由市场资金合力拉升。情绪股适合打板和低吸，可以阴线低吸，阳线卖出。半路介入情绪股则需要判断板块的持续性和个股的地位，最容易出现冲高回落被套牢的情况。

个股交易首先要确定个股的性质，是主力股还是情绪股，其次是明确个股在板块中的地位，这样才能确定交易手法。每天市场上的题材发酵时，前排龙头会被资金迅速拉升，只要前面数日内没有主力建仓和洗盘的迹象，基本可以断定是情绪股。板块个股出现集体涨停，而通过复盘并没有发现主力股的踪迹，说明板块注入了情绪化资金。这种情况下板块龙头一旦被市场淘汰，板块整体上会出现大规模崩溃。当日后排跟涨而未能涨停的个股，也多是情绪股。

短线交易首选主力股，谨慎选择情绪股。主力股具有主力操控的主动性，对板块起到领涨作用。而情绪股对板块和整个市场没有带动性，以情绪抱团炒作为主，预期并不高。选择情绪股做龙头只能在市场情绪拐点中才有机会，一般结合短线情绪逐步转暖的内在需求，叠加政策的引导让市场恢复信心，资金借此东风把具备身位优势的个股打造为核心股。选择情绪股只能在低位买入，高位追涨是买情绪股的大忌。因为情绪股主要由热点的情绪主导，热点高潮时基本是资金出货时。

3. 主力操盘方法

短线市场不停地上演强者对弱者财富的收割，资金实力、信息面、知识面及内幕操作等因素让多数散户处于劣势。主力资金群体收割散户资金有两个步骤，第一步是吸收筹码，第二步是兑现筹码。主力把龙头推上主升浪来打开个股的上涨空间，先需要凝聚人气才能吸引资金，这样可分配的蛋糕才能足够大。机构主力与游资主力不同，其资金实力雄厚可以一直持续买入，较少出现大单以封板价格排单介入，而是要控制足够多的筹码，才能稳健拉升价格。

我们筛选主力控盘的个股可以通过观察近半年内有机构主力建仓和洗盘痕迹的个股。因为机构主力在低位横盘震荡建仓吸筹的过程最少一个月，个股快速拉高试盘后会出现下跌洗盘。当个股出现低位小幅的攀升且成交量出现地量时，就即将进入主升阶段。只有游资参与主升阶段接力，才能把筹码分散，否则连续缩量涨停会出现筹码断层导致出货跌停。进入主升阶段的个股拉升时间快、空间大，主力为了以后方便出货会为个股打造上涨空间，通过快速拉板涨停来吸引资金封板。散户在建仓和洗盘阶段要慎重交易，一旦主力开始出货，就不能进场博弈反包。通常主力在分时走势上会出现高位横盘整理，采取震荡出货慢慢把筹码分散给散户。启动行情的主力获利离场之后，短线交易者包括启动点火的游资、敏感的跟随者、情绪博弈的风险偏好者和最后接盘侠等接力进场，个股的交易难度将陡然增加，情绪博弈将主导个股行情。

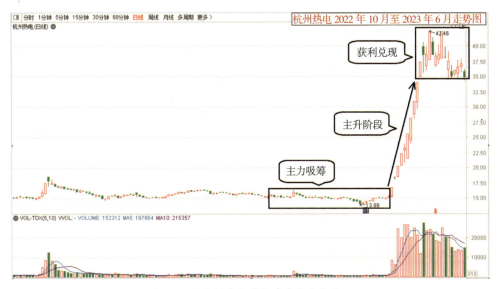

图 8-4　主力操盘在震荡建仓期潜伏介入

图注：从杭州热电走势图中可以看出，主力资金操盘呈现规律变化，建仓吸筹、主升拉高和高位兑现缺一不可。我们可以选择在震荡建仓期潜伏介入，也可以在主升发酵期追涨跟风，但在高位兑现期应小心谨慎。整体上看，在主力操盘初期的安全性和值博率更高，而在高位的鱼尾行情更应该注重控制风险。

主力资金的撤退会使得市场进入大的空头趋势。筹码开始分散，股价呈现震荡下跌的走势。随着市场抛售力量的减少，在市场持续缩量后，个股的量能也逐渐萎缩到地量。大周期波段调整末期，出现地量是必然的现象，市场表现振幅极为收敛的状态。当个股出现地量的时候，意味着浮筹基本清除完毕，该卖的筹码都卖了，股价再次具备上涨的条件。只有地量地价后，底部出现 W 形态并持续放量，单日温和放量在 20 日均线以上时，趋势才能进入多头。主力资金进场抄底会逐渐形成底部反转形态。单靠散户的资金进场是不足以启动市场的，在此之前 K 线以震荡阴跌为主，极致缩量后长期横盘。市场在主力资金进场之后才能真正筑底。左侧的重仓交易有过大的预判成分，适合主力资金操作，对散户而言，跟随主力进场才是性价比最高的选择。

二、主力资金交易战法

市场唯一不变的就是资金永远逐利，沿着赚钱效应最好的方向操作胜率更高。短线选手要根据市场合力进行决策，市场上阶段性活跃的人气股以及赚钱效应最好的方向，大多由市场合力产生，而不是由某个主力控制。

1. 主力选股方法

两种主力资金的选股风格是完全不同的。机构主力热衷于选择趋势股，而游资主力喜欢选择合力股。机构抱团建仓会在市场周期的底部发现价值被低估的股票进行吸筹，当从熊市底部走向上升周期后，会有更多的机构资金抢筹同一个标的，推动其成为白马股。机构资金在长期锁仓白马股持续推动股价上涨的过程中，往往持续温和放量。游资主力选择的合力股略有不同，上涨初期的成交量较大，上涨到高位也有资金不断地接力换手。同时机构热衷重仓大盘股，但大盘股拉升幅度较大会引起巨大的抛压。而游资往往选择各路资金集中的热点板块里的领涨个股，以暴涨暴跌的小盘股为主，抱团炒作引发市场合力，吸引更多的散户资金加入，最后在高位完成收割。

机构趋势股按照严格的交易战法操作，注重的是入场的时机。所以有较为明显的趋势逻辑，涨停和调整交替而行，最好的策略是捂盘守候，即被动地等待市场机会和股票的成长，只有符合价值投资理念的个股，机构才会选择建仓。这和市场中多数投资者被动式的投资方式比较相似。机构主力喜欢选择行业里的标杆企业，选股偏重三大特征：第一是成交金额高。即按成交额排序前 50

名的个股。若流通盘过大会导致筹码不集中，主力难以快速拉升。选股时要选择短期主线热点中主力流入资金量大的个股。第二是日内上涨幅度不高。机构重仓的个股往往是基本面良好以及估值低，不容易涨停且涨幅一般不高，大涨不超过 8%，除非热点发酵后吸引游资进场打板。一旦上涨超过 5% 意味着波段拉升开始启动，可以在盘中涨幅低于 3% 并快速拉升时介入。第三是抗跌性强。由于机构锁仓和资金盘面大，股性活跃的机构趋势股具有良好的流动性。机构作为长线投资来托底，即使大量出货也不会导致价格崩盘，游资主力就会大胆参与，出现机构先搭台游资接力唱戏。大资金参与的资金龙头一旦进入上升趋势，能够带动板块指数上涨，体现出稳定抗跌的特征。

　　游资主力选股一般按照如下标准来选择。一是小盘股。热点题材的小盘股能带动大盘走强和指数共振，流通市值过大，主力难以控盘，选择流通市值偏小的个股易于拉升，实际流通盘在 30 亿左右最好，后续的资金换手才较为顺畅。二是低价股。股价较低可以拉低散户的投资门槛，同时低价会有上升的空间，更容易吸引散户的参加，给资金炒作提供上涨的空间。股价低于 20 元的低价股更利于炒作，就算股价翻倍，还是很低。三是合力股。游资资金集体的自发抱团行为是为了更好地形成接力和合力，一般没有预谋和沟通，是群体性的自发操纵行为。如果只有主力在不断推动股价大涨，往往是没有足够多的合力的。市场合力跟不上会导致每天急速冲高之后逐渐回落。游资追逐涨停为的是短期利润，并不会锁仓久留。如果游资合力股次日不能连板或者短期内二次涨停，风险陡然加大，游资会争先抛售，需要尽快离场。

　　简而言之，游资合力股不是以价值为取向，而是注重题材热点，善于人为抱团制造市场机会。一般的市场龙头都是合力股，适合半路打板，持有到板块见顶再卖出。而机构趋势股是基于价值面选股，偏重资金抱团白马股，以趋势

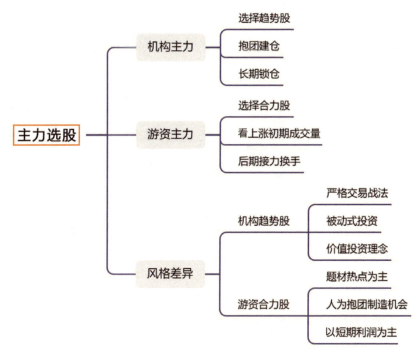

图 8-5　主力资金选股方法与风格

推动上涨。同时机构趋势股和大盘的涨跌密切相关。交易机构趋势股必须在大盘情绪高涨的时候才有成功率。如果大盘情绪低落，机构股很难以有所作为，这点和游资合力股有所不同。我们操作游资合力股可以不用过多关注大盘。本质上看，不论是游资还是机构，都是资金合力驱动股价上涨。

2. 主力跟随战法

短线交易中预判与跟随是常见的交易战法。预判注重预期的达成，跟随是对热点的应对，预判要落实到跟随市场情绪才能获得盈利。市场大部分资金都是被动跟风的，由赚钱效应和龙头引导，只有理解跟风资金的思路才能理解市场赚钱的逻辑。所以短线交易者更加关注跟随，而不是预判。跟随的策略是沿着对主力资金有利的方向买入，跟随主力的交易战法是跟随策略中较为便捷的方法，需要选择跟随游资还是机构。中长线交易者和机构投资者都倾向于跟随机构主力选择趋势股的交易，注重个股的基本面，讲求成长性，所以并不用考虑太多对手盘的因素。跟随机构选择行业龙头主做上升趋势，机构注重中长线趋势型的个股，机构主力持股大市值的机构趋势股的周期较长，我们也可以中长线持有。而游资的交易本质上是博弈游戏，是击鼓传花，是考虑自己在接谁的盘，明天谁来接自己的接盘。游资善于炒作人性的贪婪，往往主动人为创造市场机会，制造指标形态和市场消息去吸引跟风资金入场。选择跟随游资，我们要关注情绪周期，对资金流动方向要先知先觉，要结合市场情绪来判断资金群体，选择资金接力的热点龙头。短线交易注重涨跌幅度和资金效率，如果对游资操作不知不觉，短线交易容易掉入陷阱。

配合天时的消息面发酵，主力资金低价吸筹潜伏形成地利之势，一旦市场资金合力开启拉升，就会具备人和的力量。题材爆发前夕，主力已经在某只个股上潜伏数日，等重大消息在盘前逐渐被广大散户关注，次日开盘一旦散户开始蜂拥前去涨停板抢筹，主力就可以借机拉升。我们要每天从当日板块内的涨停个股、大阳股、烂板个股中选择存在主力建仓蛛丝马迹的个股提前放入股票池进行观测，包括出现高换手率和分歧中超预期走强等主力痕迹。次日盘前先快速浏览股票的公告和新闻，回避出现减持等利空消息的个股。当板块有超过两个大市值中军放量大阳，表明板块出现明显的启动，股票池中的个股会率先出现异动，在盘口确认主力并未出货，则可以及时跟随买入。如果盘口挂单出现连续的大单卖出，并有买单快速撤单，承接资金正在减弱，这是主力资金不断出货的表现，需要及时终止跟随策略。

跟随机构主力操作，选择趋势股是较为稳妥的方法。机构趋势股以单边上涨形态为主，开盘以平开为常见，通常不会大幅高开。个股出现高开低走或者平开冲高拉大振幅加剧恐慌，是为了清理获利资金，让持筹不坚定者下车，方便主力拉升股价，否则获利资金随时可能兑现砸盘。如有大量获利盘在筹码密集区不断换筹，可以先行观望，大行情往往都是通过先回调换筹后再启动。如果散户开盘后不介入，盘中较少会追高机构股。因为机构趋势股每天的涨幅有限，缺乏追高的空间。我们在技术修复期跟随主力建仓要谨慎，尤其是一旦追涨白马股容易被套住，并被洗盘出局，从而错过整个上涨行情。潜伏主力建仓的趋势股，只要介入的位置足够低，在后续的波动中就不会轻易被洗盘出局。机构趋势股连续小幅度上涨是真涨，容易获得充分的换手，是主力在收集筹码

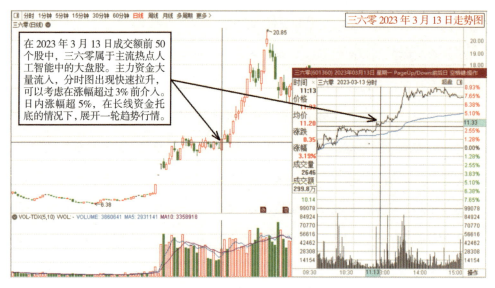

图 8-6　跟随主力买入方法

图注：三六零的趋势逻辑获得机构资金认可后，展开连续上涨行情。通过成交额排行榜发现主力资金大幅流入三六零，在其逻辑获得市场普遍认可、机构资金大胆买入后，我们可以跟风买入，坐等更多的主力资金抬轿。在拉升与调整交替的过程中，只需锁仓等待即可，待板块及情绪出现明显见顶信号再考虑卖出止盈。

建仓，过大的波动量会引起场外资金抢筹，建仓完毕开始加速拉升。趋势股连续加速大涨后，只要不是龙头兑现离场，一旦出现放量滞涨，标志着主力高位派发筹码，其后是长期下跌趋势，没有等待的价值。

在退市制度和注册制完善后，市场中的借壳股和次级股会逐渐被资金所抛弃，资金会集中在优质的机构趋势股上进行抱团。资金投机炒作的题材风险会更大，更多的机构投资者将成为主流，而散户投资者也会选择投资基金。如果机构成为炒作的主力，价值高的牛股会被炒得很高，和我们市场中低价股和小盘股受欢迎截然不同。题材炒作和价值投资并不矛盾，散户资金以后会跟随机构持股或者选择机构化的产品进行投资，以追随游资主力打板的方式在与机构主力尤其是与量化机构的竞争下，交易难度越来越大。

3. 卧龙加速战法

个股经过长时间的平台整理后，股价处于低位横盘震荡，筹码结构趋于集中，容易被主力选中成为操作的标的。主力资金会结合临近的重大消息面，提前寻找题材内具有如此形态的个股进行潜伏。个股出现连续不断的小阴小阳线，伴随着小幅的成交量，没有出现明显的放量，说明没有主力愿意介入。只有当完成吸筹、试盘和洗盘动作后，会爆发出巨大的拉升力量推动个股具有市场辨识度，从而吸引散户资金进场形成市场合力，助力个股成为连板龙头。龙头在连板的过程中会出现持续的高换手涨停或者至少一次缩量加速涨停。其中连板股的第一次缩量加速上涨是最安全和最具确定性的介入机会。我们把这类经过长时间横盘整理并具备缩量加速板标志的连板龙头操作方法称为卧龙加速战法。

个股经过洗盘企稳后还不能轻易买入，先要判断真拉升还是诱多，可以根据量能来判断。如果分时拉升比前期拉升量能放大，则是真拉升。个股启动阶段的放量上涨仍然存在分歧，是多方主导的分歧上涨。个股连板多日却未放量，说明主力资金大部分还没离场。缩量加速是持筹者和持币者一致看多的表现，也属于分歧转一致的一种形态。个股在分歧转一致的缩量加速阶段，往往在开盘五分钟内直线涨停或者竞价一字涨停。这个缩量加速点常常出现在二板或者三板，一字涨停开盘是难以介入的，在确定主流热点和板块地位后可以竞价挂单去参与。

龙头预期有七板的空间，放量分歧和缩量加速可能有两次，市场初次达成对龙头的共识会形成第一次缩量加速。参与第一次放量分歧之后的缩量加速是较为安全的机会。连板股第一次加速上涨后会不断地放量分歧换手，竞价阶段

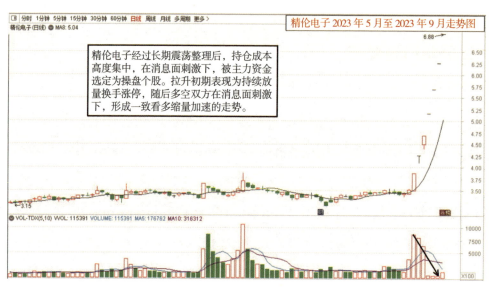

图 8-7　精伦电子经历长期卧龙加速拉升

图注：精伦电子经过长期震荡整理后，具备持续缩量加速的筹码条件，在消息面刺激以及资金合力推动下，精伦电子展开非常强势的缩量涨停走势。具体操作上，我们可以通过对消息面以及个股基本面的判断，在启动前期进行潜伏试错，而在后期确立龙头地位后，可以通过竞价挂单介入。

一旦出现放量可以挂单买入，到逼近涨停时再进一步买入确认地位。如果龙头击败其他板块对手，引领赚钱效应带动向上，向市场总龙头晋级时会通过第二次加速，上涨空间进一步扩展。在第二次加速阶段参与龙头连板接力的资金是坚定的多头，但面临前方获利盘的兑现压力，如果不能完全替换之前的筹码，后续上涨仍然困难。在卧龙加速战法中的两次加速节点都是确认龙头地位的关键点，第一次确认板块地位，第二次确认市场地位，我们可以把握这两次机会介入龙头。

三、主力试盘、洗盘交易战法

在强势股的一轮上涨过程中，可能会受到消息面利空的影响，从而导致短期出现下跌调整。只要板块热度还未消退，主力资金也尚未离场，等该股短暂企稳之后，主力再次拉升的概率很大。而这次短暂的调整有可能是主力的试盘、洗盘行为。

1. 试盘的信号

试盘是主力资金在弱势行情中发动上涨的常见操作，通过试探左侧高点的压力以及潜伏盘的抛压来测试拉升时跟风资金的强度。试盘期间的成交量比前期显著放大，意味着主力收集筹码基本完成，开始进行试探抛压和筹码的态度。试盘放量过大，则说明分歧太大，可通过抛压把价格压制。相对合理的试盘量能换手率在10%左右，就可以稳定筹码和换掉套牢资金，为后续的拉升做出准备。如果试盘放量过少，意味着获利盘没有在拉升中得到预期的获利空间，兑现的欲望不够。试盘后有板块性的量价配合，会出现良好的承接力量，再配合热点题材发酵，主力资金便可顺势开启拉升动作，我们可以在竞价结束后参与。

　　当新资金进场拉升时，潜伏的机构或者游资突发抛盘让涨停半路夭折，新资金遇到伏击可能被迫收缩不再拉升。成交少的筹码会让新资金改变原有的操作策略，主力在拉升个股前先要通过试盘解决套牢盘。套牢筹码分为顽固筹码和松动筹码，顽固筹码多是长期资金难以被清除，但追涨的资金多是松动筹码，注重短期的回报，一旦短期形态破位，就会止损出局。主力在关键点位向上试盘，可以让部分底部松动筹码兑现以减少拉升阻力，同时测试上部压力。试盘后主力会任由股价自然下跌，松动筹码会大量止损，主力趁机进行收集。当筹码集中度达到10%至30%时，个股筹码比较稳定，不会在后期拉升中出现很大的抛盘。因此试盘常常出现在主力准备建仓或者建仓完成拉升前。

　　主力在拉升前的建仓时间一般不超过七天，股价出现异动往往是试盘行为。试盘可以分为上影线试盘和涨停试盘。主力从零轴以下直线拉升股价在高位震

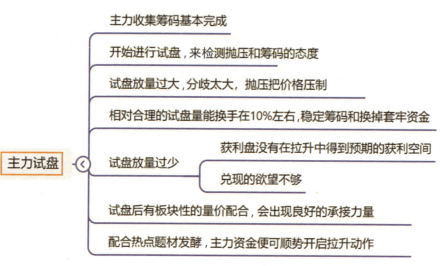

图 8-8　主力试盘

荡后，放任股价冲高回落，在均价黄线被有效承接后，开始堆量拉升股价。冲高回落的个股试盘完成后，在两个交易日内，主力开始放量拉升股价，说明个股开始启动主升。这种冲高回落的形态是上影线试盘。而经过回封的 T 字板涨停是涨停试盘，少数涨停试盘也有秒板封死的形态。

主力强力试盘是试探左侧高点的压力以及潜伏盘的抛压、测试跟风强度。个股接近前高后出现爆量分歧，才能大幅上涨。通过爆量分歧试盘为后续拉升做准备，等待热点题材发酵，主力会顺势开启缩量上涨的主升行情。

主力强力试盘可以通过以下特征来有效确认主力资金的实力：

（1）竞价成交量是上个交易日的 1 到 3 倍，在 5% 以内小幅度高开为最佳。

（2）主力资金爆量拉升试盘时挂大买单直线拉升股价，一波上攻幅度大于 3%，或者呈 N 形、W 形，上攻幅度超过 5%，多次回踩不跌破均价线，主力大单确认资金的实力。当直线拉升到均线上方后，回调站稳分时均价线时，第二次放量拉升，突破前高大阴线最高点的压力位，可以确认主力意图。

（3）试盘后股价回落至均价线附近，随后自然换手横盘震荡，主力资金换完筹码后一举进行拉升。股价拉升会让前期套牢盘或者获利盘回落至均价线 3% 以上小幅箱体震荡，而不是无承接的单边回落。如在均价线之上运行的时长多于均价线之下，分时上下震荡时，上拉时放量，回踩时缩量，通过这种方式来确认持筹者的看多态度以及场外资金的承接态度。只有在分时均价线上持续运行或者缩量构筑平台震荡，才可进行有效确认。

（4）个股可以在早盘 10:00 前封死涨停。而 10:00 以前未上板的不属于强势涨停试盘，谨防冲高回落。如果个股强力试盘后炸板，资金多次点火回封均失败，基本可以确认日内继续涨停的难度较大，可卖出离场。

当通过以上方法确认主力强力试盘后，我们可以适当轻仓进行交易。主力资金强力试盘到达平台高点附近，形成突破性买点，说明上方高度空间打开，是确认度较高的买点，可以追涨介入。股价突破震荡平台高点时，盘口上多次出现 100 万以上的买单，表明主力资金意在强力突破洗盘吸筹。主力资金放量突破高点，经历强力试盘接近平台前高位置，早上主力挂试盘大买单，连续拉升冲击涨停后，炸板回落至均线附近，在均线附近构造小平台，承接良好，吸收筹码，即可确认为强力试盘信号。或者次日早盘拉升回落后，再次放量拉升，突破早盘的高点和前面平台的新高，可确认早盘的下跌是主力在强力洗盘，突破新高后可追涨买入。在前高压力位下跌洗盘，清理浮筹后，抛压释放完毕，强力试盘基本结束。

2. 上影线试盘战法

个股在启动主升前会留下痕迹，是主力建仓吸筹的动作。多数走出主升浪的股票是主力高度控盘的，已经建仓完毕的个股随时会展开拉升。主力大举吃进个股前，先要试探持仓者的态度和测试筹码的稳定度。在平缓的分时图上突然出现向上剧烈变动的价格，时间短、量能小，随后回到之前点位，这是主力试盘的典型操作。如果是持续有效的拉升，分时图会出现连续的放量，直到涨停。

由于 K 线走势包含了众多的信息，不论题材概念还是主力潜伏都反映在图形上，根据走势来操作是风险最小的方法。上影线是股价当天放量拉升冲高之后，没有得到持续买盘作为承接，最终逐渐回落形成一根带有长上影线的小阳线或小阴线的 K 线，并且较于昨日收盘价上涨。放量且冲高回落的上影线走势有可能是在早盘快速拉升后被主力砸盘制造出恐慌情绪，出现股价上涨受挫而回调。也可能是抛压过大导致股价回落，这是见顶信号，也可能是测试抛压。

如果回落过多可能会让持股者判断为抛压过大而承接不够，最终选择抛售。抛压较小可能是释放压力，次日主力有意拉升股价。

　　长期横盘的个股 K 线出现上影线一般是两种意图。其一是主力试盘。既侦察空方抛盘决心，也留下了主力进攻的信号。如果个股连续多日出现上影线形态，且收盘价不破单峰筹码价位，说明主力正进行试盘及洗盘，可以在单峰筹码处介入。上影线试盘如果能探到上方筹码压力位，让部分套牢筹码解套后回落，次日一般都可以顺利拉升。因为出现上影线的次日再继续拉升，昨天的冲高回落就有可能是主力的试盘洗盘动作，让散户割肉交出带血的筹码，扫除上涨的障碍。其二是主力主动撤离。由于个股上攻无力，市场无法形成合力，主力必须撤离，通过上冲吸引散户进场接盘。如果个股在拉升后高开幅度较大，放量也较大，分时出现脉冲型拉升，多是诱多出货的表现，还有可能是冲高回落进行出货。出现放量冲高回落，有可能是题材发酵不及预期，主力高抛离场，个股失去后续发展前景。因为个股高开是异动，放量而不能封板则是确认出货的卖点。如果股价大幅拉升后，获得了盈利空间，此时出现冲高回落而量能并未出现放大，说明主力是进行阶段性调整，并没有大规模出货的意愿，可以继续等待放量的机会再离场。出现上影线时不能不加预判主力资金意图就直接买入，要等待走势告知主力资金试盘的结果，结果好就跟进，否则继续观望。

　　试盘形态是我们重点关注的对象，可以通过以下信号加以确认：

　　（1）个股跌到底部后开始连续小幅震荡上涨，成交量缓慢地攀升，是主力建仓的阶段，随后出现试盘大阳线或者涨停首板，能够吞没左边缺口或者大阴线，彰显主力资金介入的决心。

　　（2）经过缩量洗盘阴线试盘后，个股后续几天内继续高开上冲，冲击涨停板，最好能冲破前面横盘震荡区域的压力位。

（3）主力试盘出现放量吸筹的大量柱，分时出现流畅放量的散户卖和主力接的形态，然后是横盘震荡大幅缩量洗盘吸筹。

（4）出现第二个上影线放量洗盘，用于恐吓跟风和套牢资金，让其尽快交出筹码。

（5）试盘后出现大阳线或者涨停板，作为二次确认。尤其是市场低迷时能继续高开逆势上冲，体现主力资金实力。

上影线出现的节点处于上涨加速状态且股价不断抬高，只要能突破压力平台，就可能出现主升浪或连板加速的大趋势行情。个股出现上影线后次日必须加强，股价创出新高且成交量放大。如果放量上影线次日没有加强，大概率是回踩，可以高位分批兑现利润。上影线当天急速拉升，一般涨幅最少要高于 5%。当主力放量拉升股价至 8%，然后自然冲高回落来测试高位抛压，震荡下跌至均价黄线附近承接企稳，上影线最高点距离收盘价相差五个点就会形成强力试盘。在板块尚未发酵的情形下，个股能够冲高 8% 且回踩不破均价线，次日伴随题材爆发，个股涨停的可能性较大。当分时或者均线关键技术点位出现支撑，配合个股尾盘有资金低吸抢筹，符合主力试盘买点，可以跟随主力轻仓抄底。如果上影线当日回落幅度较小，有可能次日选择先急刹，再突然冲击大单涨停板。如果当日回落较少，不建议尾盘直接介入。我们可以等待首日冲高回落后，加入自选重点关注，次日放量急速拉升再跟进买入。只有在低位启动的第一时间介入，即使博弈失败，也会由于买入成本较低，而不会出现太大的亏钱效应。

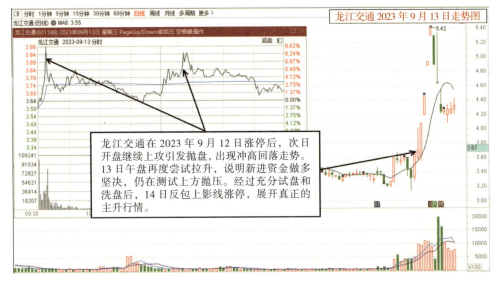

图 8-9　龙江交通上影线试盘抛压

　　图注： 龙江交通在 2023 年 9 月 13 日分时走势出现剧烈的向上波动，全天冲高回落收放量长上影线，说明新进资金在试盘洗盘。在确认上方抛压较小、资金跟风意愿较强后，主力资金顺势开启主升行情。

3. 伸缩洗盘战法

　　低吸资金是市场承接的主要力量，但往往是拉高即卖出，博弈反弹溢价。如果个股在同一个位置横盘时间过久，会导致低吸资金过多，上攻面临抛压过大。在市场分歧的时候，低吸资金有利于承接。但是如果持续分歧，低吸资金积累就会形成一股抛压。主力要采用洗盘方式来解决抛压，横盘后首日冲高回落，次日再低开迫使低吸资金离场。洗盘是主力通过有力控盘打压股价或是传播负面消息等方式引起恐慌抛售筹码的过程。持筹不坚定的潜伏盘、近期套牢资金或者获利筹码是主力潜在的对手盘，也是洗盘对象。上述资金是股价上涨的最大阻碍，通过制造恐慌，逼迫不稳定资金退出，为上涨扫清障碍。因为股价走弱第一时间出走的资金是不稳定的，一旦潜在压力被彻底释放，上涨行情更容易开启。面对股价下跌异动后依旧坚定持有的是中线投资者或者坚定看多者，他们不会因为股价上涨而轻易抛售筹码，更不会主动去砸盘，是稳定的锁仓资金。

主力通过不断的横盘震荡让散户交出带血的筹码，并且在拉升前再来一次强力洗盘把不坚定的筹码给洗出去。主力洗盘的目的是为后续更好地拉升，形态上是相对规整的，波动较小。波动越大，提前出货的概率也就越大。洗盘过度会打击场外资金的接力意愿，所以主力不会主动砸坏 K 线趋势线，只有趋势健康才能吸引资金助攻。如果股价低开低走，只要不放量击破建仓区域的下沿，还是在故意打压股价洗盘。其后会再次拉升回来，可以持股等待。当股价开始放量跌破建仓的区间时，就要开始警惕主力是否有拉升出货的征兆。而放量破位多是主力由于某种利空原因迅速止损出逃。如果无法判断下砸是否主力洗盘，可以立刻离场，不要坚持到股价彻底走坏。如果主力次日继续反包突破，我们可再跟随介入。

伸缩洗盘战法是指主力通过 N 形走势强力试盘的次日，出现下跌缩量或者拉升放量洗盘来清除浮筹，过程中整体呈现价涨量缩，后续开展拉升上攻的行情。当主力手中的筹码比较集中后，在拉升前会有涨停试盘的动作，首板适当放量，而不是倍量或者巨量，巨量涨停代表跟风盘较多，次日有兑现抛压影响到后期的拉升。股价拉升到高位后，主力的持仓获得了可观的盈利空间，为了调节过热的情绪和摆脱跟风资金，此时常会进行阶段性洗盘。通过洗盘让筹码实现换手，以减轻后市的抛压，使后续的拉升空间更大。所以主力会在拉升后挂出大单压盘或者部分出货引导跟风资金砸盘。

上影线试盘当日需要放出倍量确认试盘，试盘后放量和缩量都是主力洗盘的信号，次日会大幅度缩量或者继续放大量确认洗盘，满足这两点是本战法实施的基础。主力试盘后通常会在三天内横盘或回踩，成交量明显萎缩，主力会利用该阶段进行洗盘，称为缩量洗盘。个股放量收出上影阳线，表明试盘承接良好，次日缩量调整洗盘，后续极有可能会被主力强势拉升涨停。经过强力试盘后的缩量洗盘让散户割肉交出筹码，往往是开启一段主升浪的标志，因为割肉转移出来的筹码锁仓意愿更强，更有反弹的动力。个股在启动初期，主力就开始低位洗盘调整，且量能不大，要盯紧多方资金持续跟进，关注后续变化，随时进场低吸。如果个股从高位经过充分回调已经到了阶段的底部，这时出现冲高回落可能是主力二次建仓洗盘调整，很快将迎来第二波行情。

　　除了缩量洗盘，还有放量洗盘。当个股有突发利好，主力资金为在最短时间内达到快速洗盘的效果，采用跳空高开及高位震荡快速清洗获利筹码，此为放量洗盘。个股成交量急剧放量两倍以上，开盘加速抢筹后冲高回落，收盘出现上影线，上影线长度与实体柱几乎相同。除了上影线洗盘，还可以通过次日倍量阴线洗盘，主力对前一天涨停板的跟风股进行强有力的洗盘。当再次突破倍量阴线的收盘价时，可以低吸买入潜伏。次日再次突破长上影放量，意味着主力基本吸筹完毕，就会形成连板上攻态势。如果是近期或者当天热点板块的个股，会有高辨识度吸引资金抢筹，当天涨停概率更大。这种放量的强力洗盘方式可以节省后续连续的小幅度洗盘的时间。

　　要点：重点关注市场中热门板块的核心人气股，若在拉升启动后，出现缩量洗盘、回踩确认的走势，后市大概率还会有一轮主升行情。

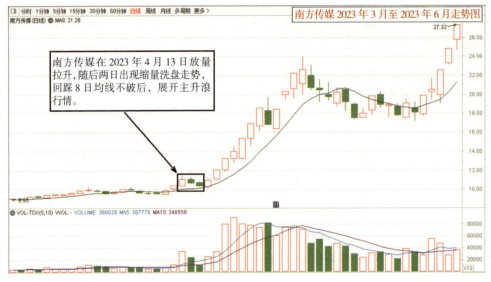

图 8-10　南方传媒缩量洗盘时买入

　　图注：南方传媒连续放量拉升后，在 2023 年 4 月 13 日冲高回落，随后两日出现缩量调整走势。调整过程中资金承接良好，说明主力资金正在收集筹码，在主力资金收集到大部分筹码，并且回踩 8 日均线不破后，缩量洗盘即将结束，随即发动新一轮的主升行情。

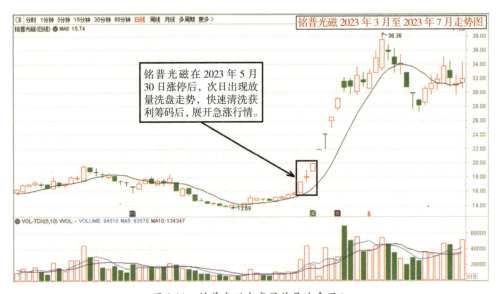

图 8-11　铭普光磁十字星放量洗盘买入

　　图注：铭普光磁在 2023 年 5 月 30 日突发利好涨停后，次日出现放量十字星走势，随后再次出现涨停，说明主力资金在短时间内完成洗盘。急于拉升的主力采取跳空高开洗盘，再反包突破洗盘区间，主力吸筹得到右侧确认，铭普光磁后续展开连续涨停行情。

要点：重点要关注首板涨停后出现高开放量震荡的个股，若再度反包突破震荡区间，后续大概率会开启一轮主升行情。

强力洗盘是散户与主力资金之间筹码的快速交换，成交量会急剧放大，但要警惕是否放量出货。在主力资金强力洗盘之后，次日观察个股题材是否发酵，根据早盘分时的承接强弱决定是否介入。主力资金强力试盘及伸缩洗盘后往往是急涨行情，可以在强力试盘后，在承接强的分时盘口低吸介入。低吸买点利润空间大，而突破买点确认度要高。股价在上涨趋势中突然出现一根长阴线，如果次日能够被大阳线反包，是洗盘结束的标志。个股震荡上行突然放量突破上方的压力线，表明洗盘结束了。当在强力试盘之后，沿着 8 日均线买入的个股不能继续大涨或者没有出现预期中的拉涨动作，反而弱势跌穿 8 日均线以及分时均线，或者以较为缓和的趋势上涨，需要在跌破趋势通道下轨或者 8 日均线后卖出，这表明未能有效拉动场外资金进场，我们只能主动认错止损出局，以避免更大幅度的下跌。

4. 双阳试盘战法

个股通过两个大阳线或者涨停板来完成试盘和洗盘动作的方法，称之为双阳试盘战法。适用此战法的个股需要符合当下热点，在当天板块指数向好且个股均线多头排列的行情下，回调后不跌破 5 日均线和首板涨停位置。主力经过大阳线后的试盘，成功把前期获利筹码在试盘上影线处进行放量换手，更多的场外资金进场，并在后续以涨停形态确认个股的上升空间。多数趋势龙头往往都具有双阳试盘战法的上升形态，我们一旦发现具有该形态基本可以确认其龙头地位。双阳试盘战法多用于龙头起步初期的底部博弈，即使试盘失败，也可规避大幅度回撤的风险。

如果个股在两个或两个以上的大阳线或者涨停板之后，冲高回落形成以小阳、小阴、假阴为主的实体上影线，其后强势反包涨停打开更高的上涨空间，是分歧转一致的一种形态。在两个大阳线或者涨停板之间可以夹杂出现有效强力试盘的上影线。第一根阳线是分时 45 度斜向上不断吸筹的走势，从次日便出现向下缩量洗盘，个股往往是股价见底后，出现连续震荡伴随平稳放量，主力有建仓吸筹的动作，代表主力已经高度控盘，再通过缩量的涨停板来测试上方的抛压。首板涨停会吸引跟风资金进场博弈连板涨停，主力会采取强力洗盘清除跟风资金，洗盘的阴线成交量达到首板的两倍以上，随后个股进入连续震荡，洗出不坚定的跟风筹码。涨停后的分歧洗盘不能留下跳空低开缺口，否则接力资金被套牢构成压力，不利于后续拉升。要不断给套牢资金出局的机会，回调要保持一定的换手分歧，次日量能不能低于分歧日的一半。如果次日缩量调整的收盘价击破了前一日阳线的低点，说明主力任由价格跌破自己的成本区，要么吸筹的资金不是真主力，可能是跟风资金形成的合力；要么是主力可能要放弃进攻，这种情况下需要暂时回避。

第二根阳线是个股开盘后迅速拉升，构筑分时平台整理。如果出现放量滞涨，可以判断主力在逐步出货，行情宣告结束。但经过整理后放量上攻，说明个股完成主力替换，换手后的上升空间被打开，形成双阳形态。我们可以在第一根阳线半路轻仓介入，次日尾盘低吸加仓，第二根阳线冲高回落就卖出。或者可以在第二根阳线盘中，主力资金放量突破上影线高点及分时高点时买入，这是确认度比较高的买点。经过缩量洗盘再爆量拉升是确定性很好的半路买点，属于右侧交易。也可以继续持有等待后续几日试盘后的空间扩展。板块内个股大规模启动，涨停个股次日大部分进入分歧，尾盘可以考虑选择前日核心龙头博弈资金回流，大概率会有双阳试盘的走势。

主力试盘的天数可能不只是一日，而会持续多日，但只要不超过三日，就可以应用本战法。如果超过三日不出现资金回流，基本就要放弃本战法。因为多数情况下，分歧日在两天内，情绪最容易得到加强，后续容易出现涨停。值得注意的是，如果在调整走势中包含三根阴线洗盘，主力很快会达到洗盘目的，开启第二根大阳反包确认。因为多数时候仅仅通过一根阴线达不到清除浮筹的效果，用三根阴线的特殊手法，多数不坚定的筹码都能被清除出局。第一根阴线最好是放量冲高回落收阴，形成试探性上影线，后面阴线缩量下跌，出现一致形态。首板的个股可以回调至涨停启动附近，以 5 日均线企稳为准，回调低点出现十字星或者明显的阳包阴。二板的个股可以回调到首板涨停位置附近，三板的个股回调一定不能跌破首板，最好是不跌破二板最低点。二板三板以在 10 日均线附近企稳为准，二次探底不跌破首次探底位置，一般就可以在第二次探底后启动战法。

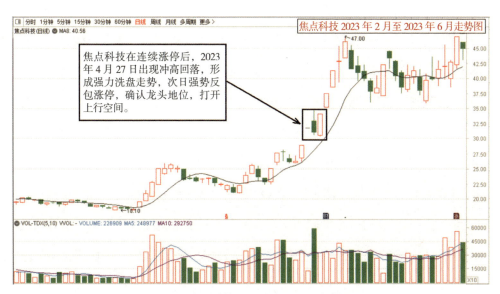

图 8-12　焦点科技双阳涨停后强力洗盘再涨

图注：焦点科技双阳涨停过后，2023 年 4 月 27 日出现冲高回落的放量阴线，但次日低开后再度强势反包阳线涨停，这是放量洗盘中典型的分歧转一致形态。我们可以关注近期活跃个股，特别是主流板块中处于主升阶段、股性活跃的个股，若在分歧时资金依然承接良好，后续大概率会出现分歧转一致的走势。

5. 箱体试盘战法

平台箱体是个股长期横盘过程中资金在不断承接空方砸盘、多空力量交战的区域。个股在前高平台或者箱体至少两次出现放倍量的上冲，是主力资金试盘的绝佳位置，基本可以断定是主力在强力试盘。长时间内箱体运动的个股一旦以涨停突破箱体爆发出连涨行情，确认性极强，形成突破买点。个股突破平台向上进入新的平台，原平台最高点会形成支撑。

一般来说，箱体试盘有三种特殊形态。

第一种形态是双阳箱体形态。个股在早盘高开高走，毫不犹豫地拉出大阳线，涨停板更好，次日收阴没有溢价，前日买进的资金被套，随后几天在大阳线区间内是小阴小阳调整走势，进行震荡拉升式吸筹，再出现涨停。第一根大阳线拔地而起，分时强势而流畅，表明主力资金进场。第一根大阳线的上下价格区间形成坚实底部，在 K 线实体范围内震荡，但不能跌穿大阳线的底部，这是主力资金在试盘洗盘。要把最低价视为支撑底线，跌破则要放弃。我们也可以把个股在放量大阳线上下的最高点和最低点之间作为主力的成本区间，只要股价还在区间中波动并且缩量，没有放量冲高回落的出货行为，就可以继续持有。其原因是主力资金为甩掉跟风资金，在成本线之前不会护盘，任由充分换手。对后市看好的资金可以在区间内做 T。首个大阳线或者涨停是主力对市场的试探，回调横盘震荡往往出现放的过程，因为大阳线或者涨停的次日会清除浮筹。此后连续多个交易日缩量横盘震荡，说明遭遇浮筹的抛售，经过充分的释放后，主力静待时机成熟再次大阳拉升。

主力吸筹的大阳线形成的成本区间是我们进行低吸的机会，回落主力成本区间的阴线当日尾盘都可以低吸。只要没有出现主力放量出货的信号，个股都存在主力继续拉升来保护利润的可能。如果主力仍然在大阳线成本区域里缩量整理，可以在尾盘加仓，尽量不要在盘中加仓。因为盘中主力随时出货，次日低开低走会被套牢。只有在尾盘确定主力是缩量洗盘，并且拉升幅度超过2%以上才可以加仓。如果主力盘中拉升并没有放量回落，尾盘可以跟进。日内缩量下跌，但没有超过主力成本区间的下沿，就还属于洗盘现象。止损点可以设置在大阳线的起点。股价再次回落到主力成本区间，可以先回避等待盘整后再次突破。

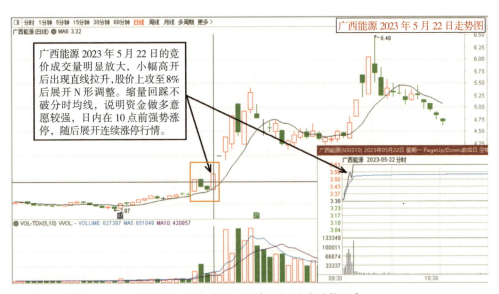

图 8-13 广西能源双阳线 N 形箱体结构形态

图注：广西能源在短时间内出现涨停，后出现双阴线回落，这是主力的试盘行为。随后在 2023 年 5 月 22 日开盘后再次出现放量拉升，说明主力资金在试盘后要展开真正的拉升行情。分时图呈现 N 字形拉升，回踩不破均线后，进入连续涨停的主升阶段。从而形成双阳线矩形箱体结构，后续上涨值得期待。

　　经过数天的试盘洗盘后，缩量回踩 8 日均线或者重要均线附近后再次出现一根几乎相同的大阳线，意味着资金形成拉升的合力，构建了一个双阳线矩形箱体。小阴小阳震荡在两根大阳线区间里，意味着调整在主力资金掌控的范围内，主力控盘意愿强烈。两根大阳线之间的试盘和洗盘的成交量伸缩交替，逐渐由放量到缩量，说明多空资金由分歧转向一致，具备拉升条件。如果涨停和跌停交替出现，则洗盘剧烈，需要观察承接是否稳定后再定夺。一旦在箱体震荡期间股价收盘价跌破整理平台的最低点，尾盘内确定个股无力再上冲则卖出一半的仓位，次日不能收复平台最低点，股价向下击破主力成本区间，要全面止损。

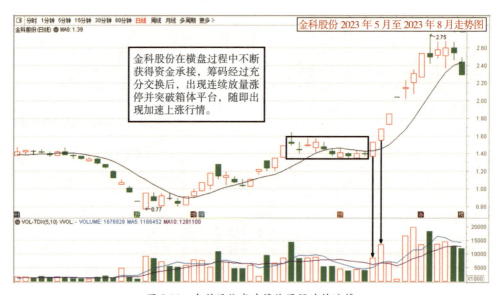

金科股份2023年5月至2023年8月走势图

金科股份在横盘过程中不断获得资金承接，筹码经过充分交换后，出现连续放量涨停并突破箱体平台，随即出现加速上涨行情。

图 8-14　金科股份突破箱体区间连续涨停

　　图注： 金科股份经过长期下跌后，出现底部反转行情。在连续拉升的过程中，空方砸盘力量不断加强，形成多空博弈的箱体震荡区间。经过较长时间震荡消化空方力量，主力资金尝试拉升二波行情，连续涨停突破震荡区间后，成功进入新一轮的主升行情。只要震荡期间不跌破箱体阳线起点，我们都可以进行低吸，或者在放量突破时介入。经过长期震荡整理后，一旦突破该震荡区间，将会形成确定性极高的突破买点。

第二种特殊形态是上方箱体形态。主力在涨停上方震荡或小阳线吸筹，每次回踩都出现低吸机会。首板涨停次日出现小阴线，而股价下跌幅度较小，随后基本在每天开盘后主力进行拉升回落，成交量相对固定，形成平量或者温和放量，显示多根连续性的上影线，意味着主力还在锁仓。震荡过程不能跌破首板的涨停价，可在第二根大阴线的尾盘时介入。我们可以把近 5 日有过涨停板的股票加入股票池，观察涨停回踩后的反弹。当这些反弹形成箱体，就要引起足够的关注。强势股涨停过后一般不超过 3 天就要反弹，超过 5 天视为主力放弃，后续的调整时间可能会很长，此时箱体试盘战法将失效。

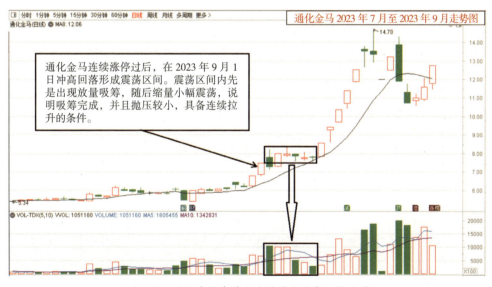

图 8-15　通化金马突破上方箱体开启新一轮主升

图注：通化金马在 2023 年 8 月 31 日涨停过后，主力资金在大阳线上方震荡吸筹，持续放量吸筹后出现缩量企稳态势，随后再次放量涨停拉升，在突破箱体的同时开启新一轮主升行情。

　　第三种特殊形态是凹型箱体形态。个股在上升的通道中突然放量跌破趋势，经过数天的横盘整理，形成小阴小阳的缩量态势，随后反弹大阳上涨，出现了挖坑补坑的形态，和凹字形非常相似。反弹当天最好放量，有利于套牢盘的释放，游资更愿意接力，潜在的砸盘也少。一旦股价突破了前期的高点，即补坑完成，洗盘也正式结束了。有些时候会形成双坑，即两个箱体，一般前者是大坑，后者是小坑。挖坑时尽量不要跌破 20 日均线，一旦回调时间过长，会失去人气和辨识度，反弹力度也会大打折扣。股价在坑底的时候连续阴线，次日直接高开，可以竞价买入，或者等反包涨停再排板。

　　箱体盘整是筹码经过充分交换的良性形态，在箱体横盘整理过程中出现红 K 线多绿 K 线少的红肥绿瘦状态，以及中阳伴随小阴，上涨放量和下跌缩量，那就意味着主力资金尚未离场。但如果个股股价在箱体中反复出现上下影线的阳线和阴线交错并行，偶尔大阴线切断均线以及多条均线相互纠缠而缺乏趋势性主升浪，表明个股缺乏市场合力，不适合介入。个股放量下行跌破箱体平台，还会有延续下跌，切记不能提前抄底。只有个股在平台箱体里震荡筑底后，才能抄底进场。股价在箱体内成交量萎缩，一旦出现成交量放量，代表洗盘要结束了。

　　当个股形成横盘箱体震荡，走势是不确定的。如果下跌过程中遇到平台反弹，反弹是弱势的表现，这时候去抄底极容易失败。如果遇到上涨途中的平台整理，属于横盘震荡蓄势，是主力在洗盘整理。资金放量拉升突破箱体平台的最高价位是主力克服重重上沿压力进行启动的标志。在分时上表现为，股价上冲突破后高度空间将正式打开，在突破前高点时乘势追涨介入。在回落后出现连续两次回踩均价线止跌，分时承接较好，再次拉升追第二个买点。但如果在突破箱体的阳线中介入位置太高，遇到大盘拖累而不能封板，容易追在高点被套牢，可能重回箱体。如果个股在突破箱体的关键 K 线中跌破分时承接位，说明空方力量大于多方，多方主力已经放弃抵抗，意味着箱体突破失败。

6. 大阳突破洗盘战法

个股出现低开高走的震荡创出新高，再通过涨停或者大阳线确认上攻趋势。大阳线要接近前高左峰压力位或者即将抵达箱体上沿，是大资金进行吸筹的分时形态。主力在建仓横盘中出现突破横盘区域的大阳线后，通过数个短小的阴阳 K 线清除浮筹，但须在第一根阳线的最低价之上进行调整，后再出现大阳线创出新高，成交量最好超过首根阳线两倍，形成倍量突破。此类阳线可以称为突破型阳线。突破型阳线具有以下特征；大阳线的实体一半以上创新高，出现在平台整理区域的上沿，分时图呈现流畅的吸筹形态或者 W 形持续上攻，配合成交量适当放大。成交量过小则无法消化套牢盘，突破失败，过大则容易出现过多短线跟风资金，可能在次日出货砸盘。

个股在涨停前只有少数涨停，当涨停股价达到高点会吸引短线资金青睐，出现异动信号。如果出现炸板需要回封，并且量能较大，当天的换手率超过 15% 以上。涨停是主力进场的信号，而炸板和高换手是由于个股接近前高的位置需要给被套牢的筹码解套，包括底部进场低位筹码的抛压会较大。在大单抛压的情况下，还能够炸板后回封上板，说明主力有力承接筹码，炸板回封清除了不坚定的筹码，侧面反映出主力的实力雄厚，有信心把砸盘筹码消化，再突破创下新高。

在调整的过程中保持缩量，说明主力为把不坚定的筹码洗出去，并没有出货。只要尾盘不出现大的抛单，创出新高的当天在尾盘便可以进场。主力出现缩量调整时尾盘低吸，一般经过一到两天的洗盘就能持续上攻，完成低吸高抛的操作。尽量在 2:30 后再介入，避免主力在盘中拉升出货，而出现冲高回落。一旦被套牢横盘多日，将付出较大的机会成本，甚至失去耐心而割肉离场。大阳突破洗盘战法的核心在于突破放量，成交额最好在 5 亿以上以避免假突破的情况。因为放量是充分交换筹码，使得筹码成本接近，后续的抛压才小，有利于拉升。

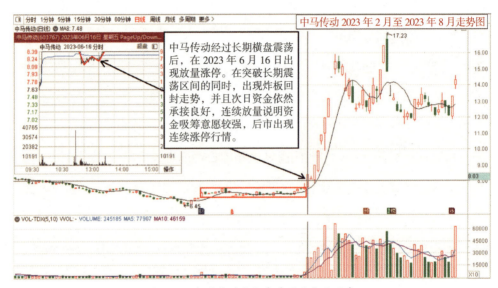

图 8-16   中马传动大阳突破强劲上涨形态

图注：中马传动经过长期横盘震荡后，在 2023 年 6 月 16 日出现大阳线突破走势，并且在突破震荡区间后，成交量依然能够保持在较高水准，说明主力资金上攻意愿较强。我们可以在涨停次日尾盘低吸介入，在量能温和放大、资金承接良好的情况下，洗盘结束大概率会有主升行情。

优先选择近期放量试盘大阳线的个股，最好有涨停和连板历史，甚至有烂板历史也可以考虑。提前一天进入股票池观察，次日竞价最少要开在 3% 以上。如果竞价太高接近涨停板的价格，前一天的资金锁仓会在次日兑现。当两个大阳线突破出现后缩量调整洗盘再放量突破，运用本战法的确定性更高。分时流畅向上的双大阳线是资金入场的标志，两天的成交额叠加到10亿元以上更好。个股出现两个大阳线的一波拉升后进入平台调整，并不会草率结束行情。经过不超过三天整理时间，个股就能具备空中加油的力量进行拉升。拉升前会出现明显的缩量，意味着主力资金尚未出货，调整是无量的，也是调整完毕的信号。个股出现强力突破信号后，伴随量能放大突破箱体高点，沿着8日均线在15分钟MACD零轴金叉买入，可以博弈二波行情。

四、补充知识：龙虎榜交易战法

由于一线游资对市场热点有较强的敏感性，龙虎榜上的个股基本上涵盖市场上最热门的方向，反映了市场的风险偏好，通过龙虎榜找热点是事半功倍的，是每位短线交易者必看的数据。知名的投资者有自己特定的交易风格，某些一日游的资金会打击做多的积极性，格局型的游资会对做多情绪起到推动作用。关注知名投资者出手的资金量和买卖的个股，观察主流资金在热点题材中的买卖点和借鉴知名投资者的近期题材偏好，可以了解多空博弈的情绪氛围。

首先，买卖双方力量对比是龙虎榜主要的观察点。根据知名投资者的操作，掌握一线游资大概的入场位置、时间和规模，把操作热点题材及个股当成风向标，可以更好地指导操作。如果买方席位前5名的总资金远大于卖方席位前5名，并且买一倍的资金远大于卖一倍以上，说明个股的买方能量充沛，次日溢价有保障。最好是买一和买二的金额体量相近，避免套利型游资一家独大而抛压过大。经常入选龙虎榜的个股很容易吸引跟风资金合力推动上涨，榜单阵容也往往比较豪华。

其次，看机构和深股通专业榜。机构专用席位的数量越多越好，机构买入金额占总成交额比例越大越好，筹码越集中越好。如果机构占当天成交量的10%以上，基本能锁定多数筹码。机构愿意锁定筹码，往往说明中期行情会好。龙虎榜出现三家以上的机构大单买入首板涨停个股，说明个股基本面良好和逻辑充分，次日能够实现高溢价的可能性较大。可以考虑次日开盘涨幅在3%以下的分时低点进行低吸，性价比较高。

个股的大行情是游资接力完成的，不会是单独一个游资来推动整轮行情的发展。在短线行情的初中期，换手率是非常重要的参考指标。首板为净买入表示新进资金入场，甚至只有买方而没有卖出的资金，次日仍然有机会超预期继续上涨，大概率会推动多个连板。就算是当天冲高回落，机构托底也不容易出现大卖，次日亏损离场也不会有大亏损。而首板买到最好价位在次日离场代表题材可能出现一日游，如果锁仓则行情可持续，等待资金接力继续加码。二板前最好放量换手实现游资替换，而二板后主力锁仓出现抢筹加速可以推动板块发展。

游资和机构同在一只个股，说明游资和机构资金达成共识，其继续上涨的概率较高。当个股被游资炒作到高位后突然出现流入的是机构，而流出的是游资，要警惕短期的调整。买方五个席位都是游资，而卖方席位多是机构的，说明机构不看好个股的基本面。当然，我们也不能只看买卖金额和席位，需要适当关注龙虎榜中当日首板题材的方向。

微信扫码添加客服，领取龙老师讲解龙头主力行为追踪视频

后记：龙头战法的完善

经过两年时间的写作，关于情绪交易的"龙头战法"系列图书的首本书稿完成了。在这两年时间里，我的写作与交易的生活简单而充实。早上与交易团队做好一天的交易计划，在早盘基本完成一天的交易任务。下午收盘后进行写作，晚上又要与交易团队复盘和制定明天的交易策略。周末一般需要向投资同业人员和学员进行授课。虽然这个过程烦琐而单调，但能够为龙头交易战法的完善做点工作和推广，我深感荣幸。

我在和同业人员与学员的交流中发现，情绪周期理论体系与龙头交易战法由于缺乏系统性的梳理，导致个人理解产生了较大的偏差，没有统一的操作与评价标准，并产生了不少纷争。好在龙头交易战法正在被广大交易者逐渐接受，甚至成为游资的主要操作手法，并逐渐形成具有一定逻辑框架的理论体系。目前，市场上还缺乏一本能够全面系统地总结这些理论与实战方法的书，我不敢说第一个吃螃蟹，但总算系统地梳理和总结出来了，我甘愿去充当这个铺路石。

我在全国与同业人员、学员的交流和授课中，不经意就走过了十年。在这个过程中，我也有过苦闷和徘徊，方法总是零碎而复杂，很多时候抓不住"牛鼻"，也是被倒逼去总结整个情绪交易的方法论，才逐渐发掘出这套龙头情绪交易战法。在如今的交易市场上，这套战法有效性很强，而且很容易被广大交易者接受，操作性和评估性有保障。在这十年的投资和教学工作中，我是逐步聚焦到情绪交易战法的实战和研究上来的，并不是一蹴而就的。其中，最重要的是解决战法的有效性，这需要经历时间和空间的考验，要适应当下环境，更新换代。还好，我的这套战法是拿来能战，战之能胜，能让广大学员收获可观的利润，并获得广大同行的一致认可。这更加坚定了我在投资和教学领域，立志要把多年的研究成果和前人的智慧记录成册，形成具有一定逻辑框架的理论体系，而且还不能复杂，方法还要实用、可操作性强，这才是有价值的交易战法。

在创作过程中，我参考借鉴了国内外的投资经典图书和广大一线交易员的研究成果，还有众多师友的日常交易案例，正是前人的智慧累积，才形成本书的主要框架和内容，在此表示衷心的感谢！还要特别感谢交易团队袁金龙对图示以及素材的贡献，感谢李宝瑜对书稿内容上的建议，感谢舵手图书李家晔老师对书稿体例和编辑上的建议，你们一起为本书的完善、出版奠定了坚实的基础！在创作中，由于受资料和走访案例的限制，我仅是从技术层面去分析处理，考虑有不周之处，内容难免会存在一些不足，恳请广大读者提出宝贵意见，以便修订完善。

为了让读者更好地掌握本书内容，有兴趣的读者可以扫描本书封底的二维码，领取相关免费的视频教学课程以及后续的教学素材。同时，我将会定期在本人的微信公众号、抖音（搜索"搬金大圣"）上分享交易心得与实用战法，欢迎广大读者朋友经常互动。

理论探讨和课程学习也是我们今后工作的一部分，欢迎广大读者通过发送邮件进行交流探讨。为了在将来更好地完善龙头交易战法，并和广大读者朋友展开陪伴式成长，希望看完本书的读者能够联系本人，回复下面几个问题：

（1）本书哪个部分对您的帮助比较大？（2）希望后续修订中再增加哪方面的内容？（3）希望本人在教学课程中讲解哪方面的内容？（4）对本书有何心得体会？

我的电子邮箱：banjindasheng@163.com（仅限图书交流，不含交易咨询）。

龙祺天（搬金大圣）